할마물통혁신

− 대형할인마트의 물류유통 혁신 −

도서출판 **높은오름**

추천과 격려의 글

　이 책에 대하여 추천서를 쓰게 된 것을 개인적으로 매우 의미 있게 생각합니다. 저는 컨설턴트로 생활하면서 항상 개선의 방법에 대하여 연구해 왔습니다. 그런데 획기적이고 창의적인 개선안을 만드는 것은 결코 용이한 일은 아닙니다. 저자는 이러한 관점에서 탁월한 아이디어를 많이 제공하고 있습니다. 유통 매장에서 어떻게 합리화를 추진할 것인가에 대한 노력은 우리에게 많은 아이디어와 개선의 방향성을 제공해 줍니다.

　특히 이 책에 제안된 내용 중에 그 아이디어의 독창성을 인정받아 우수논문으로 선정되고, 특허가 출원되고, 아이디어가 사업화될 가능성도 존재한다고 하니, 더욱 의미 있게 생각됩니다.

　저는 저자가 대학원 시절부터 지금까지 물류와 유통의 혁신을 위한 많은 아이디어를 고안하여 논문을 내고 강의를 해왔던 것을 지켜보아 왔습니다. 그의 성실성과 노력을 항상 높게 평가해 왔습니다. 이러한 노력의 결과를 보다 쉽게 설명하기 위하여, 사례와 이야기 형식으로 대형할인마트의 물류와 유통의 혁신을 설명하는 책을 출판하게 된 것을 기쁘게 생각합니다.

최근에는 자동화와 디지털화가 진행되면서, 새로운 시대에 부응하고 디지털 시대에 적합한 물류 관리, 재고 관리, 유통 관리 등의 중요성이 점차 증대되어 가고 있습니다. 이 책을 통해 독자들이 물류와 유통에 대한 종합적인 이해는 물론 대형유통마트의 미래에 대해 예측 할 수 있는 좋은 기회가 되리라 생각합니다.

케이알컨설팅 대표이사 **이 강 락**

◀ 추천과 격려의 글 ▶

"까르푸와 월마트는 이대로는 한국에서 힘듭니다."
10여 년 전에 어느 세미나에서 저자의 발표를 들을 기회가 있었는데, 젊은 사업가가 너무 당돌하게 이야기를 하여 한편으로는 건방지다는 생각이 들 정도였습니다. 당시는 월마트의 시장 진입과 확장으로 많은 유통업체들이 신경을 곤두세우고 있었던 터라, 저자의 말이 이해가 되지 않았고, '주목 받고 싶어 하는 부류'의 사람으로 생각했던 것 같습니다. 이유야 어떻든 지금은 월마트와 까르푸가 한국에서 철수한 것을 보면, 그 예언은 틀린 것만은 아닌 것 같습니다. 나중에 들은 이야기지만 '너무 경직된 매장 관리 및 재고관리 시스템 때문'이라고 했다니 저자의 말과 틀리지 않는 것 같습니다. 아마 국내에서 저자만큼 대형할인마트 관련 논문을 쓰는 사람도 많지 않은 것 같고, 저자의 논문들의 내용이 본서에 상당수 포함된 듯합니다.

최근에 RFID 및 녹색기술과 같은 신기술들이 등장하고 있고, 그 기술들 중심에 월마트와 같은 유통업체들이 있는 것이 사실이고, 막대한 자금력과 광대한 소비 시장의 확보로 인해, 고객(최종 소비자)에게 뿐만 아니라, 공급자 및 많은 IT업체에 당분간은 막대한 영향을 미치게 될 것입니다. 이미 대형할인마트 시장의 규모는 30조원을 넘었고, M&A와 새로운 사업모델 등을 통해 많은 변화를 선도하고 있습니다. 또한 공급망 상에서의 대형할인마트 힘은 더욱 커질 것입니다. 이러한 상황 하에서 대형할인마트에 관한 책이 적었던 것도 새롭게 알게 되었습니다. 물론 제품 진열과 유통업체 홍보에 관한 책들은 있었지만, 대형할인마트와 이에 따른 공급업체들의 고민과 문제들을 심도 있게 다룬 책들은 별로 없었던 것 같습니다. 본인도 늘 대형할인마트 관련 자료를 찾는 데, 애를 먹었던 기억이 나고, 이 시점에 이러한 종류의 책이 나옴이 시의 적절한 듯 생각합니다.

본서를 통해서 많은 아이디어와 제안들을 제시하고 있지만, '간이 계산 포장대', '주차장 개선', '넷 할인마트 모델', '분실량 파악' 같은 것은, 누구나 발견할 수 있는 내용입니다. 그러나 쉽게 지나칠 수 있는 부분을 저자는 세밀하고 통찰력 있게 설명하고 있습니다.

"옥수수를 연구할 때 나는 옥수수 체계의 일부가 되어 있다."라고 어느 생명과학자의 이야기처럼, 저자는 연구자의 입장은 물론 실무자의 입장에서 대형할인마트 중심의 공급망을 잘 설명하고 있고, 때로는 비판과 분석 등을 통해 제안들을 제시하고 있습니다. 전반적으로 저자의 경험과 실제 현상들을 소설처럼 열심히 꾸미려고 노력한 모습이 엿보입니다.

저자와의 처음 만남도 벌써 15년 정도 되는 것 같다. 저자에 대해 한 마디로 표현하자면 '성실함'입니다. 비록 저자가 이 책을 통해서 사기꾼(?)이 될 수도 있다고 하지만, 저자의 발전을 위해 더욱 힘을 실어주고 싶습니다. 부디 본서가 물류, 유통산업 발전에 조금이라도 일조가 되기를 바라며, 물류, 유통 관련자들에게도 생각할 수 있는 시간이 되기를 바랍니다.

JDA Korea **전무 이 계주**

JDA® Software Group, Inc. (NASDAQ: JDAS), The Supply Chain Company®, is the leading provider of innovative supply chain management, merchandising and pricing excellence solutions worldwide.

목 차

1. 새해 첫 미팅(1월 10일)__ 3
2. 회상(回想) : 네오C&C 창업 __ 7
3. 에덴금속의 매출증가(1월 15일)__ 25

    아이(愛) 이야기 (언청이 오빠)__ 30

4. ERP 시스템 도입 중인 텔레코드(1월 15일)__ 31
5. 매장 진열의 법칙(1월 15일)__ 37
6. 수요예측의 어려움(1월 22일)__ 45
7. 거래업체 변경(2월 2일)__ 51
8. 대형할인마트의 진화(2월 2일)__ 57
9. B마트 은평점의 월요 내부 회의(2월 4일)__ 65
10. 비보(悲報)(2월 5일)__ 77
11. 매장 행사 준비(2월 13일)__ 81

    아이(愛) 이야기 (아들의 화법)__ 86

12. 행사의 부정적인 효과(2월 13일)__ 87
13. 판촉 행사와 멀티태스킹(3월 1- 15일)__ 99
14. 매장 보안과 반품관리(3월 17일)__ 109
15. B마트의 리뉴얼(Renewal) (3월 18일)__ 121
16. RFID 컨소시엄(4월 10일)__ 127

    아이(愛) 이야기 (엄마의 오해)__ 132

17. 텔레코드 제품 분석 (4월 15일)__ 133

18. 시스템 적용과 재고변동_ **143**

19. B마트 Opening 행사(4월 20일)_ **159**

20. 재고(在庫)의 재고(再考) (5월 13일)_ **165**

21. 황소채찍 효과와 쓰나미 효과(5월 13일)_ **177**

22. 무제 (5월 13일)_ **195**

　　아이(愛) 이야기 (가출한 딸)_ **201**

23. LiW의 블루오션 (6월 9일)_ **203**

24. 미흡한 Win-Win (6월 18일)_ **217**

25. 에덴금속의 성장과 EPFR(6월 30일)_ **225**

　　아이(愛) 이야기 (테레사 수녀)_ **240**

26. RFID 프로젝트 : RF간반 시스템 (7월 2일)_ **241**

27. 휴식(休息) (7월 5일)_ **255**

28. 할매의 물통 혁신 Ⅰ : 공급 프로세스 리엔지니어링(7월 12일)_ **259**

29. 할매의 물통 혁신 Ⅱ : 긍정적 피드백(7월 12일)_ **273**

30. 할매의 물통 혁신 Ⅲ : 브랜드 강화(7월 13일)_ **287**

31. 할매의 물통 혁신 Ⅳ : 실행 사이클과 사내교육(7월 15일)_ **293**

32. 할매의 물통 혁신 Ⅴ : 불확실성 제거(7월 15일)_ **309**

33. 할매의 물통 혁신 Ⅵ : 넷 할인마트 모델(7월 20일)_ **319**

　　아이(愛) 이야기 (딸 버린 인숙)_ **326**

34. 그 다음은 ? (1월 8일)_ **327**

서언(序言)

Back to the fundamentals (기본으로 돌아가자)

  2008년 하반기에 일어난 금융대란으로 인해 공포를 떨었던 GM, 포드, 씨티그룹, HSBC, Goodyear, 포르세와 위기 정도는 덜 하지만 GE, 프랫&휘트니, 머크 등과 같은 기라성 같은 회사들이 6시그마, 리엔지니어링, 린 프로세스 등의 신기술의 성공사례로 얼마나 자주 등장했던가? 전 세계의 제조업체들이 소니와 도요타 자동차의 기법에 얼마나 열광하였는가? (언급한 회사들은 저자가 글을 쓰는 시점에서 어려울 뿐이고, 또 다시 성공사례로 등장 할 것으로 생각됨) 소위 잘 나가는 슈퍼스타였지만, 한 순간에 한 나라의 경제를 오염시키는 악성 종양으로 추락하고 있지 않은가? 새로운 기술과 시스템이 소개될 때 마다, 등장한 많은 성공 사례의 회사들이 지금은 어떠한 위치에 있는지 참으로 궁금하다.
  어느 항공 엔진 제작회사의 사례로 92년 2억8천만 달러 적자, 93년 2억6천만 달러 적자, 94년 신기술 도입으로 3억8천만 달러 흑자, 95년 5억3천만 달러 흑자 등으로 소개되지만, 과연 그러한 슈퍼스타 회사들의 성공이 유행하는 신기술들로만 인함인지 다시 생각해 볼 필요가 있다.
  걸프전 이후의 공군의 중요성이 증폭되었고 이에 맞추어 한국도 차세대 전투기 사업이 1994년부터 시작되면서 2000년까지 120대(1대당 1800만 달러)의 전투기를 위의 성공사례의 회사에서 구매하게 되었다. 국가 기간산업을 위한 업체 선정에 있어서, 생산업체의 효율성도 중요하겠지만, 그것이 전부는 아닐 것이다.

성공중인 기업에게는 어떤 기술을 걸쳐 놓아도 성공의 요인이 될 수도 있지 않을까? 오히려 기업들의 가장 중요한 성공요인들은, 시대(시장보다 큰 범위로 경제, 정치, 제도 등 포함)의 흐름에 대한 적절한 대응과 반 박자 빠른 사업모델, 그리고 여기에 어느 정도의 행운(중요한 필수 요소임)이 가미된 타이밍이 아닌가 생각한다. 이를 전략이라고 포장할 수도 있지만 말이다.

물론 시장의 변화를 미리 감지하는 '선견지명(先見之明)'이나 정보수집 능력이 뛰어난 '마당발'은 매우 중요한 능력이다. 하지만 사업이라는 것이 승승장구(乘勝長驅)하다가도 마지막에서 패하면 지는 것이기 때문에, 이런 예지적이고 경험적인 능력들에게만 의지하는 것은 위험천만하다. 예측은 언제나 틀릴 수밖에 없고, 정보도 늘 불완전하다.

앞으로 또 발생할 수 있는 시대의 갑작스런 파고(波高)속에서 기업들이 살아남기 위해서는 무엇보다도 내성(耐性)을 키워야 할 것이다. 이를 위해서는 다시 기본으로 가야 한다. 회사 내부에 대한 철저한 반성과 회사 발전을 위한 일치된 구성원들의 협력이 이루어져야 할 것이다. 자본, 원자재, 시간, 인력 등 낭비되고 있는 부분들은 없는지 철저히 살펴보고, 명확한 책임과 권한을 통해 각자의 역할을 계속적으로 발전시키고, 일방적인 희생만을 강요하기보다 상생(相生)할 수 있는 공조가 필요하겠다. 세상의 주인이 하루아침에 바뀌고 많은 변화와 소용돌이 속에서 기업들이 생존을 위해 애를 쓰지만, 그 기본은 변하지 않는다. 여우가 오든, 호랑이가 오든 고슴도치는 자신의 생존을 위해 움츠리기만 하면 되는 것이다. 아무리 시장이 변하고 신기술이 난무해도 기업은 낭비 및 비용을 절감하고 수익의 확대를 위해 노력하면 되는 것이다. 이것이 혁신의 본질이다.

본서(本書)에서는 신기술의 유혹보다는 기본에 충실함으로 실제 현장의 문제를 개선하고자 노력하였다. 어느 특정 이론에 한정하지 않으려고 노력했지만, 많은 좋은 이론들의 근간은 비슷하기에 여러 이론 및 방법론을 적용하였다. 그중에 TOC(theory of constraints) 이론들과 같이 근본 문제를 찾는데 노력하였고, 린(lean)과 리엔지니어링(reengineering) 관련 이론들처럼 프로세스의 낭비와 효율 향상을 위해 노력하였다. 또한 기업의 한 부분 혹은 기능만을 떼어내 다루기보다는 '시장과 기업' 자체를 다루었기 때문에 이론적으로 구분되어 있는 재고, 정보, 생산, 물류, 유통, 전략 등을 종합적으로 다루었다. 비록 재고나 수요예측, 공급 프로세스, 사업모델 등 내용들이 서로 밀접한 연관성이 있지만, 시간이 없는 독자를 위해 다음의 4가지로 억지로 분류해 보았다.

첫째, 대형할인마트의 진화와 향후 나아가야 할 새로운 사업모델을 소개한다.

10여 년 전부터 거대한 소비시장의 힘이 대형할인마트에 쏠리기 시작하였고, 지금은 백화점, 인터넷 쇼핑몰, 동네 슈퍼마켓 등 모든 영역에서 제왕의 자리를 노리고 있으며, 심지어는 제조업뿐만 아니라 물류업까지 진출하고 있는 실정이다. 이는 전 세계적으로 더욱 치열해지고 있는 할인점 시장에서 살아남기 위한 몸부림이기도 하다. 본서에서는 대형할인마트가 진화하는 과정들을 설명하고, 공급업체와 상생할 수 있는 사업의 모델을 도출한다. 또한 공급망 상의 재고량을 대폭 줄이고, 대형할인마트 상에서 발생하는 분실과 품절(out of stock)을 줄이고, 운영비용도 대폭 줄인다.

* 사업모델 2-7-8-12-23-24-29-30-33-34장

둘째, 공급망 상에서의 수요예측과 공급프로세스의 혁신을 소개하였다.

지금까지 우리가 배운 재고 관련 지식들은 제조업 관점에서 이루어져 있고, 과거 도매상들로 이루어진 다단계 유통 구조를 기반으로 하고 있다. 확연히 변화된 유통구조 상에서의 기존의 이론들을 적용하는 문제는 개인의 과제였고 크게 문제가 없는 듯 생각해 왔다. 본서에서는 공급망상에 존재하는 많은 재고관련 문제점들을 지적하고, 이를 해결하기 위한 대안들을 도출해 나가고 있다. 이러한 대안들을 통해 공급망상의 재고와 대형할인마트의 비용을 줄일 수 있음을 보인다.

 * 수요예측 6-21-22-25-32장
 * 공급/재고관리 14-18-20-21-22-25-28장

셋째, 유통업 중심 시장에서 기업 시스템 및 RFID 기술이 나가야 할 방향을 설명한다.

중소기업들의 신기술 도입에 대한 어려움을 설명하고 있고, 또한 유통업에서의 RFID 기술 응용의 어려움과 연구의 한계를 지적하며, RFID 기술을 '인식 기술'에서 '정보 기술'로 전환시켜 새로운 관점을 제시한다. 또한 이러한 기술을 이용하여 유통 공급망 상의 재고를 절감하고 운영비 감소를 유도한다. 물론 본서에서 소개하는 'RF간반 시스템'은 개별공급을 가능케 할 수 있는 여러 가지 방법 중 하나일 뿐이다.

 * RFID 시스템 4-16-18-26-28장

마지막으로, 내용에 흥미를 가미하기 위해서 제품 진열 속에 숨어 있는 법칙들과 창업의 과정들을 소개한다. 대형할인마트 내에 숨겨져 있는 비하인드(behind) 스토리와 업체들의 매출 유도를 위한 눈물나는 노력들을 소개하고, 이러한 업체들이 겪는 실제의 어려움과 갈등을 통해 공감을 이끌어 내고 있다. 오프닝 행사와 할인 행사, 진열 위치 등을 위한 업체들의 갈등과 노력을 묘사하고, 고객을 위한 쾌적한 매장 분위기 조성을 해치지 않으면서 도난 방지를 위한 보안의 노력을 설명한다.

＊ 매장관리 5-8-9-11-13-14-15-19-23-31장

출판시장의 경영분야 베스트셀러들은 대부분이 번역서들이고, 최신 이론일 것이라는 막연한 기대감(편견)으로 책을 집어들 경우가 많다보니, 국내의 신임 전문작가들의 시장진입이 쉽지 않은 것도 사실이다. 수백 권의 번역서 중에서 몇 권만이 베스트셀러가 됨에도 불구하고.

이러한 출판시장에서 평범한 저자가 약간의 성실감(책을 쓴다는 것이 생각 이상의 많은 인내가 필요함을 절실히 느낌)으로 책을 쓴다는 것이 무모한 것이 아닌가 생각도 해본다. 또한 책의 마케팅을 위해, 최근에 유행인 '녹색혁명'의 유행어를 집어넣을까 욕심도 부렸지만, 과거가 아닌 현재의 '혁신'은 이미 동일한 철학이 담겨져 있기 때문에 따로 언급하지 않았다. 이러한 어려운 출판환경과 저자의 무모한 고집에도 본서의 출판을 위해 도와주신 '높은 오름' 출판사의 김 복순 사장님께 진심으로 감사드린다.

본서는 독자의 상식만을 넓히기 위해 전문용어나, 시장의 사실적 현상만을 소개하지는 않았다. 소비자가 경험하고 있는 시장은 물론 기업들 간에 존재하는 문제점들을 사실적으로 표현하려고 노력하고, 해결을 위한 방법들을 제시하였다.

저자가 본서에서 제기하는 '대형할인마트 중심의 공급망의 재고를 50%를 줄이고, 운영비용(자본)을 50%를 줄일 수 있다'고 무모하게 말하고 있으며, 이것이 연구자의 한 사람으로써 자신의 평판에 얼마나 큰 영향을 미칠지 잘 알고 있다. 이러한 주장은 저자를 '거짓말쟁이' 아니면 '혁신가'라는 양자택일의 선택을 받게 될 것이다. 하지만, 본서는 그러한 목표(엄청난 재고 절감과 운영비용 감소)를 향해 나가가고자 하는 기업들과 개혁가들에게 자극과 격려가 되기를 희망한다. 또한 분명 그러한 목표들이 달성 가능함을 말하고 싶다.

본서는 재고와 물류유통에 관심이 있는 독자에게 권하고 싶다. 특히

대형할인마트를 중심으로 한 공급망상에서 재고와 프로세스를 개선하려고 노력하였기에 대형할인마트와 관련자 및 공급업체들에게 권하고 싶다. 책의 초반기에는 물류의 기본적인 정의와 유통시장의 실상에 대해서 설명하였기에 일반인들도 볼 수 있지만, 뒷부분의 25장 이후 내용은 재고와 프로세스를 아는 분들에게 적합하다. 또한 대학에서 경영학을 공부하는 학생들에게 실물 시장의 흐름을 이해하는데 도움이 될 것으로 생각한다.

본서는 저자의 경험을 소설식으로 전개한 것이기에 실제 시장의 환경을 담고 있지만, 등장인물과 회사는 무관하다. 혹 비슷한 이름을 가진 독자나 회사가 있다면 오해가 없기를 바란다.

본서가 나오기까지는 여러 사람들의 수고가 있었고, 감사해야 할 분들이 너무나 많다. 저자는 신앙인으로서 하나님께 감사를 드리는 것은 말 할 필요조차 없고, 함께 동고동락하고 뒤에서 응원하여 주는 지구촌 채플 식구들에게 감사하고 축복하고 싶다. 또한 겨울방학과 여름방학의 시간을 연구의 시간으로 기꺼이 쓸 수 있도록 배려해준 가족에게 감사하고, 수업시간에 Term 프로젝트로 책을 재 검토하여준 연변과기대 상경학부 학생들과 교수님들에게도 감사하다는 마음을 전하고 싶고, 본서의 모든 수익은 이들을 위해 사용할 것이다. 그리고 이 책의 출판을 위해 물심양면으로 도와준 주)디넷뜨 한 일광 사장과 사랑하는 후배 임 채종 부사장에게 감사를 드리고 싶고, 과거 함께 동고동락 했던 주)네오씨앤씨와 주)CSR 모든 사람들에게 감사를 드린다. 모두 승리하시기를……

마지막으로 나의 부모님… 특히 올해 칠순이신 아버님께 생일상 한 번 차려드리지 못하는 불효자식이 중국에서 지면을 통해 사랑을 전하고 싶다.

"사랑합니다. 건강하세요. 그리고 죄송합니다."

등장 주요 인물

네오C&C : 매장물류전문회사, 본사 경기 분당
　　　　백 명기 실장(41세 사장, 대표이사)
　　　　주 반석 팀장(40세 판매담당, 이사),
　　　　원 진수 팀장(40세 물류담당, 이사)
　　　　황 종철 대리(33세 매장순회관리 담당)
　　　　강　현 대리(31세 물류담당)

에덴금속 : 국내 1위 하드웨어 생산업체, 본사 서울, 공장 대구
　　　　박 예찬 이사(57세, 에덴금속의 창업주이자 대표이사)
　　　　김 재주 부장(45세, R&D 실장)
　　　　이 명호 대리(31세, 할인매장 총괄)
　　　　임 찬호 이사(54세, 대구공장)
　　　　김 태현 과장(37세, 대구공장)

텔레코드(Tele Code) : 벤처 기업으로 멀티코드 생산업체, 본사와 공장 남양주시
　　　　전　진 사장(58세, 전문경영인)
　　　　김 채종 이사(47세, 개발팀장 및 이사)
　　　　박 학현 부장(46세, 재무 담당, ERP 총괄 책임)

LiW(Lighting in the World) : 조명, 소형가전을 만드는 유럽회사, 세계 시장
　　　　　　　　　　점유율 2위(국내 1위), 본사 서울 테헤란로
　　　　박 요한 사장(49세, 전문경영인)
　　　　문 윤희 차장(41세, Lighting 영업 총괄)
　　　　박　영 대리(34세, Lighting 기획 및 행정)

EA(Electronic of America) : 조명, 소형가전을 만드는 미국회사,
　　　　　　　　　　세계 시장 점유율 1위 회사(국내 2위)
　　　　김 영도 과장(33대 중반, 영업 총괄)

L&L 코퍼레이션 : 매장 물류 전문업체 (네오C&C의 경쟁업체)
　　　　신 광수 사장(33세, 창업자)

B 마 트 : 국내 2위 대형할인마트
　　　　이 동원 회장(57세, 에덴금속의 박 이사의 절친)
　　　　조 상철 MD(34세, DIY MD)
　　　　김 창근 MD(32세, 문구용품 MD)
　　　　홍 대숙 팀장(45세, 할마프로젝트 팀장)

할마물통혁신
― 대형할인마트의 물류유통 혁신 ―

1. 새해 첫 미팅 (1월 10일)

네오C&C 백 명기 실장, 주 반석 팀장, 원 진수 팀장 / LiW 문 윤희 차장
LiW 본사, 네오C&C 사무실

새해부터 네오C&C의 백 명기 실장은 작년 3/4분기에 이어 4/4분기에도 계속된 저조한 매출로 인해 거래 중지의 압박을 받고 나오고 있는 중이다. 저조한 매출은 엄청나게 불어난 괴물(재고)로 인해 LiW(Lighting in the World)사의 재정에도 압박을 주고 있다. 솔직히 LiW의 과다재고 책임은 네오C&C가 책임질 문제가 아님에도 불구하고, 매출이 저조하기 때문에 재고가 산더미처럼 쌓였다는 논리로 백 실장에게 다그친다. 물론 LiW 문 윤희 차장도 과다재고의 복잡성을 잘 알고 있지만, 문 차장도 월급쟁이로써 새로운 직장에서 가시적인 성과를 보여야 하기 때문에 답답했던 것이다. 문 차장은 작년 가을에 물류 1위업체인 DDL KOREA에서 LiW로 스카우트되었다. 전임 김 부장은 마당발로 소문난 '술독'이었으나 국내 1위 가전사의 물류 책임자로 자리를 옮긴 후, 후임으로 문 차장이 온 것이다. 영국 유학파인 문 차장도 헤드헌터의 소개로 스카우트된 열성파로서, 미혼이라는 표현이 다소 어색한 40대 초반의 '올드미스'이다. 한국 사람들은 상대를 만나면 '나보다 나이가 많은가' 알고 싶어서 간접적으로 뒷조사를 하곤 하는

데, 가령 대학 시절 이야기를 하던가, 좋아하던 대중 가수 이야기를 하곤 한다. 문 차장의 나이는 LiW에 같이 근무하고 있는 박 영 대리가 알려준 것이다. 요사이는 이렇게 싱글인 여성전문가를 '골드미스'라고도 한다. 아무튼 야간작업과 출장이 빈번한 이 바닥에서 여성인력들이 흔하지 않을 터인데, 문 차장에게 남 다른 카리스마가 있음을 짐작할 수 있다.

백 실장은 냉랭한 분위기의 LiW를 빨리 벗어나고 싶어 차에 몸을 싣고 주차증을 집어넣지만, 56분의 추가 요금을 내라고 신호가 나온다. 30분까지만 무료주차였다. '그래도 거래업체들이 업무용으로 방문한 것인데 돈을 받느냐' 하며 투덜거리지만 주차시간이 1시간을 넘길까봐 재빨리 계산하고 서둘러 핸들을 잡는다.

'백 실장님. 계속 이렇게 실적이 저조하면 저희도 거래를 다시 생각할 수밖에 없으니, 다음 주 월요일까지 대책을 알려 주십시오.' 아직도 귓가에 문 차장의 목소리가 환청으로 들리는 듯하였다. 문 차장은 LiW의 영업총괄 담당자이고, 백 명기 실장은 국내 대형할인마트 영업을 아웃소싱 받은 물류·유통 회사인 네오C&C의 사장이다. 다만 나이가 젊다 보니 사장보다는 회사에서 실장으로 불리고 있다.

'금융대란으로 미국의 BIG 3도 흔들리는 판국이고, 동남아와 동유럽은 나라가 망해가고 있는 상황인데, 내가 뭘 어떻게… 내가 신(神)인가…….' 짜증을 내면서 양재 IC를 지나고 있었다. 대기업들은 세계 경기가 어려울 때 '현금 확보', '신상품 개발', '부동산 매각', '구조 조정' 등의 다양한 방안들을 내세우고 있지만, 월말 결제가 두려운 중소기업들은 그럴 여유도 없다. 더군다나 물류와 같은 서비스 업종의 회사들은 '원가절감'이라는 명목 하에 제 살 깎인 망가진 몸밖에 남은 것이 없다.

    네오C&C에 돌아온 백 실장은 주 반석 팀장(판매담당)과 원 진수 팀장(물류담당)과 같이 LiW에서 있었던 일을 이야기 한다.
    "백 실장님 가만히 있었어요? 그래도 명색이 회사의 사장이고 더군다나 박사인데. 문 차장에게 한마디 하지 그랬어요. 시장에서 만년 2위인 LiW를 국내 매출 1위로 만들어 준 회사가 누군데, 참 사람이 은혜도 모르고……"
    성격 급한 주 팀장이 답답해 보이는 백 실장에게 한마디 하였다. 반석(돌:石)이라는 이름처럼 고집이 세고 행동이 먼저 앞서 간혹 실수도 하지만 저돌적인 추진력과 우직함은 그의 장점이다.
    "나는 처음부터 알아봤어요. 참, 누가 데리고 살지 참 불쌍하다. 이번 기회에 다른 거래처를 찾아 뒤통수 때립시다."
    원 팀장다운 이야기다. 그는 잔머리가 뛰어나지만, 단순하고 늘 즐겁게 살려고 노력하는 사람이다.
    "그래도 우리는 서비스를 제공해야 하는 회사이고, 그들은 우리가 만족시켜야 할 고객이니 좀 더 열심히 합시다. 물론 전임 김 부장 같았으면 우리를 이렇게 취급하지는 않았겠지. 하지만 '갑'과 '을'의 관계에서 예전의 '을'이 한 일들을 알지 못하는 새로운 담당자가 오면 어쩔 수 없는 일이니까…"
    백 실장도 할 말은 많았지만 도움이 될 것 같지 않아서 말을 아낀다.
    "일단 LiW에서 지적한 것은 계속된 판매 저조가 주 이유이고 이로 인해 늘어난 과다한 재고인데, 좀 더 매장들의 상황을 조사 합시다"
    "아니, 실장님 세계 경기 침체로 인해 국내시장이 어려워서 매출이 안 좋은 건데. 그리고 경쟁업체 EA(Electronic of America)의 상황을 비교하면 우리는 매우 선전(善戰)한 것 아닌가요?" 주 팀장의 이야기에 백 실장도 동의하였다.

'주 팀장 이야기가 맞는 말 아닌가! 언제 경기가 좋았던 적이 있었던 가? 네오C&C가 창업한 이래 십 년이 넘도록 계속해서 경기가 안 좋다고 말하고 있지 않은가.'

최근에 금융대란의 큰 파고가 있었지만, 세계 경제의 호황과 불황 사이클이 과거 수십 년에서 요사이는 수년으로 매우 짧아진 느낌이다. 네오C&C는 이런 상황에서 세계 시장 점유율 1위인 EA를 유독 국내시장에서만 2위로 밀어내고, 3년 전부터 LiW가 조명시장 1위 업체로 성장할 수 있도록 도운 장본인임을 관련 업체들은 모두 인정하고 있다.

"주 팀장, 나는 LiW의 문제로만 생각하지 말았으면 좋겠어. 이는 앞으로 우리 회사가 헤쳐 나가야 할 문제이기도 하고. 오늘은 회의할 만한 분위기도 아니니, 각자 조사하고 모레 수요일 오전에 만납시다."

백 실장은 두 팀장들에게 알아보라고 말은 했지만, 크게 기대하지 않는다. 아니 그들이 우둔하다는 말이 아니다. 그들에게 생각할 겨를이 없음을 백 실장은 잘 알고 있었기 때문이다. 오늘도 밤늦게까지 쏟아지는 발주(發注) 준비와 매장 담당자들과의 상담들로 그들의 책상위의 달력은 숫자가 보이지 않을 정도로 시커멓게 칠해진 상황이다. 네오C&C의 하루 일과가 늘 이렇다. 하지만 창업초기에 비해서는 매우 행복한 형편이다.

2. 회상(回想) : 네오C&C 창업

네오C&C 백 명기 실장, 주 반석 팀장, 원 진수 팀장

> **생각하기**
> 사업모델에 대해서 생각해보고, 신규 창업시 어려운 점들을 무엇인가?

십여 년 전 IMF(International Monetary Fund: 국제통화기금)로 인해 많은 실직자들이 생겨 고통을 받고 있을 때 네오C&C가 설립되었다. 당시에는 많은 가장(家長)들이 길거리로 내 몰리고, 아이들은 시골 할머니에게 보내지고 엄마들이 취업전선에 끼어들었고, 심지어는 배고픈 어린 아기를 위해 분유를 훔치다가 잡힌 젊은 엄마의 눈물도 있었고, 소주 한 병만을 가방에 집어넣고 집에서 멀찌감치 떨어진 공원으로 양복입고 출근한 무기력한 아버지들도 많이 있었다. 또한 당시에 취업전선에 뛰어든 청년들에게도 그 후유증은 참으로 컸다. 취업이 안 되서 학교 졸업을 미루거나 대학원을 진학하던 사람들도 많았고, 결혼은 생각뿐 생존을 위한 삶의 우선순위에서 미루어 질 수밖에 없었다.

1998년, 청년 시절의 백 명기는 수도권의 모 대학교에서 산업공학(물류전공) 박사학위 과정 중이었다. 대학 1학년 때 부터 교수가 되고자 목표를 잡고 도서관에서만 사는 '괴물'이었고, 캠퍼스에서도 소문난

노력파로 당시에 TV에 방영되었던 '맥가이버'를 본 따 '백가이버'라는 별명도 가지고 있었다. 또한 독실한 기독교인으로 교회에서는 청년부의 회장직도 맡고 있었으며, 그곳에서 1년 후배인 주 반석 팀장과 원 진수 팀장을 만나 선후배로 지내고 있었다. 두 사람은 모두 작은 회사에 다니고 있었으나, 실직과 이직을 고민하고 있었다.

"형, 우리 같이 사업이나 해볼래요?"

어느 주일날 원 진수는 이미 주 반석의 동의를 얻은 후에 선배 백 명기에게 제의하였다.

"명기 형이 박사 공부하고 있으니까 뭔가 좋은 사업 아이템을 하나 찾아봐요."

당시 정부에서도 취업이 어려워 고민하는 많은 청년들에게 창업을 지원하는 프로젝트들이 많았고, 대학교 내에도 많은 대학원생들과 교수들이 창업 열풍 속에서 백만장자의 꿈을 꾸고 있었다. 물류가 전공인 백 명기도 이론이 아닌 실제 시장에 대한 경험도 쌓을 겸 도와주자는 의미에서 두 사람의 제안을 받아들였다. 그리고는 다음 주에 교회에서 첫 회의를 하기로 하였다. 사업 아이디어를 생각해서 가지고 오기로 약속하고.

***

"형, 우리 IT회사를 만듭시다. 홈페이지도 만들어 주고, 전자상거래를 통해서 물건도 팔고… 사이버 시장이 엄청 크잖아요."

주 반석은 이미 언론 등을 통해 세뇌되어서 사이버 시장에 대한 맹목적인 믿음이 있었다.

"하지만 사이버 시장을 대상으로 이미 많은 사람들이 끼어들어서 경쟁이 너무 심한데… 또한 사이버 시장의 잠재력은 크지만, 실제 우리가 벌어야 할 돈은 사이버 머니가 아닌 현금이지. 이 뻘건 종이와 퍼런 종이 말이야. 실제 전자상거래는 실물거래의 한 방법일 뿐, 아무리 웹 상에서 데이터가 오고가고, 영수증이 오가더라도 실제의 거래는 현품과 현금과의 거래야. 일단 실물 시장을 대상으로 준비를 하자."

백 명기도 아직 무엇을 해야 할지 구체적으로는 몰랐지만, 굴러야 할 바닥은 명확히 알고 있었다. 수원 백(白)씨로써 수원(水原)에 살고 있던 백 명기는 15분여 떨어진 거리에 위치한 'KS클럽'으로 인한 많은 소란을 가까이서 지켜볼 수가 있었다.

거리에는 '영세 상인들 모두 죽이는 KS클럽 물러나라' 식의 현수막들이 지저분하게 걸려 있었고, 농성도 종종 있었다. 하지만 이미 월마트를 비롯한 세계시장의 흐름이 대형할인마트 중심으로 전개되고 있었음을 백 실장은 잘 알고 있었다.

"우선 기업들이 가장 가려워하는 부분을 해결해주자. 현재 대형할인마트들이 전국적으로 생겨나가고 있지만, 도매상과 전문점을 중심으로 영업을 하는 많은 공급업체들에게 대형할인마트는 아직 성가신 부분이 잖아. '먹자니 부담되고, 남 주자니 아깝고…'"

책상도 없는 작은 예배실의 간이 의자에 앉아서 젊은 청년 세 명은 열심히 의논하였다. 간혹, 집사님들이나 목사님들이 지나가다가 열심히 의논하는 그들을 보고는 문을 열고 흐뭇한 미소를 날리던 분들도 계셨다. 아마 그분들은 속으로 이렇게 생각했으리라 생각된다.

'보기 드문 신실한 청년들이야'

하지만…

"아직 B마트는 10여개 Y마트는 15개 점포를 갖고 있는데, 분명히 우리나라도 대형할인마트 시장이 더욱 성장할거야, 월마트처럼. 대부분의 공급업체들도 대형할인마트의 중요성은 알고 있지만, 현실적으로 전국에 뿌려져 있는 얼마 되지 않는 점포들을 관리하는 것은 매우 어렵지. 일단, 우리 매장을 관리하는 전문 '4자물류(The 4th party logistics : 4PL)'회사로 시작하자"

"형, 3자물류(The 3rd party logistics : 3PL) 회사는 알겠는데, 4자물류 회사는 무슨 말이죠?"

호기심 많은 원 진수가 물었다.

"4자물류라는 용어는 앤더슨 컨설팅 회사에 의해서 처음으로 제안되었는데 개념을 설명하기가 쉽지 않지. 아직 4자물류의 개념이 정립되지 않아서라기보다는 그만큼 다양하게 사용되고 있지. 일반적으로 4자물류는 '3자물류 + IT기술/컨설팅을 이용한 부가 서비스'로 정의하고 있지만, 한마디로 정의하자면 물류의 기능에 부가가치 기능을 추가한 것이라고 할 수 있는데 '물류+α'라고 이해하는 것이 쉬울 것 같아."

백 실장은 성경책을 밑에 깔고 하얀 메모지에 몇 글자 적으며 설명하고 있었다. 마치 '기도제목'을 적듯이.

"어떤 사람들은 4자물류가 시장에서 발생하는 문제들을 해결해 주는 능력이 뛰어나고 고객만족을 높인다고 말하고 있고, 그래서 4자물류로 발전해야 한다고 주장하기도 하지. 하지만 너무 정의에 얽매이지 않았으면 좋겠어."

"뭔지는 잘 모르겠지만, 그래도 뭔가 독특한 티는 나네요."

원 진수와 주 반석의 맞장구로 사업의 방향은 어느 정도 잡았다. 하지만 아무리 좋은 사업모델이라고 해도 시장의 반응과는 다를 수 있다.

백 실장은 일단 회사 창업 시, 무리하게 자본을 빌려 투자하기 보다는 관리 및 물류, 컨설팅을 의뢰할 공급자가 있는지 몇 업체에게 의뢰해 보기로 하였고, 모두 긍정적인 답변을 보내왔다.

드디어 경기도 용인시 변두리에서 작은 농가의 가건물에서 책상과 전화만을 가설하고, 1999년 3월 1일 '개인사업자'로 창업을 시작하였고, 회사 이름은 네오C&C로 결정하였다. 세 명 모두 한 교회에서 만났

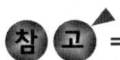

〈그림 2-1〉 물류 종류와 특징, 출처[2-1]

물류의 종류
O 1자물류 : 생산자가 직접 수배송하는 방식으로 '직접물류'라고도 함. 예) 자장면 배달, 웅진 비데.
O 2자물류 : 생산자가 자회사에게 위탁하는 방식으로, 특화된 서비스가 필요한 경우에 많이 활용되고 있음. 예) 삼성전자의 삼성전자로지텍 등
O 3자물류 : 생산자가 전략적인 관점에서 공급체인상의 물류 기능의 일부 혹은 전부를 전문 업체에게 위탁하는 방식. 예) 대한통운, UPS 등

고, 기독교인이다 보니, 사명(社名)에 기독교적인 의미를 담고 싶었던 것이다. 예수님과 십자가로 새롭게 거듭나자는 의미로 '네오C&C = NEO + Christ(그리스도) & Cross(십자가)'로 결정한 것이다. 또한 네오C&C는 돈과 권력을 따라 다니는 것이 아니라, 그러한 것들이 우리를 따라오도록 노력하자고 다짐하고 다음의 회사 철학을 정하였다.

'세상을 정복하고 다스리는 사람들이 될 수 있도록',
'사회와 더불어 사는 회사가 되도록'
'일을 통해 삶의 기쁨을 배울 수 있도록',
'회사 구성원들의 가정들이 행복한 삶을 누릴 수 있도록',

***

그 동안 불리던 '형', '동생'의 호칭이 '백 실장', '주 팀장', '원 팀장' 등 어색한 호칭으로 바뀌었고, 2명의 후배들도 더 불러 왔다. 솔직히 일이 바빠서 불러온 것이 아니라, 거래업체와 계약을 위해서는 가급적 창업한 회사 규모를 크게 보일 필요가 있었기 때문이다. 하지만 거짓으로 회사 규모를 꾸미는 것은 그들의 양심에 허락되지 않았기에 취직이 안 되어 쉬고 있는 '백수' 후배들을 불러들인 것이다. 나중에 성공하면 주식을 주는 '스톡옵션' 방식으로. 당시에는 스톡옵션이 대 유행이었다.

하지만 이렇게 의기투합한 젊은 사람들의 뜨거운 마음속의 불길이 꺼지는 데에는 많은 시간이 필요치 않았다. 하루하루가 아무런 성과 없이 전화와 미팅의 연속이었다. 의뢰할 용의가 있다던 회사들을 찾아가 테이블 상에 앉아서 이야기 하면, '좋은 서비스 같다. 곧 연락을 주겠다'는 답변을 하지만, 전화벨은 울리지 않았다. 어느덧 아무 일거리 없이 말복(末伏)도 지났고, 에어컨도 없는 콘크리트 건물 속에서 숨만 헐떡일 뿐이었다.

백 실장은 꼭 계약이 성사 될 듯 하면서도 마지막에 판이 뒤틀어지는 것을 이상히 생각하였다. '왜 이럴까? 기업들이 필요로 하고 있는 것이 사실이고, 원가 절감 측면에서도 우리와 계약하는 것이 유리할 텐데…….' 하는 고민 중에 원 팀장이 어느 친구에게서 정보를 물고 왔다.

"백 실장님, 우리가 A업체와 계약 하려고 할 때 한제물류라는 회사가 방해를 했다고 합니다. 우리에게 위탁하면 자기들은 A업체와 거래 하지 않겠다고……."

"아니, 그래도 중견업체인 한제물류가 왜 우리를……. 우리와 사업 모델도 다르고, 갓 시작한 작은 회사인데……."

"바로 백 실장님 때문이라고 합니다. 실장님이 박사라고……."

당시 물류 시장의 환경은 열악하였다. 물론 물류분야에도 고급인재들이 있었지만, 대부분 연구소와 같은 관리직에 있었다. 수·배송 관련 현업에서 종사하는 사람들은 대부분 어렵게 살아가고 있었다. 대부분의 위탁 물류 회사들은 자차(自車)가 아닌 지입차(支入車) 혹은 조합 형식으로 이루어진 영세업체들이다. 즉, 회사차량이 아닌, 개인차를 가진 개인사업자(일반사업자)들이 물류회사에 취업하여 회사명을 달고 운전을 하고 있는 실정이다. 영세한 그들의 텃세는 생존이 달린 문제였다. 아마 그들은 자신들의 밥상에 어느 박사가 숟가락을 얹는다는 소문을 들은 듯하였다. 물론 새로운 회사들이 기존의 시장에 끼어드는 것은 쉽지 않다.

"우리 그만 회사를 접읍시다. 아마도 하나님이 하지 말라는 것 같습니다."

주 팀장이 근거 없이 하나님의 뜻으로 돌리고 있었다.

백 실장은 '진짜? 하나님께서…. 하긴 나도 사업가 체질은 아니라고 생각하는데…. 나는 교수가 꿈이잖아. 그만 하고 빨리 박사학위 논문이나 마무리 하자' 하는 생각이 들었지만, '나를 믿고 5개월 동안 월급도 받지 않고 함께한 후배들은 어떻게 할 것인가?' 고민하며 선배라는 책임감 때문에 무책임하게 사업을 접지 못하였다.

백 실장은 여러 고민들을 하였지만, 방법이 생각이 나지 않았다. 버스를 타고 집에 가면서도 온통 '어떻게?'하는 생각뿐이었다. 아마 술을 마실 줄 알았다면 벌써 몇 병을 들이켰을 것이지만 그는 술을 마실 줄 몰랐고, 또한 술값도 없었다.

공부벌레였던 백 실장은 자신의 발걸음이 모교의 대학 도서관으로 향하고 있다는 것을 문득 인식하였다. 밤 10시! 방학임에도 불구하고 대학 도서관은 너무나도 환하게 밝혀져 있었다. 백 실장은 커피 한 캔을 뽑아서 간이 의자에 앉으니, 도서관 귀신으로 살던 옛 추억이 떠올랐다. 언제가 백 실장은 저녁에 도서관에서 공부하다가 문득 옆에 앉은 학생과 경쟁이 되었던 적이 있었다. 처음에는 몰랐는데 공부를 하다 보니, 누가 오래 앉아있나 경쟁이 붙은 것이다. 저녁 6시부터 앉아 있었는데, 결국은 새벽 2시 가까이 가서 끝났다. 장장 8시간을 화장실도 못가고 '오기'로 자리에 앉아 있던 것이다. 물론 백 실장이 이겼다. 참으로 우스운 경쟁이지만, 괴물다운 인내심이었다. 물론 버스가 끊겨서 백 실장은 집까지 1시간 반을 걸어서 갔다.

'좋아, 그들(텃세)이 두려워하던 토종 박사의 진가를 보여주자. 부딪혀 보자! 그만두더라도 당당히 성공하고 그만두자. 풀어나가자' 다짐하며 늦은 새벽까지 뭔가를 그냥 종이에 끄적거리며 생각하였다.

***

원 팀장과 주 팀장은 아침부터 새벽에 있었던 월드컵 축구 평가전에 대한 이야기를 나누고 있었다. 2002년 월드컵 유치가 확정된 이후로 연일 축구 이야기로 매스컴을 도배하였다. 백 실장은 어제 늦게 도서관에서 귀가하는 바람에 조금 늦게 사무실에 도착하였다. 물론 백 실장은 축구에는 관심이 없었다.

"어제 참 멋있었어. 역시 '홍 명보'가 최고야."

원 팀장이 이야기 하는 중에 늦게 들어온 백 실장이 자연스럽게 대화에 끼어든다.

"나는 '이 연걸'이 더 좋은데."

"네? 그런 선수도 있었나요? 어느 프로팀 선수 인가요?"

"무슨 프로팀? 나는 액션배우 이야긴데. 영화이야기 하고 있던 것 아니야?"

"아니, 무슨 뚱딴지같은 소리를 하시는 거예요. '홍 명보'하고 '이 연걸'하고 무슨 상관이 있다고."

주 팀장이 사오정 같은 백 실장에게 핀잔을 준다.

"홍 명보'도 액션배우잖아?"

주 팀장은 한 참을 생각하다가 웃으며 이야기 한다.

"아이, 참.. 백 실장님! 그 사람은 '홍 명보'가 아니라 '홍 금보'에요. '홍 금보!'"

원 팀장도 왜 '이 연걸' 이야기가 나왔는지 그제서야 이해가 되는 듯 한참을 웃는다. 백 실장은 자신이 착각한 것을 알아채고는 어색해 하였지만, 웃으면서 회의를 할 수 있어서 다행으로 생각한다.

"우리, 국내업체가 안되면, 외국 다국적 회사를 뚫자."

백 실장의 말에 주 팀장은 "국내 회사도 안 되는데 외국 회사를 어떻게 뚫어요?" 하며 또 핀잔을 준다.

백 실장은 외국계 회사는 좀 더 공정하다는 막연한 기대도 있었지만, 외국계 회사들을 다니는 선후배들을 통해서 보고서 작성이 매우 중요하다는 것을 잘 알고 있었다.

"매뉴얼 문화인 외국계 기업들은 거래업체들에게 늘 보고서를 요구하고 있지. 만일 영어가 된다면 더욱 좋고. 하지만 다른 소규모 물류회사들이 보고서 작성과 영어를 감당하는 것은 쉽지 않을 거야."

"그래도 회사 규모가 있어야지요? 우리는 작고, 경험도 없는데 어떻게 그렇게 큰 회사와…"

"그러니까 남들이 안하는 가려운 부분을 찾아가 긁어주자는 거야. 그리고 매달려야지. 일을 달라고."

그들은 대형할인마트에 입점한 다국적 기업들을 찾아보았다, 그리고 가급적 2위인 회사들을 골랐다. 그래도 1위 업체보다는 변화를 갈망하고 있을 것이라는 기대감 때문이었다. 그래서 압축된 몇 업체들의 리스트가 나왔다. 그 중 한 회사가 LiW이다.

***

LiW는 강남 테헤란로의 큰 빌딩 속에 위치하고 있다. LiW는 원 팀장과 잘 알고 지내던 수원 B마트의 DIY(Do It Yourself) 부문 담당자로

부터 소개를 받은 것이다. 그때 LiW 박 영 대리를 처음 만난 것이다. 지금은 대리이지만 당시는 대형할인마트 담당 신입사원이었다. LiW는 몇 개 되지 않는 할인마트를 신입사원 혼자서 관리하고 있었다. '관리'라는 것이 할인마트 담당자들과 이야기하고, 할인마트에서 주문이 들어오면 창고에 제품을 배송하라고 연락하는 역할이다.

"안녕하세요. 박 선생님. 수원 B마트 담당자 소개로 왔습니다."

"안녕하세요. 기다리고 있었습니다."

서로 악수와 함께 명함을 주고받으며 얼굴과 이름을 익혔다. 솔직히 이름보다는 직함에 더 관심을 가진다.

"백 사장님은 박사님이라고 들었는데요."

"아닙니다. 아직 학위가 끝나지 않았습니다. 지금 논문을 쓰고 있습니다."

대학을 갓 졸업한 듯한 LiW 박 영은 박사와 박사수료의 차이를 잘 모르는 듯하다.

"지난번에 보내주신 사업계획서 잘 받아 보았습니다. 저희의 주문 데이터를 관리하시겠다고요. 저희도 필요한 서비스이긴 한데요…"

LiW 박 사원의 여운이 무엇을 의미하는지 백 실장은 잘 알고 있었다.

"저희 회사가 아직 경험도 없고 규모가 작지만 한번 믿어주십시오. 일단 저희가 할인마트의 주문 데이터만을 관리하겠습니다."

지금은 할인마트들이 전산시스템을 통해서 주문을 내리지만, 당시에는 할인마트들이 공급업체들에게 주로 이메일, EDI로 보냈지만, 때로는 팩스, 전화 등으로도 주문을 하고 있다. 그러다보니 주문서를 취합하는 작업이 시간을 많이 빼앗기는 단순 노동이다. 특히 주문 데이터가 중복되기라도 하면 전화로 일일이 확인해야 하는 번거로움도 있다.

"저의 입장에서도 이런 일을 해줄 수 있는 회사를 찾기 힘들고 하니, 네오C&C가 고마울 따름인데, 위의 의사결정권자를 설득시키는 것이 쉽지 않습니다."

박 영 사원이 솔직히 이야기 해줘서 백 실장은 고마운 생각이 든다. 상급회사로써 튕기지도 않고.

"일단, 박 전무님이 만나자고 하십니다." 박 사원의 말에 모두들 놀랐다.

"네? 전무님이요? 그래도 이런 작은 서비스인데 그렇게 높은 분까지 만날 필요가 있나요?" 원 팀장이 LiW 전무라는 말에 주춤거린다.

"서비스의 내용과 규모에 상관없이 LiW와 거래하기 위해서는 반드시 그분의 허락이 필요합니다."

박 사원이 잠시 전무실에 들어갔다 나오는데 걸리는 시간만으로, 네오C&C가 박 전무를 설득시키기 위한 계획을 세우기에는 너무 부족하였다.

안내를 받은 백 실장 일행은 모두 경직되어 있었다. 전무실에 들어가서 몇 번을 인사를 했는지 모를 정도이다.

"안녕하십니까. 생각보다 젊은 분들이군요."

박 전무는 지금 LiW 박 요한 사장과 동일 인물이다. 박 전무는 깔끔하고 중후한 느낌이 드는 신사이다.

박 사원은 박 전무에게 서비스 내용과 필요성에 대해서 설명하는 동안 백 실장은 대기 중인 박 전무의 여 비서에게 커피 한 잔을 부탁한다.

"서비스 아이템은 좋은데 경험 없는 작은 회사와 거래하는 것이…"

박 전무도 박 사원처럼 말끝을 흐리자 백 실장은 간담이 서늘해짐을 느낀다.

"백 사장님. 아무리 좋은 사업 아이템이 있어도 저희 회사는 세계적인 기업이고, 거래하는 기업들에 대한 몇 가지 자격 조건이 있습니다. 네오C&C는 아직 주식회사가 아닌 개인사업자이고 더군다나 이제 시작한 회사인데. 좀 어려울 것 같습니다."

"전무님! 저희가 주제넘은 줄은 압니다. 그래서 작은 일부터 시작을 해서 인정을 받고 싶습니다. 누구에게나 '시작'은 있지 않습니까. LiW도 처음의 시작이 지금처럼 크지만은 않았을 것입니다. 저희 같은 시절을 거쳐서 지금의 거대 기업이 된 것이 아닙니까!"

백 실장은 부탁의 말을 하려고 했는데, 막상 이야기하고 보니까 왠지 당돌한 말처럼 들려서 걱정이 들었다.

"하하하, 백 사장님이 말씀을 잘하시는 군요. 그렇죠. 저희 LiW도 시작이라는 단계를 거쳐서 지금까지 왔습니다."

박 전무의 웃음이 왠지 긍정적인 결과를 가져올 것 같은 반전의 느낌을 가져왔다.

백 실장은 생각보다는 어렵지 않게 LiW와 첫 거래를 틀 수 있었다. 박 전무는 왠지 젊은 사람들의 패기와 도전이 마음에 들었고, 도와주고 싶었던 마음이 들었던 것 같다.

백 실장 일행은 전무실에 나와서 최종판결을 기다리고 있었다.

잠시 후, 박 영 사원이 나온다. 마치 판결문을 가지고 오듯.

"좋습니다. 백 사장님! 일단 3개월만 같이 일을 해 본 다음에 연장 여부를 결정하겠습니다. 3개월 후에는 냉정하게 평가할 것입니다."

마치 집행유예 같은 판결문이었지만, 그래도 얼마나 감사한지, 백 실장은 감사하다는 말을 침 튀기며 거듭 반복한다.

"그리고, 백 사장님, 보증보험(保證保險) 최소한 2억짜리는 있어야 되는데, 특별히 5,000만원짜리로 해드리는 것입니다. 지금까지 그런 사례가 없었습니다."

주 팀장과 원 팀장은 5,000만원이라는 액수에 놀란다. '우리들 창업자금이 100만원도 안되는데'

"또 서비스 수수료는 월 100만원 하는 것이 어떻습니까? 조명전구 매출액의 0.2%는 너무 적지 않나요? 아마 한 달에 40~60만원 밖에 되지 않을 겁니다. 그냥 월 100만원 하시는 것이 네오C&C에게 좋을 듯합니다."

"아닙니다. 박 선생님. 그냥 저희들이 취급하는 물량의 매출액 대비 0.2%만 받겠습니다. LiW 성장과 함께 가고 싶습니다. 비록 얼마 되지 않지만요."

백 실장은 계약서를 작성하고, 도장을 찍는다. 처음 작성한 계약서라 실수도 많고 잘 이해하지 못했지만, 괜히 서투른 계약서 작성 때문에 LiW와의 거래가 잘릴까봐 시키는 대로 모두 한다.

첫 거래에 대한 계약 성사 후의 기쁨은 경험해보지 않으면 모를 것이다. 다시 살아난 기분, 부활한 그 느낌이다. 그런데 가벼운 마음으로 LiW를 나온 백 실장과는 달리 주 팀장과 원 팀장의 표정에는 별로 기쁜 기색이 보이지 않는다.

"백 실장님. 보증금 5000만원을 어디서 구하죠?"

주 팀장이 걱정스러운 표정으로 말한다.

"하하하, 보증금이 아니라 보증보험이야."

백 실장은 두 팀장들의 표정이 왜 어두운지 알 것 같았다.

"나도 처음에 보증보험이 무엇인지 몰랐지. 지난달에 모 업체와 미팅하다가 알았거든. 보증 보험은 일반적으로 회사 신용을 보증하기 위한 보험이야. 신용보증기관에서 회사의 규모와 실적에 따라 보증을 서

주는데, 우리는 매달 일정액의 보험료를 내야만 하지. 물론 신용보증 기관에서 아무 회사에게 보증을 서주는 것이 아니야. 회사를 평가하게 되지. 우리가 신용도가 높은 LiW와 거래를 하는 거니까 상대적으로 우리 회사도 조금은 신용이 높아지기 때문에 5,000만원짜리 보증보험 받는 것은 큰 문제가 되지 않아."

"아, 문제가 안 된다니, 안심이 되네요. 그런데 보증보험이 왜 필요하죠?"

"만일 우리가 LiW와 거래하면서 사고를 치게 되면 배상해 주어야 되거든. 우리는 별 일 없겠지만, 만일 LiW 제품을 운송하는 A 회사가 있다고 가정해봐. A 회사가 처음 거래할 때 LiW의 한 트럭분의 제품을 운송하는데 만일 가지고 도망쳐봐. 아마 그 물량이 1억 원어치는 될 거야. 그래서 1억 원 이상의 보증보험을 요구하는 거야."

모두들 이해가 된 듯하였다.

이것이 네오C&C의 첫 거래였다. 비록 보증보험의 보험료가 LiW로부터 받는 수수료의 절반을 차지하여 재정적으로 별 도움이 안 되었지만, 네오C&C의 분위기는 다시 살아났다. 물론 계약 조건은 3개월 후의 재계약이었지만 백 실장은 확신하였다. 계약이 연장 될 것을.

백 실장이 확신 한 이유는, 첫째 LiW 데이터를 관리하기 때문이다. 물론 LiW 매출데이터만을 관리하지만, 매월 월말 정산을 하기 위해서는 제품들의 공급가 및 거래 조건(가령 할인마트에 몇 %의 수수료를 주는지)을 알아야만 하고, 제품들의 원가 데이터도 쉽게 구할 수 있게 된다. 또한 LiW 사내 전산시스템에 접촉하면 관련 자료에 묻혀서 오는 많은 정보들이 있다. 이러한 정보들을 네오C&C가 가지고 있다가, 만일 거래가 중지되어서 경쟁업체와 거래하게 되면 LiW입장에서는 큰 문제가 발생할 수도 있기 때문이다. 즉, 백 실장은 LiW의 중요 정보를 물고 있는 것이었다. 둘째로는 네오C&C의 열정을 믿기 때문이다. 더 이상 물러날 길이 없기 때문이다. IMF로 인해 취업하기도 어려운 시점에서 다른 일을 찾는다는 것은 쉽지 않기 때문이다. 또한 구성원들이 모두 같은 신앙으로 만난 백 실장의 후배들이었기 때문에 서로 간에 신뢰가 있었기 때문이다.

그 후 LiW는 네오C&C에게 대형할인마트의 주문 데이터 관리뿐만 아니라, 물류, 제품 행사 및 기획, 할인마트 영업, 대형할인마트 관련 업무를 아웃소싱(outsourcing) 하여 갈라놓을 수 없는 협력의 관계를 가지게 되었다. 현금 수수료도 0.2%에서 지금은 매출의 4%까지 확대되어 회사 재정에 큰 도움을 가져다주었다. 또한 네오C&C가 LiW와 거래한다는 소문은 삽시간에 퍼져, 그 다음의 신규업체들을 얻는 데는 상대적으로 쉬웠다. 물론 거래업체 절반 이상은 다국적 기업이다.

〈그림 2-2〉 네오C&C 사업 모델

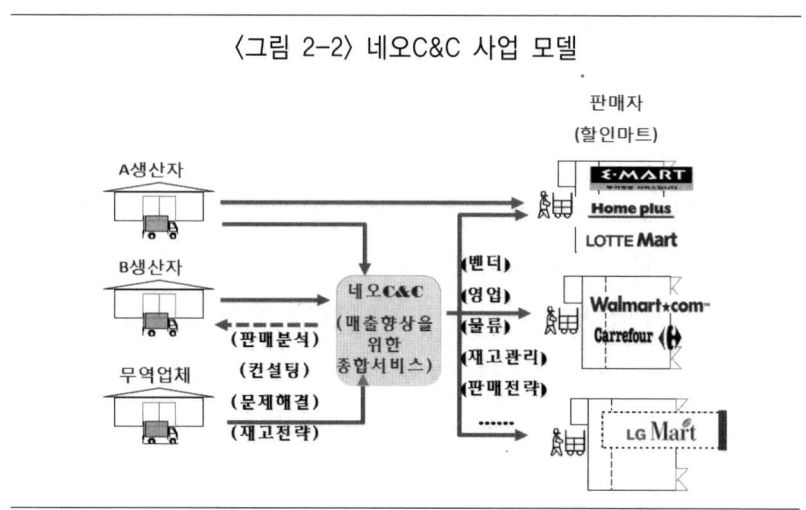

네오C&C는 국내의 모든 대형할인마트와 거래를 하게 되었고, 이것이 또한 네오C&C의 큰 장점이다. LiW는 유럽 회사이기에 유럽의 대형할인마트와 본사차원의 계약을 하고 있다. 즉, 유럽의 대형할인마트는 경쟁사인 EA사(社) 제품을 취급하지 않는 대신, LiW는 유럽의 대형할인마트에 좋은 조건으로 제품들을 공급하기로 되어 있다. 이와 반대로 미국 회사인 EA사도 미국의 대형할인마트와 본사차원에서 계약하여서, 유럽의 LiW의 제품을 받지 말고 EA 제품만 판매하도록 되어 있다.

처음에는 국내에서도 유럽 대형할인마트인 C마트에서는 LiW 제품만, 미국의 대형할인마트인 W마트에서는 EA 제품만 입점 되어 있었지만, 지금은 서로 잠식하고 있는 실정이다.

네오C&C는 국내의 모든 대형할인마트와 거래를 하고 있었기 때문에 한국에 새로 진입하는 외국계 회사들에게 꼭 필요한 존재가 되어버렸다. 그렇지 않으면 한국의 시장을 처음부터 개척해야 하기 때문이다.

네오C&C의 역할은 다음의 그림과 같고, 첫 고비를 잘 넘기고 성장하게 된다.

현재 네오C&C의 서비스 내용과 수익은 다음과 같다.

- **LiW** - 시장조사, 데이터 관리, 물류 일부 - 취급 물량 매출액 대비 4%
- **에덴금속** - 물류 70%, 컨설팅 - 취급 물량 매출액 대비 10%
- **텔레코드** - 물류 전부, 컨설팅 - 취급 물량 매출액 대비 10%
- **기타 다국적 기업** - B&P 공구업체, 샘나이트 가방업체, SimRoom 욕조용품 등
- **국내 기업** - 변연문구, 물성화학 등

3. 에덴금속의 매출증가 (1월 15일)

에덴금속 박 예찬 이사 / 네오C&C 백 실장, 황 대리
에덴금속 서울 본사

생각하기

임의의 제품을 선정해 제품의 종류를 조사해 보고, 점포 혹은 상점내에 재고가 얼마나 되는지 시장 조사해보시오.

자수성가한 에덴금속의 박 예찬 이사는 백 실장에게 작년 매출 현황을 보고 받는다. 박 예찬 이사는 에덴금속의 대표이사이지만, 회사에서는 박 이사라고 부른다. 회사의 복잡한 내막이 있는 듯하다. 35년 역사를 자랑하는 에덴금속은 도어락(door-lock), 공구(tool), 정첩 등 DIY(do-it-yourself)제품들을 생산하고 있는 업체로, 10년째 거래중이다.

"작년은 부동산 경기가 안 좋아서 업체들과의 거래매출이 20%나 줄었는데, 도소매시장에서는 매출이 17% 상승한 것은 백실장님 덕분입니다"

박 이사는 백실장과 나이 차이는 많이 나지만 백 실장에 대한 신뢰가 매우 크다. 또한 박사라는 타이틀 때문에 백 실장에게 만큼은 존칭을 쓰고 있다. 물론 백 실장도 그런 박 이사를 존경하고 있다.

"아닙니다. 저희가 잘 한 것은 없습니다. 매출 증가의 주요 요인은

대형할인마트 점포수가 많이 늘어나서 생긴 자연 증가율이 큽니다."

"하하하, 다른 회사들은 모두 자신들이 잘했다고 큰소리치는데. 나는 그런 백 실장님의 모습이 마음에 들어요. 아무튼 백 실장님의 역할이 컸습니다. 그 동안 넘치는 재고 때문에 재정이 많이 악화되었는데, 백 실장님이 1년 전부터 도와 준 재고절감 프로젝트로 인해서 많이 개선된 걸 잘 알고 있습니다. 그거……. 뭐였더라. 여러 가지 방법론을 도입했었는데."

"아, Lean 접근 방식을 말씀하시는 군요. 또 TOC(Theory of Constraints)도 있고요."

"아! 맞아요. 우리에게는 백 박사님이 '요나' 같은 사람이지요."

30년 동안 차가운 금속만을 다룬 박 이사는 발음하기 힘든 용어들을 이야기 할 때는 백 실장을 백 박사로 부른다. '요나'는 '더 골'이라는 책에 나오는 인물[3-1]로서, 기업의 핵심 문제를 풀어나가는데 도와주는 역할을 하고 있다.

에덴금속 매출의 약 70%는 건설사들을 상대로 이루어지고 있고, 보통 1회 물량이 적게는 수천 개에서 많게는 수 십 만개나 되기 때문에 엄청난 재고를 필요로 하고 있다. 더욱이 도어락의 종류는 매우 다양하다. 같은 도어락이라도 키(key)의 정보는 모두 달라야 하고, 문(door)의 두께에 따라 도어락 봉(양쪽 손잡이를 연결하는 축 기둥)의 길이도 다르고, 문이 왼쪽으로 열리는지, 오른쪽으로 열리는지에 따라서도 종류가 다르다. 또한 문의 재질(유리, 나무, 철)에 따라서도 종류가 달라져야 하기 때문에 다양한 제품들이 존재한다. 물론 손잡이의 재질에 따라서도 그 종류는 더욱 세분화 된다. 이러한 다양한 종류들은 엄청난 재고와 잔업을 유발시켰고, 부분품은커녕 완성품조차도 제대로 재고관리가 되지 않고 있는 상태였다. 물론 그 동안 재고를 줄이려는 시도는 많았지만, 불확실한 수요의 변동은 생산계획의 패닉(panic) 현상을 일으켰고, 계획은커녕 납품 일자 맞추기에 급급하였다. 또한 아파트 입주자들이 입주 후에 자신들의 선호도에 따라 더욱 안전한 도어락(가령, 디지털 도어락, 지문인식 도어락)으로 바꾸기 때문에, 주로 아파트에 구색 갖추는 측면에서 저가의 제품들 위주로 공급하였고, 이로 인한 품질문제로 유지 보수비용도 상당하다. 지금의 에덴금속은 입주자들의 정보를 바탕으로 입주 날짜에 맞추어 입주자가 원하는 제품을 사전에 조사하여 설치를 대행하여 주고 있다. 혹은 시공사가 일괄설치를 요구하는 경우에도, 고객이 나중에 보상판매를 통해 교환이 용이하도록 서비스를 실시하고 있다. 이는 공사대금을 1년짜리 어음을 받던 때와는 달리, 고객의 입주와 병행하여 설치가 되므로 결제 기간이 대폭 짧아졌고, 고객의 입주를 확인하는 작업까지 병행되므로 시공사의 부도의 위험을 미리 대비할 수도 있게 되었다.

　에덴금속은 재작년에 백 실장을 비롯해 대학 은사 김 교수, 임 교수와 함께 체질개선 프로젝트(일명 T2 Project : TOC-TOYODA)를 위임받아 시작하였고, 작년 하반기부터 효과가 가시적으로 나타나고 있었다. 프로젝트의 내용 및 결론은 TOC, 린 프로세스(lean process) 혹은 리엔지니어링(reengineering)을 통해 '부분 최적화의 부작용, 낭비 제거, 품질개선'을 실행하여 약 15%의 재고를 줄일 수 있었고, '시장의 세분화 및 현금의 투명성 개선'을 통해 매출 향상은 물론 자금의 흐름과 투명성도 높였다. 이로 인해 에덴금속 박 이사는 요사이 컨디션이 좋았다. 특히 오늘 박 이사의 기분은 매우 업(Up) 되어 있었다. 어제 모 일간지에 대박인생의 주인공으로 박 이사의 성공 스토리가 소개되었기 때문이다. 아직까지는 에덴금속은 기업혁신의 성공적인 가도를 달리고 있었다.

1] LEAN 시스템과 도요타 시스템

린의 사전적 의미는 '날씬한', '메마른'의 뜻으로, 린 시스템은 쓸데없는 낭비를 제거한 군살 없는 시스템을 의미하는 것으로 프로세스의 흐름 원활화에 중점을 둔다. 린 시스템의 개념은 MIT 대학 교수였던, 제임스 워맥(James P. Womack)과 다니엘 존스(Daniel T. Jones)가 체계를 확립하였다. 린의 기원은 도요타 시스템(Toyoda Production System: TPS)으로부터 찾을 수 있는데, 1940년대부터 Ohno와 Shingo는 도요타 시스템에 대해서 연구하였고, 1960대 초에 TPS의 개념을 확립하였다[3-2]. TPS의 큰 기둥은 무재고 실현을 위한 간반방식의 JIT(Just-In-Time)과 사람 중심의 자동화인 自働化 시스템이다. 이러한 TPS가 미국 MIT로 건너가 좀 더 체계적인 철학 혹은 원리로 바뀌었다. 주로 린 기법들은 이론에서 만들어진 것이 아니라 생산 현장에서 시작되어 상향식(bottom-up)으로 전개된 방법으로, 린은 낭비 제거와 가치 부여에 초점을 맞추어 기업에 적용하고 있다.

2] 리엔지니어링(Re-engineering)

1985년에 마이클 해머(M.Hammer)에 의해서 소개된 리엔지니어링은 '프로세스를 개선'하기보다는 '프로세스가 왜 필요한지'부터 시작된다. 해머의 리엔지니어링에 대한 정의는, '비용이나 품질 또는 서비스나 시간과 같은 주요한 성과 지표들에 있어서 극적(dramatic)인 개선을 달성하기 위하여 기업의 업무 프로세스(process)를 기본적(fundamental)으로 다시 생각하고 근본적(radical)으로 다시 설계하는 것'이다.

리엔지니어링은 급진적인 변화를 시도하기도 하여 인력을 감소시키는 '다운사이징(down sizing)' 기법으로 오해를 받기도 하였지만, 리엔지니어링의 관심은 '사람(작업자)'이 아니라 '프로세스'이다. 리엔지니어링은 문제에 대해 적극적으로 대응하기 때문에 위에서 아래로 시도하는 하향식(up-bottom) 방식이다. 리엔지니어링도 프로세스의 가치를 고객의 관점에서 재조명하여 낭비를 제거하며 개선 및 개조하는 방법이다.

하지만 최근에 '린'이 소개되면서 리엔지니어링 기법과 차별화되기 위해 비교·분석도 많이 하지만, 해머도 MIT 출신이라는 점에서 '리엔지니어링'과 '린'은 비슷한 점이 많이 있다. 오히려 린이 나중에 재정립되었기에 리엔지니어링의 단점들을 많이 보완된 듯하며, 다만 두 방법이 차이가 있다고 느껴지는 이유는, 도요타자동차에서 나온 린은 동양의 사고방식이 다소 강하게 반영되었고, 리엔지니어링은 서양의 사고방식이 강하기 때문이 아닌가 생각한다.

3] 더 골(TOC)

1984년 골드랫(Goldratt) 박사가 '더 골(The Goal)'이라는 소설을 출판하면서 많은 주목을 받았다. 물리학자인 골드랫 박사의 상이한 관점에서 기업의 문제점들을 밝히고 해결해 나가는 이론으로 이를 제약이론(Theory of Constraints: TOC)이라고 한다. TOC 이론은 회사의 이익(가치)을 저해하는 근본 원인을 찾고 해결해 나가는 방법으로 DBR (Drum-Buffer-Rope), Thinking Process 등 효과적인 방법론들이 있다.

아이(愛) 이야기 ('좋은 생각' 월간지에서)

저에게는 선천적으로 언청이로 태어난 오빠가 있었습니다. 저는 어려서부터 오빠가 부끄러워했습니다. 친구들이 집에 오면 오빠가 방에서 나오지 않기를 바랐습니다. 특히 졸업식 같은 때는 오빠가 올까봐 걱정도 했습니다. 하지만 오빠는 나의 마음을 알고 있는지, 나의 친구들이 오면 조용히 방으로 들어가 나오질 않았고, 나의 졸업식에도 한 번도 참석하지 않았습니다.

그런 속 깊은 오빠가 대학교를 가게 되었습니다.

그러던 어느 날 오빠는 불의의 사고를 당하고 말았습니다. 길가에서 놀고 있는 어린이를 향해 달려오는 트럭을 보고 어린 아이를 살리고 대신 트럭에 치여 죽은 것이었습니다. 비록 오빠를 부끄러워했지만, 오빠의 죽음은 너무나 큰 슬픔으로 다가왔습니다. 또한 공교롭게도 오빠의 장례를 치르는 날이 엄마의 생일이었습니다.

그런데 장례식 날 소포가 하나 도착했습니다. 죽은 오빠가 보냈던 것이었습니다. 그 소포 속에는 엄마에게 드리는 예쁜 손수건과 편지 한 통이 있었습니다.

'사랑하는 엄마. 아들을 얻어서 기뻐해야 할 때에 저 같은 언청이가 태어나서 얼마나 상심이 크셨습니까. 하지만 못난 언청이인 아들을 큰 사랑으로 키워주셔서 감사드립니다. 이 손수건은 제가 대학교 들어와서 처음으로 어머니께 드리는 선물입니다. 이젠 언청이인 아들로 인해 눈물을 흘리시지 마시고 이 손수건으로 닦으세요. 저는 어머님으로 인해 너무나 행복하답니다.'

오빠의 편지를 읽은 엄마는 오빠가 보내 준 손수건을 꼭 움켜쥐고 하염없이 우셨습니다.

내가 언청이로 태어났으면 한 없이 엄마를 욕 했을 텐데. '나를 왜 이렇게 태어나게 했냐고 …'

착한 우리 오빠 미안해 그리고 사랑해. 내가 오빠 몫까지 엄마를 더욱 사랑할게.

4. ERP 시스템 도입 중인 텔레코드 (1월 15일)

텔레코드 전 진 사장, 김 채종 이사, 박 학현 부장 / 네오C&C 백 실장, 황 대리
남양주시의 텔레코드 공장

생각하기
1. 기술 추이의 변화는 어떻게 감지하나?
2. 기술들에는 어떤 것이 있는가?
   (예, 녹색 기술)

에덴금속에서 점심을 거나하게 접대 받은 백 실장 일행은 오후에는 남양주시에 있는 텔레코드를 향해 갔다. 텔레코드는 전기 기구(멀티탭, 코드, 전선 등)를 만드는 벤처기업으로 오로지 기술만으로 승부하는 중소기업이다. 하지만 뛰어난 디자인과 기술은 시장에서도 인정받아, 동종업체의 제품보다 2배가량 비싸게 팔리고 있지만 타 회사의 추종(追從)을 불허하고 있다. 네오C&C와 텔레코드와의 관계는 4년 전에 기독 CEO의 모임에서 알게 되었고, 네오C&C는 대형할인마트 내의 텔레코드 제품에 대한 물류 관리를 하고 있다.

"작년에 접지(接地)제품의 빠른 대응으로 인해 텔레코드는 2배가량 매출이 성장할 수 있었습니다."

백 실장은 모든 성과를 언제나 생산업체 덕으로 돌린다.
"아니야, 백실장의 시장 공략 전략 때문이야."
백 실장과 같은 고향 선배인 전 진 사장은 4년 전에 스톡옵션(stock option)을 제안 받아서 전문 경영인으로 왔지만 지금은 대주주가 되었다.
최근 정부에서는 낙뢰와 같은 전기적 충격에 따른 사고를 예방하기 위해 모든 건축물과 가전제품에 접지공사 및 관련 장치를 의무적으로 갖추도록 요구하였고, 작년 상반기부터는 멀티탭도 접지 제품만을 생산하도록 권고하여 왔었다. 이러한 움직임을 감지한 백 실장은 재작년 초부터 접지 제품 생산을 제안하였었다.
"아닙니다. 오히려 저희 보고서를 믿고 실천하여 준 텔레코드에 감사하죠."
아무리 시장 분석 보고서를 제출해도 꿈쩍하지 않는 LiW에 비해 텔레코드는 무척이나 겸손한 편이다.
"사장님, ERP 시스템은 잘 진행되고 있는지요?"
"백 실장, 걱정하지 말게. 독자기술로 회사가 높이 평가 받아서 좋은 조건으로 은행에서 쉽게 자금을 조달 할 수 있었고……."
전 사장이 계속 이야기를 하지만, 근래 두세 달 전부터 텔레코드로 부터 결제가 계속 지연되고 있어서 백 실장은 조금은 걱정이 되었다. 백 실장은 작년에 텔레코드가 2억여 원의 ERP시스템을 도입한다고 했을 때, 아직은 시기상조라고 강력히 말렸으나, 전 사장과 김 채종 이사의 기술 지향적 경영방식의 고집을 꺾지 못했다. 하지만 그들의 기술 지향적 사고보다도, ERP시장의 포화로 인해 중소기업들에게 눈 돌린 몇몇 SI업체들의 뛰어난 영업술 때문이라고 백 실장은 생각하고 있었다. '생산성 향상'과 '원가절감', '수익률 증가' 등의 화려한 언어로 고객의 수익에는 관심 없고 고가의 시스템을 팔려고만 하는 그들의 이기적인 태도에 백 실장은 불편한 마음을 가지고 있었다. 물론 고객을 위하는 많은 SI업체들도 있지만은.

"지금은 멀티탭 생산라인에서 시험 가동 중이고 6개월 후에는 정상 가동할 수 있을 것으로 기대하고 있습니다."

텔레코드의 연구개발 총괄 책임자인 김 이사가 말하였다.

"네, 저도 성공적인 시스템 도입을 기대하겠습니다."

백 실장은 시스템 도입에 대한 할 말이 많았지만, 이미 현장에서 가동되고 있다고 하니, 더 이상은 잿밥을 뿌리는 것 같아 그만둔다.

***

텔레코드 전 사장은 갑자기 들어온 박 부장과 심각한 대화를 나누더니, 급히 자리를 뜬다. 백 실장도 잠시 화장실을 오가는 길에 창고 안의 제품들을 보았다.

'돈은 없는데 창고의 재고는 꽉 찼군!'

전 사장의 방에는 김 이사와 박부장, 백 실장, 황 대리만이 남겨져 있었다.

"백 실장님, 요사이 회사의 자금사정이 좋지 않아서요. 중국 수출 실적이 많이 떨어지는 것이 가장 큰 원인입니다."

커피를 마시면서 말하고 있는 텔레코드 박 부장을 쳐다보지만, 박 부장의 표정은 종이 커피 잔에 가려져 있었다. 백 실장은 결제를 좀 독촉하고 싶었지만 텔레코드가 어려운 처지에 놓여 있는 것 같아 차마 말을 꺼내지 못한다. 벌써 3달째 연체되고 있는데…

백 실장은 아무 생각 없이 대화를 이어간다.

"중국 현지는 누가 담당하나요?"

"현지에 사무실이 있지만 우리 직원은 3명뿐이고요, 이곳에서는 대리 한명이 담당하고 있습니다." 김 이사가 답변을 하였다.

"중국에 수출하신지는 벌써 2년이 다 되어가고 있잖아요? 준비기간도 오래 걸렸는데."

"생각처럼 중국 시장을 확대하는 것이 쉽지 않더군요. 워낙 중국 도매상들의 텃세가 심해서."

"저희가 오해했던 것이, 중국은 하나가 아니에요."

김 이사의 말을 박 부장이 이어받는다.

"상해에 진출하는 것과 북경에 진출하는 것은 별개의 문제이더군요. 지역마다 세금도 달라요. 중앙정부에서 세금제도에 대한 일정한 지침은 있지만, 지방정부들에게도 어느 정도 재량권을 갖고 있더군요. 그것이 음성적인 것이든 간에… 우리들은 뇌물이라고 이야기하지만 합법적인 뇌물이더군요. 또한 물류비와 관련된 세금(도로세, 고속도로 통행료 등)들도 많이 차이가 납니다."

"중국진출의 성공은 믿을 수 있는 도매상들을 만나는 것이 핵심인 것 같아요. 그래서 꽌씨가 중요한 것 같습니다."

김 이사가 한숨을 쉬면서, "진짜 믿을 수 있는 사람들을 만나는 것이 쉽지 않아요. 처음에 상해에서 지인의 소개로 첸(陈) 사장이라는 사람을 알게 되어, 그 사람을 통해서 몇 개의 백화점에 입점을 하였는데, 얼마 후에 보니 다른 백화점에 이미 짝퉁이 팔리고 있더군요. 가격도 절반 가격에. 조사해 보니, 첸 사장이 친구와 함께 짝퉁을 만들고 있었던 겁니다. 그래서 항의를 하니까, 백화점에 있는 우리 제품을 모두 빼 버리는 것이 아닙니까. 물론 소송중이지만, 저희가 대응이 늦었어요."
"늦다니요?"
얼굴이 상기된 황 대리가 김 이사에게 묻는다.
"특허 신청이 너무 늦었어요. 기술을 보호 받으려면 중국 특허를 신청하여야 하는데, 번역 등 절차 및 비용 문제로 보류하고 있었죠. 멀티탭 한 제품만 하더라도 10개 이상의 특허가 있거든요. 특허라는 것이 각 나라마다 모두 받아야 되는데……. 물론 국내 특허만으로도 1년 이내 까지는 외국에서도 보호를 받을 수 있지만, 그 후에는 다시 신청을 해야만 하거든요. 나라마다 모두. 아니 엄밀히 말한다면, 특허 관련 업무가 우선순위에서 밀렸던 거죠. 시장도 제대로 확보하지 못한 상황에서 특허부터 신청한다는 것이 중소기업들에게는 쉽지 않거든요."
"그렇군요. 저도 친구한테 중국 도매상들에 대한 횡포를 들은 적이 있습니다. 어느 중국 도시에 살고 있던 친구가 어느 날 '하기스' 기저귀 제품을 사러 갔는데, 갑자기 모든 백화점에서 팔지 않는다고 하더군요. 나중에 알고 보았더니, 그 도시의 많은 백화점들에게 하기스 제품을 공급하는 도매상이 하나라는 거예요. 그런데 다른 사람이 본사로부터 하기스 제품을 공급받아 판매를 하는 것을 알고, 기존 도매상이 제조업체에게 자신의 힘을 과시하기 위해 백화점에 제품 공급을 모두 중단한 거예요. 그 도시의 기저귀 제품에 대한 백화점 입점을 소수 도매상이 꽉 잡고 있는 겁니다."
"마치 한국의 70, 80년대 같군."
"그렇다고 해서 중국이 뒤졌다고 생각하면 큰 오산입니다. 중국은 과거 한국의 70년대의 모습도 있지만, 현재는 물론 어쩌면 한국보다 더

발달한 모습도 많이 있습니다. 과거, 현재, 미래가 공존하는 나라죠."

이야기가 길어질 것 같았다. 원래는 결제를 독촉해야 하는데…

백 실장을 좋게 표현하면 사람이 좋은 것이지만, 한 회사의 대표치고는 너무나 마음이 여린 것이 탈이다.

5. 매장 진열의 법칙 (1월 15일)

네오C&C 백 실장, 황 대리
구리시 B마트 매장

생각하기

1. 대형할인마트 주차장의 문제점을 살펴보고, 개선안을 논하시오.
2. 매장 내에 주로 사용된 음악과 색깔들은 어떤 것이 있고, 매출과 어떤 관계가 있는지 생각해보시오.
3. 계산대에서 기다리는 시간을 줄이는 방법을 생각해 보시오.

어느덧 헤드라이트를 켜야만 운전이 가능할 만큼 어두워진다. 이미 고속도로는 퇴근길이라 많이 막혀서 국도(國道)로 빠졌다. 저녁을 먹고 갈 참이었다. 백 실장과 황 대리는 근처 식당을 찾는다. 그들은 직업 특성상 대형할인마트 내의 식당을 선호하였고, 그래서 하남시의 B마트로 차를 몰았다. 또한 매장도 둘러보기 위함이었다.

"작년에 오픈해서 그런지 외양이 깨끗한 것 같은데."

백 실장은 작년에 오픈식에 참석하고는 처음 방문한 것이다. 건물 내 주차장은 만원이었고, 간간이 장애인 주차공간이 비어 있었지만 엄청난 과태료 경고문 때문에 주차할 엄두가 나지 않는다. 주차 도우미의 안내를 따라 움직이지만 1600CC급 자동차 한 대 조차 들어갈 공간을 찾는 것은 쉽지 않았다.

"마트들이 매장 진열은 신경을 많이 쓰면서 주차장 공간은 영 엉망이에요. 사고도 여러 번 목격했거든요."

"사실 주차장이란 공간은 참으로 관리하기가 쉽지 않은 것 같아. 그곳에서 제품광고를 하자니 운전자의 시선이 분산되어 위험하고, 주차장에서 음악을 튼다고 해도 차 안에서 들리지도 않고, 그렇다고 늘 부족한 주차공간을 고객편의를 위해서 무턱대고 넓은 공간을 할당할 수도 없고."

"그것뿐만이 아니에요. 자동차와 보행자, 카트가 섞여 움직이고 있어 위험하기도 하고요. 더군다나 차가 나가고 들어오는 입구와 출구도 각각 한 개씩뿐이잖아요."

"그래서 바닥에 보행자 안전선을 그렸지만 여전히 위험하고, 주차장의 출입구를 확보하고 자동차를 분산하기 위해 주차장을 지상과 지하로 양분하였지만 여전히 주차하기에는 어려움이 많이 있지. 또한 자기 차를 어디에 주차했는지 식별하기도 어렵고."

"맞아요! 저도 어디에 주차를 해 놓았는지 몰라서 주차장을 헤맨 적이 여러 번 있어요."

황 대리가 강한 동의를 나타내는 듯 손뼉을 친다. 아마도 여러 번 주차장에서 헤맨 듯하다.

"제 생각은 그냥 주차장에 창문이라도 있었으면 좋겠습니다. 너무 암흑천지에요. 공기도 나쁘고. 환경만이라도 조금만 신경 쓴다면 분위기가 달라질 텐데…"

"황 대리 말을 들으니 좋은 생각인 것 같은데. 주차장 천정도 너무 시커멓게 뻥 뚫려 있는데, 꽃이나 식물이라도 걸어두었으면 한결 좋아질 것 같은데. 벽도 제품 홍보를 하기보다는 그냥 산뜻한 분위기가 될 수 있도록 치장을 하고. 더욱이 최근에 녹색 경영(Green management)을 중시하고 있는 입장에서, 대형할인마트도 친 환경적인 건물이 될 수 있도록 노력해야 하는데… 꽉 막힌 성냥갑 같은 건물이 아닌."

분명한 해결책을 찾지 못해 아쉬워하는 백 실장은 그래도 주차장의 분위기만이라도 바꿔준다면 좋을 것 같다는 생각을 한다.

매장에 들어선 백 실장과 황 대리는 감미로운 음악소리에 기분이 좋았다. 어디선가 많이 들어본 피아노 명곡이었지만, 백 실장은 제목을 알 수가 없었다.

"실장님 이 음악의 제목을 아시나요?"

"진짜 어려운 질문을 하는군. 나에게 음악은 노래 부르기가 전부야."

"베토벤 피아노 협주곡 5번 '황제'라는 곡입니다."

황 대리의 의외의 대답에 백 실장은 놀란다. 백 실장이 알고 있는 황 대리는 결코 이런 부류의 사람이 아니었기 때문이다. 대학 시절 때부터 알고 지낸 황 대리의 인상은 언제나 착하고 순진하면서도 전라도 땅 끝에서 올라온 순수한 사람이었기 때문이다. 두 사람은 어느덧 식당에 들어가 클래식 음악과는 어울리지 않는 '뚝배기 불고기 백반'을 시키며 계속 음악 이야기를 한다.

"백 실장님 놀라지는 마세요. 제가 음악을 따로 배운 것이 아닙니다. 매장을 많이 돌아다니다 보니 알게 되었어요. 매장에서도 아무런 음악을 틀어주는 것이 아니다 보니 그냥 관심을 갖게 된 것입니다. 아무~ 이유~ 없어!~"

개그맨처럼 흉내 내는 황 대리가 계속 이야기를 한다.

"매장 내에서는 주로 클래식과 같은 조용한 음악을 틀어준다고 합니다. 여유 있게 쇼핑을 하라는 의미에서요. 우리들의 몸이 음악의 리듬을 타기 때문이라고 하더군요. 마치 장구소리를 들으면 어깨가 들썩거리는 것처럼. 이것을 생체리듬이라고 하더군요. 그래서 음악에 따라서 우리 몸이 움직인대요. 빠른 음악이 나오면 빨리 걷고, 느린 음악이 나오면 천천히 걷게 되죠[5-1]. 즉, 빠른 음악은 빨리 고객이 빠져 나가게 하려고 하는 것이고, 느린 음악은 고객을 오래 붙잡으려고 하는 것이라고 하네요."

"그리고 보니, 나도 대학교에서 배운 기억이 나는데, 제조업체들은 많은 제품을 생산하기 위해 공장 내에서 빠른 음악을 틀어주었다고 하더군. '새마을 운동'과 같은 음악!"

문득 두 사람은 식당의 음악 소리에 기울인다. 유명 대중 가수의 '어머나'였다.

***

식사 후, 후식을 사기 위해 매장 안으로 들어간다. 일반적으로 우유류나 식품류와 같은 생활필수품들은 고객을 매장 깊숙이 끌어들이기 위해 지하나 매장 안쪽 끝에 진열되어 있다. 매장을 더 많이 다녀 본 황 대리가 앞장 서 가다가 문득 말을 건다.

"백 실장님도 오른 쪽을 선호하시는 군요." 무슨 말인지 몰라서 황 대리를 쳐다만 본다.

"실장님이 이전에 세미나 시간에 말씀하셨잖아요. 고객들은 주로 오른쪽을 선호한다고요."

백 실장은 이제 이해가 되었다. 이전에 고객들의 행동분석에 대한 세미나를 했었는데, 매장을 들어선 고객들은 대부분 왼쪽보다는 오른쪽으로 걸음이 향한다는 말이다[5-2]. 오른쪽에 익숙해진 고객들은 오른쪽을 선호하고 오른쪽 제품을 더 많이 본다는 이야기다.

"황 대리도 오른쪽을 선호하나?"

"자꾸 일부러 반대로 하려는 경향이 있는 것 같아요. 고객들이 오른쪽을 더 선호한다는 이야기를 들은 후로는 자꾸 신경이 쓰이더군요. 또 어떤 책에서 보았는데, 가까운 거리에 있는 것은 왼쪽을 더 많이 본다고 하더군요. 왜냐하면, 글씨가 왼쪽에서 오른쪽으로 써졌기 때문이죠."

백 실장도 어디선가 들어본 이야기였다. 백 실장도 오른쪽을 보는지 왼쪽을 보는지 시험해 보았지만, 잘 몰랐다. 아무거나 먼저 보는 듯하였다. 하지만 고객들의 행동 분석이라는 것은 어느 정도 경향을 말하는 것이지, 모두 그렇다는 것은 아니다.

백 실장과 황 대리는 우유와 캔 커피를 집어 들고 계산대로 향하다가, 백 실장이 문득 화장지 한 묶음을 집어 든다. 화장지는 부피가 크기에 주로 남자들이 사가는 물건이다.

"실장님, 왜 맥주 옆에 화장지를 두는지 이제야 알겠네요. 비록 맥주와 화장지가 아무 관계가 없더라도, 화장지는 주로 부피가 크기 때문에 남자들이 구매하고 또한 부피가 큰 제품이기에 계산대 근처에 놓여 있기도 하니까요. 실장님은 애처가이신 것 같습니다."

"황 대리, 놀리지 마. 화장지와 맥주처럼 제품들 간의 판매 분석도 많이 나와 있지만, 대형할인마트처럼 수만 종의 제품들을 취급하는 경우에는 그런 분석대로 제품들을 분류한다면 복잡해 질 수밖에 없지. 오히려 제품별로 일관성 있게 구분하는 것이 더 편리할거야. 연관 상품으로 매출을 유도하기 보다는 체류시간을 늘리는데 초점을 맞추는 것이 바람직하지. 어떻게 하면 고객을 매장에 더 오래 머물게 할 수 있을까 생각하면서."

"맞아요. 그래서 매장의 음악도 조용한 것으로 하고 매장의 분위기도 빨간색, 노란색과 같은 따뜻한 색을 많이 사용하잖아요. 따뜻한 색이 시간의 흐름을 더디 느껴진다고 하니까요."

백 실장은 황 대리의 견식에 놀라지만 한편으로는 기뻤다. 황 대리 같은 사람이 회사에 있다는 것이.

"그럼 황 대리, 아까 매장 바닥의 미키마우스 그림도 보았겠지? 그 그림은 어떤 역할을 하는지 알아?"

"장난감 코너 말이군요. 네, 잘 알지요. 어린 아이들을 붙잡아 두려는 거잖아요. 아이들은 키가 작아서 매장 안을 잘 볼 수 없잖아요. 그래서 바닥의 그림을 통해서 아이들을 유도하고 그러다 보면 어른들도 아이들을 따라와서 구매를 유도할 수 있게 되죠."

"황 대리! 정말 놀랬는걸. 그 동안 공부를 많이 했나봐?"

"그냥 책을 몇 권 보고들은 것뿐이에요."

"그러면 황 대리 같은 고객들을 붙잡는 방법도 잘 알겠네."

황 대리는 웃음으로 알고 있음을 나타냈다. 여자였다!

계산대에는 늘 사람들이 부쩍 거린다. 10여대 이상의 계산대는 모두 가동되고 있었다.

"정말, 계산대에서 기다리는 것은 짜증이 나네요. 좀 빨리 계산할 수 있는 방법은 없을까요?"

"그러게 말이야. 이 문제는 그 동안 많이 연구되어 왔지만, 쉽게 해결되지 못하는 것 같아. 최근에는 RFID(radio frequency identification)

시스템을 도입하여 물건을 카트에 실은 채 게이트(gate)를 지나가면 자동으로 결제되는 시스템을 연구하여 왔지만, 인식률의 문제로 벽에 부딪혀 있거든."

"저도 신문이나 잡지에서 본 기억이 납니다. 그러면 다른 대안이라도 내 놓아야지 마냥 인식률이 좋아질 때까지 기다릴 수만은 없잖아요. 가령 간이포장시스템이라도."

"간이포장시스템? 황 대리, 그게 뭐지?"

"실장님, 가만히 결제하는 모습들을 보세요. 카트에 담긴 물건들을 일일이 꺼내놓고, 점원이 일일이 스캔하여 결제하고, 다시 고객이 일일이 봉투 혹은 카트에 담고. 동작의 낭비가 있잖아요. 특히 작은 농산물이나 공산품들도 일일이 집어서 넣고 하는 동작들의 소요시간이 많이 생기잖아요. 그래서 매장 내에서 미리 포장할 수 있도록 하여 개봉을 못하게 하고, 포장지(가방, 비닐봉지 등)에 총합(總合) 가격 바코드를 다시 붙이면 되잖아요."

백 실장은 황 대리의 말에 곰곰이 생각한다. 그리고는 다시 황 대리를 쳐다보며 속으로 이야기 한다.

'이 사람이 진짜 황 대리 맞아?'

6. 수요예측의 어려움 (1월 22일)

LiW 문 윤희 차장, 박 영 대리
LiW의 강남 본사

생각하기
해외에서 생산하는 업체들의 수요 예측의 어려움에는 어떤 것이 있는가?

강남대로에 위치한 LiW의 고층 건물은 옆 건물과 차별화를 위한 대형 LiW 회사 로고(logo)가 예술적으로 달려있었고, 건물 입구에는 정장 차림의 깔끔한 사람들이 명품의 옷들을 입고 다녀서 그런지 어깨에 힘이 들어가 있었다. 마치 특별 공화국에 사는 사람들처럼 보였다.

문 윤희 차장의 지시로 영문과 출신의 박 영 대리가 회의를 주도하고 있었다.

"저희 회사의 재고관리 문제의 제일 큰 원인은 제품 공급 간의 긴 리드타임(lead time: 주문후부터 도착하는데까지 걸리는 시간)에 있습니다. 주요 생산 공장이 네덜란드, 중국, 싱가포르, 헝가리 등에 있다 보니, 보통 4~6개월치의 물량을 한꺼번에 가져오고 있습니다. 또한 매년 10~11월 사이에 다음 해의 수요를 예측하여 아시아 본부가 있는 싱가포르로 보내고 있습니다."

"그렇지, 그래서 우리에게 정밀한 수요예측 모델이 필요하잖아요."

문 차장도 이미 업무내용을 터득하고 있었다.

"네, 그래서 매년 수요예측을 위한 프로젝트들을 대학교에 의뢰하고 있습니다. 적지 않은 돈을 들여가면서……. 하지만……."

"알고 있어요."

문 차장도 그 사실을 전임 김 부장에게 들어서 알고 있었고, 어쩌면 김 부장이 작년에 실시한 프로젝트의 실패에 대한 부담감 때문에 다른 곳으로 이직하지 않았나 추측하고 있었다. LiW는 해마다 여러 교수들을 찾아가 적게는 수천에서 수억 정도의 '수요 예측' 관련 프로젝트를 의뢰하고 있지만 성과가 늘 미미하였다. 한 가지 분명한 것은 100% 예측이 틀린다는 것뿐이다.

"좀 더 정확한 수요예측 모델 좀 찾아보았나요?"

"저도 매번 유명한 학술대회에도 참석하고 있고, 만나는 관련 교수들마다 자신의 모델이 우수하다고만 말하지만, 프로젝트 실적 올리기에만 급급하지 않나 생각합니다. SI업체도 마찬가지입니다. 매년 어려운 전문 용어와 최신 유행 전문 용어들을 섞어 가면서 예측 모듈을 팔려고만 하고, 심지어는 어떤 SI업체는 더 나은 수요예측을 위해 2년 전에 저희 회사에 설치하였던 전사적 시스템을 새로 교체하라는 업체도 있었습니다."

박 대리도 화가 나는 듯 얼굴이 상기되어 있었다.

"그래서요……."

문 차장도 분명한 대안을 기대하지 않으면서 건성으로 말하였다.

"차장님, 그래서라기보다는 이런 것들 때문에 재고량 예측은 물론 관리도 어려운 것이 아닙니까? 진짜 정확한 수요예측 모델을 개발한다면 돈 방석에 앉는 것이죠."

박 대리도 재고 관리의 어려움을 항변하듯이 답변하였다. 또한 박 대리는 작년에 모 세미나에서 들었던 '전문가의 분석을 통한 예측보다는 여러 사람들(관련자들)의 협력이 더 정확하게 예측할 수 있다[6-1]'는 이론에 동의하는 입장이었다.

잠시 침묵이 흐르면서 문 차장이 어렵게 운을 땐다.

"한번 세미나를 준비하는 것이 어떤가요? 뭔가 아이디어를 얻을 수도 있지 않겠어요? 전문가를 섭외하고 가급적 관련업체에서도 참석하라고 하세요."

***

불확실성, 리드타임, 정확한 수요예측, 원가절감, 서비스 품질 개선, 생산자와 판매자의 협업(collaboration) 등 중요한 이야기는 모두 쏟아져 나온 것 같다. 오전 3시간 동안 LiW 세미나를 듣고 나온 백실장의 머릿속에서는 몇 가지 감동으로 다가온 이야기들은 있지만 깊이가 없었다.

"백 실장님, 시간되시면 점심이라도 같이 하시죠."

근심 가득한 문 차장의 식사 초대가 형식적인 것만 같지 않아서 백실장은 초대에 응하였다.

"백 실장님 세미나는 어떠셨나요?"

"좋았습니다."

유명한 교수 한번 초대하여 3시간씩 세미나를 하는 것이 얼마나 많은 비용이 드는지 잘 알고 있기에 백 실장은 예의상 말한 것이다.

"백 실장님도 잘 아시겠지만, 처한 현실이 막막해서 일단 세미나를 해

보았지만 막상 해보면 남는 것이 별로 없는 듯합니다. EOQ(economic order quantity: 경제적 발주량)와 재고관련 비용 곡선은 학교 다닐 때 시험에 단골로 등장한 메뉴인데."

둘은 식당 메뉴판을 뒤적거리면서 손가락으로 V자 모양을 펴 보이며 설렁탕 두 그릇을 시킨다. 백 실장은 지적 이미지가 풍기는 문 차장과는 왠지 뚝배기가 어울릴 것 같지 않다는 생각이 들었다. 그래도 여성인데.

문 차장은 불만 섞인 표정으로 계속 이야기 한다.

"1시간이면 될 내용을 3시간으로 늘려서 강의하기 일쑤잖아요."

백 실장도 그 부분은 어느 정도 동의하고 싶었다. 많은 세미나들이 전문적이고 실용적인 지식들로 인해서 감탄을 받기 보다는, 사례들을 통해서 엮어진 강연자의 멋진 스토리를 길게 늘려 감동만을 전해주는 것이 문제였기 때문이다. 또한 내용들도 교과서적인 원론만 설명하거나, 누구나 알고 있는 것이지만 지속적인 실행이 쉽지 않은 그런 내용들로 가득하다. 그래도 최근에는 컨설팅 시장도 예외 없이 경쟁이 치열하여 그나마 나아졌지, 몇 년 전만 해도 새로운 전문 용어 설명으로 그치는 세미나가 얼마나 많았던가.

"그래도 마지막 시간은 몇 가지 생각해 보아야만 하는 문제들을 짚어 주었잖아요. 리드타임이라든가……."

백 실장의 말을 끊으며 문 차장이 비꼬듯이 말한다.

"그게 문제에요. 회사 현실에 맞지 않거든요. 국내 생산을 한다면, 납기단축을 위해 노력해보지만, 외국에서 생산한 제품들은 적어도 컨테이너 수 박스 물량은 나와야 되거든요. 납기단축을 위해서 컨테이너에 절반 물량만 싣고 들어 올 수는 없잖아요."

문 차장도 이전에 물류 회사에서 근무해 보았기에 현실을 잘 알고 있었다. 보통 해상 수송은 선주들이 혹은 선박 운영사들이 화주들에게 선박의 공간, 즉 컨테이너를 분양한다. 택배처럼 물량에 따라 수수료를 지불하는 것이 아니다.

문 차장은 계속 말을 잇는다.

"또한 흡족할 만한 수요예측과 재고정책을 세운다고 해도, 시장이 워낙 급격히 변하다 보니 제대로 활용하기가 힘들잖아요. 가령 생산 공장이 파업한다든지, 협력회사가 부도가 나거나 거래중지 된다든지…"

"하긴 그래요. 많은 회사들이 심혈을 기울여 만든 예측 안(案)들을 단지 참고 안으로만 활용하는 경우가 많은 것 같습니다. 어떤 시인이 이러한 글을 쓴 것이 생각이 나네요. 들쥐 한마리가 써늘한 날씨를 대비하기 위해 보금자리를 만들려고 여러 계획들을 세웠고 결국 따뜻한 보금자리를 만들었어요. 그런데 한 농부가 쟁기로 모든 것을 뒤엎어 버린다는 이야기죠. 쥐의 입장에서는 보금자리를 짓는 것이 올바른 결정이었고, 이를 위해 최대한의 노력을 기울였지만, 생각지 못한 변수로 인해 모든 것이 물거품이 되어버린 것이죠[6-2]."

"음… 꼭 LiW 이야기 하는 것 같군요. 아무리 최신의 이론과 시스템으로 좋은 계획을 짜지만, 결국…"

"사실 많은 컨설팅 회사들이 '전략' 운운하지만, 불확실한 미래에 잘 맞지 않는 경우가 종종 있습니다. 물론 성공적인 경우도 있습니다만, 더 나을 뻔한 다른 전략이 있었음에도 불구하고."

뜨거운 뚝배기를 앞에 놓고 두 사람의 대화는 끊이지 않고 이어졌다. 문 차장은 계속 심각한 표정을 지으면서 이야기를 하니, 남들이 보면 문제가 있는 연인처럼 느껴질 듯도 하였다.

"백 실장님도 잘 아시겠지만, 항상 리엔지니어링(reengineering), 6

시그마, 린(lean), TOC 등등의 새로운 전문 용어들이 등장할 때 마다, 많은 기업들의 성공사례를 통해 도전을 받지만, 막상 실행해보면 성과가 쉽게 나오지 않고, 특히 오랜 시간이 걸리는 프로젝트는 더욱 실행하기가 어렵죠. 대부분 최고 경영자의 추진 의지가 중요하다고 하지만, 매년 이사회 때 실적 위주로 CEO를 평가받는 외국계 회사의 경우에는 이런 장기적인 프로젝트의 도입이 쉽지 않죠."

문 차장 자신도 평가받고 있다는 생각이 문득 들었다.

"그것은 저희 같은 중소기업도 마찬가지입니다. 솔직히 대부분의 중소기업들의 사장들은 영업을 위한 세일즈맨이거든요. 거래처 한두 개 잘리는 날이면 회사가 위태해지기까지 하니까요. 진짜 제품 많이 팔아서 돈 벌었다는 회사들은 별로 보지 못했습니다. 부동산이라면 몰라도."

"그래도 네오C&C는 돈 좀 번 것으로 아는데요."

백 실장은 쓴 웃음 지으며 문 차장에게 그렇지 않다고 강력히 부인하며 손짓으로 답변하였다.

"그리고 보니 그 많은 성공 사례들의 회사들이 도대체 어디서 나오는 것인지, 지금도 그런 성공을 거두고 있는지 궁금하네요."

문 차장은 그 동안 많은 이론들에 대한 불신을 가지고 있는 듯하다.

"지금 우리도 뭔가 특단의 대책을 세워야 할 때인 것 같습니다. 네오C&C도 좀 더 적극적인 자세를 부탁드립니다."

백 실장은 왠지 불안하였다. 방법이 없다고 말한 문 차장이 특단의 대책을 세운다는 것과 네오C&C의 분발을 언급한 것이 마음에 걸렸다.

'설마 원가 절감 측면에서 또 서비스 수수료를 인하하려는 것은 아니겠지? 4%에서 3.5%로 인하 한 것도 1년 밖에 안 되었는데.' 고민하며 식사를 마친다.

7. 거래업체 변경 (2월 2일)

네오C&C 백 실장, 주 반석 팀장, 원 진수 팀장, 황 종철 대리 외
네오C&C 분당 사무실

> **생각하기**
> 기업에게 효율적이라고 해서 효과가 있는 것은 아니다. 효율과 효과는 다르다.

 구정 연휴가 시작 될 무렵 직원들의 보너스와 특별 상여금 때문에 고민하고 있는 백 실장에게 LiW로부터 비보(悲報)를 받는다. 이번 5월 달부터 Y마트와 일부 대형할인마트의 LiW 제품을 L&L의 신 사장에게 맡긴다는 문 차장의 통보이다. 경쟁회사가 더 저렴한 수수료를 제안하였기 때문이다. 백 실장은 급히 회의를 소집한다.

 "신 대리! 만나기만 해봐라. 자꾸 이렇게 뒤통수를 치네. 지난번에는 우리가 준비하던 중국산 공구 제품들을 가로채 먼저 입점 시키더니……."
 주 팀장이 격분한다. L&L 신 광수 사장은 에덴금속의 대리로 근무하다가 중국 공구 생산업체를 물고 1년 전에 창업한 사람이다. 네오C&C

황 종철 대리와는 동갑이며 네오C&C에서는 모두 신 대리라고 부른다.

"L&L을 욕할 필요 없습니다. 시장이 우리 전유물도 아니잖아요. 삼성이 TV만든다고 LG에게 TV만들지 말라고 할 수 없듯이. 우리도 생존경쟁에서 살아남아야……."

백 실장은 사람들의 흥분들을 가라앉히며 계속 말한다.

"현실로 받아들이고 우리도 방안을 찾읍시다. 갑(甲)과 을(乙)의 관계는 어쩔 수 없는 현실입니다. 또한 L&L이 우리보다 더 나은 제안을 하였다고 하니, 생산자 입장에서는 당연한 결정입니다. 또한 한 업체에 일방적으로 의지하기 보다는 위험 분산 측면에서 여러 개 업체에게 위탁하는 것도 반드시 나쁜 것만은 아니니까. 서로 경쟁시켜 서로 더 열심히 하도록 자극을 줄 수 있으니까 말입니다. 마치 대형할인마트처럼."

흔히 매장에 가보면 여러 제조사의 동종(同種) 제품들이 진열되어 있는데, 그 이유를 고객의 선택의 폭을 넓히기 위함이라고 말하지만, 사실은 판매업체들이 공급업체들을 길들이기 위한 목적이 더 크다. 제조업체들은 자신의 제품들이 잘 팔리도록 하기 위해 판매업체에게 잘 보여야 하고, 그래야만 좋은 골든 스페이스(golden space)를 얻을 수 있기 때문이다. 매장의 진열대에서 가장 판매가 높은 위치가 눈높이 정도의 위치이다. 그러한 공간을 골든 스페이스라고 부른다.

"하지만 LiW가 생각한 만큼 그렇게 좋은 효과를 얻기는 힘들 거라고 생각해. 업무의 내용들이 더욱 복잡해지니까. 특히 대형할인마트의 경우에는."

백 실장도 기분이 좋지 않은 내색을 보였다. 무엇보다도 백 실장은 자꾸 수입이 줄어드는 것이 걱정되었기 때문이다. 마치 보이지 않는 뭔가가 아무 이유 없이 야금야금 회사를 갉아 먹는 듯 한 느낌이…

"자꾸 공급업체들이 우후죽순 늘어나는 이유가 상대적으로 대형할인마트의 공급 구조가 단순하고 효율적이라 그런 것 같아요. 중간의 도매상들의 텃세도 상대적으로 적고, 좋은 제품만 있으면 쉽게 진입할 수 있으니까요. 약삭빠른 L&L처럼요."

회사 창립 멤버인 주 팀장은 이미 많은 신생업체를 보아왔다.

"아니, 쉽게 진입할 수 있는 것은 아니지. 이미 많은 제품들이 입점되어 있어서 신상품 개발하는 것이 쉽지 않게 되었어. 또한 주 팀장도 잘 알고 있듯이, 공급망(Supply Chain Management) 구조가 효율적이라고 해서 업무들이 단순한 것은 아니야. 오히려 더 복잡할 수 도 있어."

백 실장이 말하는 도중 핸드폰이 울렸다. 주 팀장은 백 실장의 핸드폰을 집어와 백 실장에게 건넨다. 핸드폰의 자막에는 '은행 김 과장'이라고 적혀 있었다. 백 실장은 심각한 표정으로 전화를 받는다. 그리고는 방으로 조용히 들어간다. 주 팀장은 무슨 내용인지 짐작할 수 있었다. 은행에 대출 문의를 하고 있는 중이었다.

"주 팀장님, 효율적이면서 복잡하다는 말이 무슨 뜻이죠?"

황 대리가 백 실장을 쳐다보고 있는 주 팀장에게 묻는다.

"응? 미안. 뭐라고 이야기 했지?"

"방금 백 실장님이 공급망 구조는 효율적이지만, 업무들은 더 복잡하다고 했잖아요?"

"아 그거… 황 대리, 나도 이전에 백 실장님이 설명해주셨던 내용인데. 두더지 게임 알지? 회사 근처 삼계탕집 앞에도 있잖아. 두더지가 머리를 내 밀면 망치로 내리치는 게임. 황 대리는 두더지 게임과 자동차 시스템과 어느 것이 더 복잡하다고 생각해?"

"그야 자동차 같은데요. 하지만, 그렇게 쉬운 답이라면 질문하지 않았겠지요?"

순수하던 황 대리도 이 바닥에서 몇 년 뒹굴더니 이제는 너구리가 된 듯하였다.

"맞았어. 비록 자동차가 수천 개의 부품들로 얽혀 있을지라도, 핸들과 같은 몇 가지 조정장치가 있기 때문에 자동차를 다루는데 어려움이 없지만, 두더지 게임은 언제 어디서 두더지가 튀어나올지 몰라 늘 긴장상태에 있어야지. 대응 시간도 짧으니까. 황 대리도 잘 알고 있듯이, 대형할인마트의 시장도 그러한 특징을 가지고 있다고 생각해. 비록 공급망 시스템이 잘 갖추어져 있다고 하지만, 불확실한 요소들이 많이 존재하지. 솔직히 우리들이 하는 일이 뭐야? 시장에서 발생하는 많은 상황들을 늘 유의주시 해야 하고, 이를 정해진 시간 안에 대응하려면 밤늦게까지 준비하고 땀 뻘뻘 흘리면서 처리해야 하잖아. 또 고객뿐만 아니라 많은 매장의 담당자들과 기타 협력업체들도 만나야 되기 때문에 예기치 못한 요구들이 많이 발생하고 있지."

황 대리도 바로 수긍하였다. 일과 중 대부분이 수백 개의 매장에서 걸려오는 전화. 고객의 불만 접수와 신속한 애프터서비스 처리, 또한 생산업체들의 이런저런 정보 요청 등으로 화장실 갈 시간도 없어서 꽉 찬 뱃속을 움켜잡으며 참은 적이 종종 있었다. 아주 종종.

"그래도 계속 LiW가 말(馬)을 갈아타면 같이 일 할 맛이 나지 않잖아요. 매번 만날 때 마다 서로 윈윈(win-win)하자며, 긴급 발주 처리며, 고객 불만 처리 등 자기네들 일들을 대신해 달라고 부탁할 때는 언제고. 우리를 매장의 진열된 물건처럼 취급하는 것이 참 서럽네요."

황 대리가 낙담하며 이야기 하는 사이에 백 실장도 낙담된 표정으로 다시 자리에 앉는다.

"신 대리가 많이 컸어. 돈 좀 벌었나봐? 벌써 LiW와 거래를 트게…"
원 팀장도 비꼬며 말한다.

일반적으로 생산자와 거래를 할 때는 사고 방지와 불미스러운 책임들을 막기 위해 보증금을 걸어야 하는데 적게는 수천에서 수억에 이른다. 하지만 대부분의 중간 업체들은 영세하기 때문에 '보증보험'을 가입하여 제시하지만, 거래업체가 십여 개만 되더라도 보험료의 부담은 만만찮다.

"L&L은 정규직 직원이 경리를 보는 여사원뿐이고, 모두 지역별로 비정규직 사람들을 쓰고 있습니다. 우리는 정규직만 20명인데……. 어떻게 보면 L&L이 더 효율적인 것 같습니다"

황 대리는 자신도 모르게 또 '효율적'이라는 말이 튀어 나오자, 잠시 주춤거리며 자신이 얼마나 자주 이 말을 사용하는지 생각해 본다.

"효율적인지 아닌지는 두고 봅시다. 기업이 효율적이라고 해서 반드시 결과가 긍정적인 것은 아닙니다. 아무튼 L&L이 우리보다 잘 한다는 소문이 나면 안 되니까 좀 더 분발합시다."

백 실장은 각자 업무에 복귀하라는 뜻으로 대화를 마무리 하며 일어난다.

대형할인마트에서의 LiW가 차지하는 매출비중은 B마트가 40%, Y마트가 20%, 나머지 할인마트들이 약 40%정도 차지하고 있고, 네오C&C가 LiW 매출의 60%, L&L이 40%를 담당하게 된 셈이다.

"그리고 앞으로 신 대리를 신 사장으로 불러요. 우리가 신 사장을 높여주자는 것이 아니라, 우리가 옛날만 생각해서 무시해서는 안 된다는 말입니다. 그래야 우리도 경각심을 갖고 일할 수 있습니다."

백실장의 말에 단호함이 묻어있음을 알 수 있다.

8. 대형할인마트의 진화 (2월 2일)

네오C&C 백 실장, 황 종철 대리
네오C&C 분당 사무실

> **생각하기**
> 1. 대형할인마트와 백화점, 몰의 차이점을 알아보시오.
> 2. 대형할인마트의 과거, 현재, 미래의 사업모델에 대해서 생각해 보시오.

뭔가 고민에 빠진 듯 한 백 실장은 조용히 의자에 파 묻혀 있었다. '우리도 이제 뭔가 다른 사업모델을 찾아야 되는데. 그 동안은 잘 지냈는데. 이제는 우리와 같은 회사들이 많이 늘어나서….' 혼자서 여러 생각들을 하고 있는 동안, 황 종철 대리가 종이컵 한 잔을 가지고 들어온다. 백 실장의 대학 후배인 황 종철 대리는 백 실장이 커피 애호가임을 잘 알고 있었다. 아니 커피 애호가라는 말은 틀린 듯하다. 원두의 맛을 모르는 백 실장은 그저 학창시절에 자판기 커피만을 즐겨 마셔왔기 때문이다. 도서관 벽에 붙어 있던 자판기.

"실장님, 커피 한 잔 드시죠."

"응. 고마워. 앉아."

황 대리는 쿠션이 좋은 회의 테이블 의자에 앉으며, 대화를 꺼낸다.

"자꾸 경쟁업체들이 심해지는 것 같아요. 납품업체는 물론 할인마트에서 일하던 사람들이 자꾸 벤더회사를 차려서 힘이 드네요. 심지어는 물류회사와 무역회사들까지도 끼어들고 있으니."

"황 대리, 너무 걱정하지 마. 오히려 경쟁회사가 있으니까 우리도 발전할 수 있는 거야. 혹시 황 대리, 이런 이야기 알아? 42.195Km를 달리는 많은 마라토너(marathoner)들이 자기 팀의 우승 후보들을 위한 들러리로 나선다는 것."

"무슨 말이죠? 공정한 게임에서 선의의 경쟁을 해야지 왜 들러리를 섭니까?"

"나도 사실인지는 잘 모르지만 팀플레이 측면에서는 이해가 되지."

백 실장은 황 대리가 건네준 커피를 마시려고 종이컵을 살펴보았더니, 아직 이빨 자국이 나질 않았다. 아직 한 모금도 들이키지 않았던 것이다. 백 실장은 커피를 마실 때 종이컵을 종종 씹는 버릇이 있었다. 이 버릇도 대학 때 생긴 것이다. 늦은 밤에 공부하다가 반짝이는 별이 박힌 하늘을 보면서 커피를 마시다 생긴 버릇이다. 마치 고독을 씹는 것처럼…

"나도 처음에는 올림픽에서 끝까지 완주하지 못하고 포기하는 마라토너를 보면서 이해를 못했었지. 각 나라의 대표로 나온 사람들이면 최소한의 기본은 되어 있을 텐데. 하지만, 어떤 사람들은 자기 팀의 우승 후보자를 위한 페이스메이커(pacemaker :속도 조절자) 역할을 한다고 하더군. 즉 자신의 컨디션에 상관없이 일정구간까지 무리한 속도를 내면서 우승 후보자를 자극하면서 리드한다는 거야."

황 대리도 전혀 몰랐는지 '아…' 하며 외 마디로 답변한다.

"우리도 마찬가지라고 생각해. 경쟁자가 생길 때 단지 위험의 존재로만 생각하고 불안해하기 보다는 자신을 분발할 수 있는 기회로 삼는 것이 현명하다고 생각해. 오히려 내가 걱정하는 것은 LiW 때문이야. 너무 단기적인 이익만을 쫓아가는 것 같아서. 자주 업체들을 변경하면 상생의 관계가 이루어지기 힘들고 업무 프로세스만 복잡해지니까. 결국 우리에게도 영향을 주고."

"맞아요. B마트는 우리에게, Y마트는 L&L에게. 다른 기타 마트와 도매상들은 또 다른 업체에게⋯ 아마 LiW에서도 대형할인마트 관련해서 또 중복작업을 해야 할 것이 틀림없어요. 왜 자꾸 일을 복잡하게 하려고 하는 것인지 모르겠어요. 그냥 일괄적으로 위임하지. 또한 물류업체도 여러 곳을 이용하고 있잖아요."

"그게 걱정이야. 나는 신 사장의 L&L이 시장에 진입한 것을 크게 신경 쓰지 않아. 우리는 단순 제품만 취급하는 그들과는 다르니까. 문제는 LiW의 매출이 저조하게 되면 수익도 감소하게 되고 그렇게 되면 협력업체들에게 원가 절감 압력을 넣게 되어 서로 고통을 받게 된다는 것이야. 어떻게 보면 L&L은 우리의 경쟁사라기보다는 협력관계를 유지해야하는 파트너에 해당되지. 이는 생산업체뿐만 아니라 대형할인마트도 마찬가지야. 우리만 잘 한다고 해서 되는 것이 아니라, 모든 구성 요소들 즉 공급망을 이루고 있는 모든 구성 멤버들이 함께 발전해 나가야 되거든. 결국 우리도 생산업체들의 변화에 따라서 대형할인마트의 변화에 따라서, 대응해야 하지. 또한 그것이 우리의 서비스 사업모델이야. 이미 대형할인마트도 많은 변화를 시작했거든. 이젠 뭔가 변화를 준비해야 할 때인 것 같아. 우리도 이제는 적극적으로 기업들의 문제를 해결하는데 앞장서야 할 거야."

"대형할인마트가 변화한다니요? 점포를 확장해 나가는 것을 의미하는 건가요?"

"아니, 시장을 확대 한다기보다는 치열한 경쟁 속에서 생존하기 위한 몸부림이지. 우리야 모든 할인마트들을 상대로 하니까 잘 못 느끼겠지만, B마트, Y마트, C마트 등 모두 생존 전략에 피를 말리고 있지."

백 실장은 의자에서 일어나, 황 대리가 앉아 있는 회의 테이블로 자리를 옮긴다.

"황 대리, 분당 B마트와 C마트가 어떻게 다른 것 같아?"

"분당 B마트는 오래 되어서 그런지, 주차하기도 힘들고 매장도 좁지만, 재작년에 오픈한 C마트는 규모도 크고 시원시원한 느낌이 들어요. 또 C마트는 영화관과 같이 있어서 그런지 젊은 사람들이 많고요."

"맞아, 지금 대형할인마트는 이전과는 많이 달라졌지. 단지 제품만을 판매하는 공간이 아니라, 커피숍, 식당, 약국 등 다양한 문화공간과 주유소, 정비소와 같은 편의시설들까지 들어와 있어서 고객들이 쇼핑뿐만 아니라 문화생활도 즐길 수 있게 되었지. 이를 몰링(malling)한다고 하지[8-1]."

"몰링이요? 처음 들어보는데요."

"응. 이전에는 대형할인마트가 단독 건물을 가지고 있어서 매장 내에서 쇼핑을 했지만, 지금은 대형할인마트가 건물의 일부분으로 들어가 있어서 쇼핑뿐만 아니라 가족이 즐길 수 있는 다양한 부대시설이 함께 입점 되어 있어 복합쇼핑몰이 되었지."

"아, 몰링의 '몰'자가 쇼핑몰의 '몰'자이군요."

황 대리가 웃으면서 쉽게 연상글자를 떠 올렸다.

"그런데, 실장님! 쇼핑몰과 대형할인마트는 어떻게 다르죠?"

"음… 사전식의 정의도 있겠지만, 서로의 영역들이 모호해져서…….

이렇게 정의하면 어떨까? 쇼핑몰은 건물 안에 여러 사업자가 들어온 것이고, 대형할인마트는 한 건물 안에 여러 물건들이 들어 온 것이라고 볼 수 있지. 오히려 쇼핑몰은 백화점에 가깝지. 쇼핑몰은 건물주들이 공간을 임대하여 수익을 얻으니까. 백화점과 쇼핑몰의 구분도 어려운데, 외형적으로 구분한다면 일반적으로 백화점은 주로 공간을 임대하지만, 쇼핑몰은 점포를 임대하고 있지. 물론 백화점도 점포들을 가지고 있기는 하지만. 그리고 쇼핑몰은 백화점과는 달리 모든 제품들을 판매하지 않을 수도 있어. 가령 의류 전문점들만이 모여 있는 쇼핑몰도 있고, 여성 관련 용품들만 판매하는 쇼핑몰도 있지. 또한 쇼핑몰은 공간적인 요소도 강하게 소유하고 있지. 만남의 장소, 쉼터, 데이트 장소 등 하나의 문화 공간뿐 아니라 테마파크의 역할도 하고 있지. 하지만 이렇게 구분하는데 급급할 필요는 없는 것 같아. 지역과 고객과 환경을 종합해서 구성하는 것이 중요하기 때문이지."

"그리고 보니 최근에 생긴 대형할인마트들이 이런 쇼핑몰의 형태를 띠고 있는 경우가 많이 있는 것 같습니다."

"그래, 대형할인마트들도 좀 더 많은 고객들이 접근할 수 있도록 노력하고 있지. 더욱이 다양한 관련 시설들을 대형할인마트 안에 갖출뿐만 아니라, 소비자들이 많이 모일 수 있는 곳으로 대형할인마트들이 들어가고 있지. 가령 지하철역이라든가, 월드컵 구장 같은 곳으로."

"실장님 말씀을 듣고 보니, 잠실점 C마트와 수서점 B마트는 지하철과 같이 있네요. 그리고 보니 C마트는 공항안으로 들어갔네요."

"이제는 할인마트 업체들이 고급시장인 백화점에서부터 서민 시장인 슈퍼마켓까지 동네 구석구석까지 들어가고 있지."

"우와, 우리나라 시장은 그럼 대형할인마트들이 꽉 잡고 있네요. 더군다나 온라인 쇼핑몰을 통해서도 판매를 하고 있으니."

"맞아, 아직 쇼핑몰에서 큰 비중을 차지하지는 못하지만, 계속 매출이 증가하고 있지. 그 뿐만 아니라, 판매는 물론 생산업체의 역할 뿐 아니라 수입업체의 역할까지도 하고 있지."

"아, 전에 말씀하신 PB(private brand: 자체 브랜드) 말씀하시는 거군요."

백 실장은 직원들에게 매달 1회 직접 교육을 시키고 있었다.

"잘 기억하는군. 할인마트들은 의류, 식품, 공산품에 이르기까지 자체브랜드를 도입해 판매하고 있지. 중간 마진을 제거한 채로 싸게 말이야. 얼마 전에는 제조업체 브랜드(NB: national brand)보다 값이 20~50%가량 싼 PB제품들을 출시해 '가격혁명' 행사를 했잖아."

"참 놀라운데요. 소형시장에서 고급시장까지, 더욱이 생산까지 대형할인마트들이 진출하니… 대형할인마트의 변화의 끝은 어디죠? 생산과 판매까지 하니. 혹시 물류가 빠졌는데, 물류까지도 할 가능성이 있네요."

"음, 황 대리의 말을 듣고 보니 물류 기능은 이미 부분적으로 시작하고 있다고 생각되고, 앞으로 더욱 강화될 거라고 생각해."

백 실장은 문득 뭔가가 생각이 난 듯 벽에다 그림을 그린다. 벽에는 투명한 유리가 부착되어 있었다.

"그림과 같이, 대형할인마트가 생산자의 제품에 자신의 브랜드를 붙여 판매하고 있지. 즉, PB 제품을 취급하므로 생산의 기능을 하고 있지. 또한 최근에 SSM(super supermarket) 모델의 기업형 슈퍼마켓을 확장하고 있는데, 이는 판매 기능의 강화뿐만 아니라, 이제 대형할인마트가 재고도 관리하고 분배하는 기능도 가질 수 있게 되지. 즉, 대형할인마트가 물류센터의 역할까지도 하게 되는 거야."

〈그림 8-1〉 대형할인마트의 영역 확대

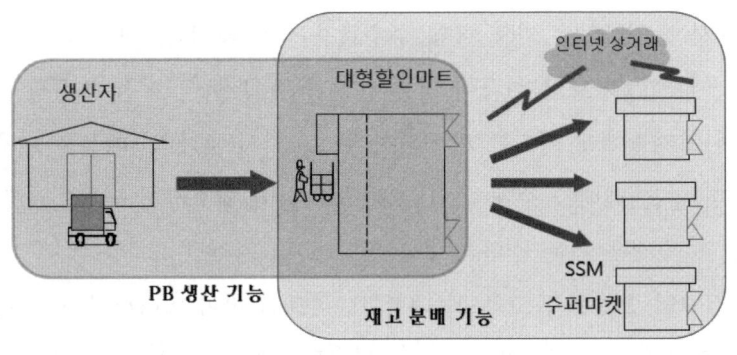

"실장님 말씀은 대형할인마트에서 SSM형 마켓으로 제품을 공급한다는 의미인가요?"

"물론 다른 채널로도 제품이 공급되겠지만, 상호 보완적인 관계를 가진다면 오히려 물류비를 절약할 수 있다고 생각해. 슈퍼마켓은 상대적으로 적은 물량의 제품들을 싸게 공급받아야 하기 때문에 생산자와 직접 거래하기에는 무리가 있지. 오히려 가까운 대형할인마트들이 매일 순회하면서 동네의 SSM형 마켓으로 적은 물량을 배송하는 거야. 그렇게 되면 대형할인마트 입장에서도 SSM에 대한 별도의 수요예측이라든지 배송 시스템을 갖지 않아도 되니까 더 효과적이라고 생각해."

"와! 꼭 편의점 시스템 같은데요."

"맞아, 어쩌면 대형할인마트들이 SSM보다 더 적은 편의점 시장까지 끼어들 수도 있을 거라고 생각해. 또 다른 이야기지만 심지어는 은행업까지 하려고 했는데."

"네? 대형할인마트들이 은행업은 왜 해요. 전혀 다른 업종 같은데요?"

"황 대리, 혹시 대형할인마트에서 물건 살 때 무엇으로 지불해? 아마 대부분의 고객들이 카드를 사용하고 있을 거야. 즉, 대형할인마트가 카드사에 지불하는 카드 결제 수수료가 적지 않거든. 대략 3~4%정도 되는데, 이렇다보니 현금이 많은 대형할인마트들이 직접 은행을 운영하여 고객들에게 카드를 발급하여 주고, 자사(自社)의 매장을 이용할 때 더 많은 혜택을 주게 되면 고객들도 많이 확보하게 될 수 있게 되지. 즉 고객을 가둘 수(lock-in) 있게 되는 거야."

"실장님 말씀을 듣고 보니 대형할인마트의 힘이 어디까지 뻗게 될지 두려워지네요. 이러다가 경찰서나 동사무소도 입점하는 것이 아닐지."

황 대리의 뼈 있는 농담이었다.

"참 실장님. 요사이 회사 자금 사정이 넉넉지 않죠? 텔레코드가 여러 달 연체하니 액수도 억대가 넘어가는 것 같던데. 더군다나 구정 보너스까지 겹쳐 있으니. 저는 나중에 급여가 지급되어도 좋습니다. 나중에 회사 사정이 좋아지면 주세요."

회사를 책임지고 있는 백 실장은 너무나 미안하였고 아무 할 말이 없었다. 좀 전에 주 팀장과 원 팀장도 황 대리와 똑같은 이야기를 했었다. 아마 대부분의 중소기업들 사장들의 가장 큰 고민거리 중에 하나는 점잖은 표현으로는 '자금'이지만, 솔직히 직원들의 월급걱정이 앞선다. 특히 명절이 끼어 있어 보너스를 지급해야 하는 시기에는 더욱 큰 일이다.

9. B마트 은평점의 월요 내부 회의 (2월 4일)

B마트 김 창근 MD, 조 상철 MD/ L&L 신 광수 사장/ 네오C&C의 황 대리
서울 은평점 B마트 매장

생각하기

가로 진열하는 방식과 세로 진열하는 방식 중 어느 것이 좋은가?

"고객은 나의 상관이다", "웃음이 건강이다."
크게 구령을 외친 후 답답한 매장 밖의 작은 벤치에 앉아 커피를 마시고 있는 김 창근 MD에게 조 상철 MD가 다가온다.
"창근아, 고민 있니?"
"상철이형이구나. 그냥 따분해서."
조 상철 MD와 김 창근 MD는 대학교 선후배 사이로, 2년 선임자인 조상철 MD는 DIY(Do-It-Yourself) 파트 담당이고, 후임자 김 창근 MD는 DIY 앞쪽 코너에 있는 문구용품 담당자이다. 일반적으로 매장의 책임자는 점장이고, 그 밑에 부 점장들, 파트 혹은 섹션 담당자들, 주임, 사원들로 구분되는데 일반적으로 공급업체들은 마땅히 부를 호칭들도 없고, 마트마다 직함 구분들이 달라서 그냥 매장의 담당자들을 'MD' 혹은 '담당자'라고 부른다.

"형은 이 일이 좋아? 저는 4년차 되니까 자꾸 따분하게 느껴지는데."

아마 많은 직장인들의 공통된 생각일 것이다. 출근과 퇴근이 밥 먹듯이 되풀이 되며, 언제나 답답한 공간에서 하루의 대부분을 생활해야만 하는 단조로움. 물론 구조조정 되어서 잘리고 있는 요사이, 직장을 가지고 있다는 것 자체가 큰 위로라지만 그래도 몇 달 정도 어디론가 이탈해버리고 싶은 바람은 누구나 다 가지고 있을 것이다. 하지만 정상적인 직장인들에게는 이루어지기 힘든 희망사항이나 마찬가지 일 것이다. 그만둔다면 몰라도. 물론 학교 선생님들은 다르고…….

"그런 소리마라! 나도 때려치우고 싶어서 쓴 시말서들을 모으면 책 한권은 될 거다. 신선한 공기와 그 속에 맛있게 걸린 저 노란 태양의 따뜻함……. 아! 미친다, 미쳐!"

조 MD는 더 답답한 듯 한 푸념을 늘어놓는다.

"진짜, 하루 종일 매장 안을 돌고 또 돌고. 아마 통일로를 지나 38선까지는 걸어갈 수 있을 것 같아요."

"하필이면 38선이냐?"

직장인들에게는 38선은 넘어서야 할 밥줄이다.

일반적으로 인력구성원의 구조는 피라미드형이지만 대형할인마트에서의 구조는 광폭 피라미드형이다. 마치 바퀴벌레가 손바닥에 눌려 펑퍼짐해진 그런 모양…

"목구멍이 포도청이니 어쩌겠니? 남들처럼 기회를 보아서 업체 하나 가지고 나가자. 그때까지는 빌붙어 살아야지."

조 MD도 창업의 기회를 엿보고 있는 듯하였다. 일반적으로 공급자들이 대형할인마트에 제품을 입점(入店)시키기만 하면, 매달 현금으로 거래를 하기 때문에 최소한의 수익이 발생될 수 있다. 하지만 대형할인마트의 입점을 위해 '업체코드'를 부여받는 것은 하늘에서 별 따기만큼 경쟁이 치열하다. 업체코드란 상품을 등록할 때 필요한 일종의 공급자 ID를 말하며, 업체코드를 받는다는 것은 입점할 수 있음을 의미한다. 중소기업 및 도매상들 사이에서도 대형할인마트에 입점하여 업체코드를 가지고 있는 경우는 회사의 프리미엄(가치)이 수천~수억이 붙는다. 그래서 입점할 제품들을 찾아서 업체코드를 부여 받아서 직접 공급회사를 차리는 것이 MD들의 최상의 탈출구이다. 물론 해당 제품 입점 작업을 내부에서 모두 진행한 후 보따리를 싸서 훌쩍 뛴다.

"하지만 우리 시장도 경쟁이 심해 빌붙어 살기도 쉽지 않을 것 같아요. 한국도 이미 할인마트 시장은 포화상태이고, 우리 회사도 언제 팔리지나 않을까 걱정도 많잖아요."

"하긴, 이미 외국계 대형할인마트들은 모두 철수했고, 우리 회사도 국내시장이 비좁아서 중국시장에도 진출했잖아."

"신문을 보니까, 중국의 상해, 베이징의 포화상태는 여기보다 더하면 더했지, 덜 하지는 않는다고 하던데요."

이미 상해에는 대형할인마트가 150여개, 베이징은 100여개가 존재하고 있고, 중국 전체의 주요 대형할인마트의 점포수가 1,400개가 훨씬 넘는 상황이다. 하지만 아직 중국의 중소형 도시에는 영세한 토착기업들이 대부분이다.

왠지 미래에 대한 답답함이 더욱 가중되었는지, 담배가 새빨갛게 달구어지더니 길이가 급속히 짧아지는 듯하였다. 그때 조 MD의 엉덩이에 상쾌하지 않은 둔탁한 느낌이 온다. 핸드폰의 진동이었다.

"조 MD님! 시간 있으세요? 지나가다 들렸는데, 점심이나 같이 하죠?"
L&L 신광수 사장은 B마트에 중국산 공구를 입점하고 있어서 조 MD에

게 전화를 건 것이다.

"잠시 회의 중입니다. 30분 후에 만나죠."

회의가 없지만 업체들 길들이기에 능숙한 조MD는 일부러 30분을 지체한다.

L&L 신 사장은 자신의 제품 진열대를 살펴보면서, 에덴금속 진열대의 후크(hook)에 제품이 모두 팔려 품절(제품이 모두 팔려 재고가 없는 상태)된 것을 발견하고, 빈 공간에 자신의 제품을 슬쩍 걸어놓는다. 진열공간의 넓이에 따라 매출에 직접적으로 영향을 주기 때문에, 넓은 진열 공간 확보를 위한 공급업체들의 경쟁이 심할 수밖에 없다. 그래서 본부 차원에서 제품들의 표준화된 진열 위치를 지정해주고 있다. 이를 플래노그램(planogram)이라고 한다. 따라서 공급자들이 임의로 제품들을 허락 없이 옮겨서 진열하는 것은 금지하고 있으나, 매출 상황에 따라 각 점포 담당자에게 공간 할당에 대한 권한을 어느 정도 용인해 주고 있다. 이때, 문구담당 김 창근 MD가 보았다.

"여보세요, 당신 뭐하는 겁니까?"

"아, 네……. 공급업체에서 나왔는데요. 제품 진열 상태 좀 보고 있습니다."

"지금 제품들을 마음대로 옮겨서 진열하지 않았나요?"

"아. 네…. 원래 저희 자리인데요, 경쟁회사가 넘어 온 것을 바로 잡은 것뿐입니다."

"그래도 마음대로 옮겨서는 안 됩니다. 원상복구 하세요."

"뭐, 이런 적이 한두 번도 아닌데, 왜 그럽니까?"

원칙 위주의 김 MD는 신 사장을 차갑게 쏘아붙이며 실랑이를 벌이고 있을 때, 조 상철 MD가 왔다.

"왜 그래, 창근아?"

"아이고, 조 MD님 안녕하세요?"

L&L 신사장이 끼어들었으나, 김 MD는 무시하고 설명한다.

"형, 이 사람이 임의로 제품들을 진열하잖아요."

"아… 네…. 여기 자리가 비어 있어서, 제가 채워 놓았거든요. 빈자리가 생기면 안 되잖아요. 매장의 매출도 떨어지고요."

"이것 보세요. 빈자리가 생기면 우리가 처리합니다. 왜 당신이…."

김 MD가 계속 쏘아대자, "자, 그만! 그만 하세요. 점심시간도 되었으니, 같이 식사나 하러 갑시다."

조 MD가 말을 끊으며 함께 식사를 요청하며 밖으로 나간다.

매장 내에도 맛있는 다양한 음식들을 팔지만 같은 건물 안에 있다는 이유만으로 구미가 당기지 않은 듯, 조 MD는 밖으로 안내하였다. 세 사람은 동태찜 중(中)자 한 개를 시키며 방으로 들어가지만, 김 창근 MD는 계속 머뭇거린다. 좀 전의 다툼 때문이 아니라, 밖에서 업체와 식사를 같이 한다는 것이 규정상 어긋나기 때문이다.

"형…."

"괜찮아. 신경 쓰지 마."

B마트는 얼마 전 부터 '투명 경영'의 일환으로 업체들과 식사하는 것을 주의시키고 있다. 왜냐하면, 식사자리가 뇌물과 청탁이 오고 가는 경우가 종종 있었기 때문이다. 예전에는 업체들과의 미팅을 주로 오전 11시와 오후 5시에 많이 만났다. 회의 후에는 자연스럽게 식사로 연결 될 수 있도록 하려는 의도가 담겨져 있고, 경우에 따라 2차, 3차로 이어진다. 물론 노골적으로 '갑(매장)'이 요구하는 경우도 있었지만, '을(공급자)'에게도 보험용 접대가 있어야 자사 제품을 잘 관리해 줄 것이

라고 생각하기 때문에, 상호의 필요에 의해서 생겨진 업무상의 관례들이다.

"조 MD님, 저희가 이번에 Y마트와 일부 마트에서 LiW 제품들을 맡게 되었습니다. 원래 네오C&C가 맡았었는데, LiW 상무님이 저희들에게 잘 부탁한다며…."

신 사장은 LiW의 상무를 만난 적도 없었지만, 자신의 회사가 일을 잘하기 때문에 LiW를 네오C&C로부터 넘겨받은 양 부풀려 말한다.

"좋으시겠네요. 저희 마트는 아직 네오C&C가 관리하는 건가요?"

"아직은 그렇죠. 아마도 곧 …."

신 사장은 자신의 입으로 뭔가 말하기 쑥스러운 듯 머뭇거리다 말을 잇는다.

"조 MD님이 잘 도와주셔서 그렇죠. 앞으로도 잘 부탁드립니다. 그리고 다른 좋은 업체들이 있으면 소개해 주세요."

신 사장은 LiW를 포함해 또 다른 업체에 대한 공급과 판매를 관리하고 싶어한다. 관리할 제품들이 늘어났다는 것은 매출의 증가를 의미하고 그만큼 수익이 늘어나게 된다. 보통 제품들의 물류비를 포함하여 관리하는 중간상들의 수수료가 적게는 매출액 대비 수%에서 10%이상 된다.

또한 대형할인마트에서 일하는 MD들의 권한도 매우 크다. 비록 나이가 어리고 업무의 내용이 단순하더라도, 매장내의 제품 진열에 대한 책임은 물론 퇴출까지 시킬 수 있을 정도이다. 그러다보니 공급업체들은 MD들의 눈치를 보기 일쑤이고, 나이 어린 MD에게 부탁할 일이 있으면 공급업체의 중간 관리자급 이상이 찾아가 부탁을 할 정도이다. 한 매장의 상황이 이러하니 수백 개의 매장 담당 MD를 상대하려면 참으로 엄청난 스트레스로 다가온다.

"저…. 그리고 이것은 상품권인데요…. 구정도 다가오니…."

슬그머니 유명 제화 로고가 그려진 봉투 한 장씩을 부끄러운 손으로 조 MD와 김 MD 앞으로 건넨다.

"아니! 이게 뭐에요?"

깜짝 놀란 김 MD가 당황해 하며 묻는다. 물음보다는 다그치기 위한 답변이었으나,

"아! 뭐 이런 것을…. 감사합니다."

조 MD가 김 MD를 보면서 받으라고 눈을 힐끔 거린다.

"……."

김 MD는 갈등한다.

"아이, 그러지 마세요. 별거 아니에요. 감사의 의미로 드리는 작은 선물입니다. 뭐 바라고 드리는 것도 아닙니다. 그러면 큰일 나죠. 그냥 명절도 다가오고 해서 고마운 분들에게…."

김 MD는 고민한다. 선물을 싫어하는 사람이 어디 있겠느냐마는, '선물과 뇌물.' 참으로 동전의 양면과도 같은 특징을 가지고 있어 명확히 구분하기가 어렵다. 남이 받으면 뇌물 내가 받으면 선물, 혼자 받으면 뇌물 같이 받으면 선물, 현금이면 뇌물 상품권이면 선물, 많으면 뇌물 적으면 선물.

김 MD는 혼자 있었다면 당연히 거절하겠지만, 괜히 자신만 거절했다가는 선배인 조 MD가 난처하여질까봐 거절하지 못한다.

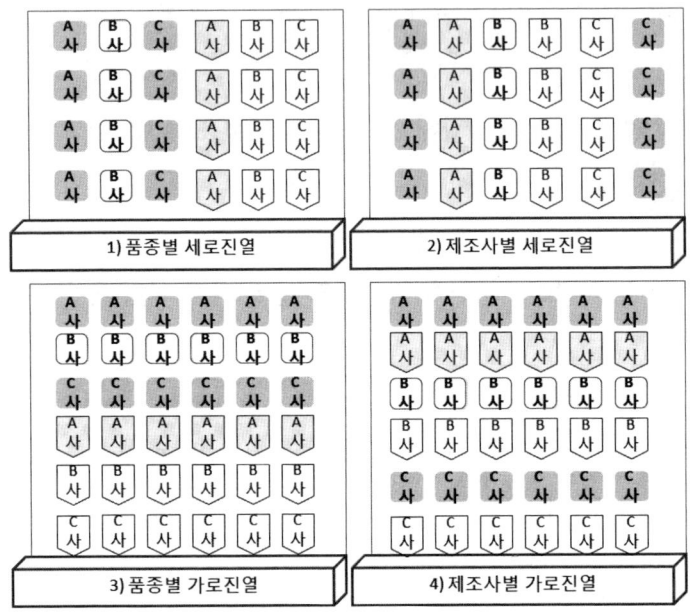

〈그림 9-1〉 제품진열 방식

1] 가로 진열과 세로 진열 중 어느 진열 방식이 더 좋은가?

그림 1)과 2)처럼 같은 제품들을 아래로 진열하는 방식을 세로 진열이라 하고, 그림 3)과 4)처럼 옆으로 진열하는 방식을 가로 진열이라 한다. 일반적으로 세로 진열 방식이 더 좋다. 제품을 진열하는 매대(진열장)에서 가장 잘 팔리는 위치가 눈높이 정도 이고, 가장 안 팔리는 장소가 제일 아래 부분과 손이 닿기 어려운 머리 위 부분이다. 만일 그림에서 위에서 2번째 줄이 가장 많은 매출이 발생하는 곳이라면, 한 종류의 제품만을 중복 진열(가로 진열) 하기보다는 여러 종류의 제품들을 2번째 줄에 거는 것(세로 진열)이 매출에 유리하다.

2] 품종별 진열방식과 제조사별 진열방식 중 어느 진열 방식이 더 좋은 가?

품종별 진열 방식은 그림 1)과 3)처럼, 동일 제품군을 한꺼번에 진열하는 것이고, 그림 2)와 4)처럼 제조사별 진열방식은 제조사별로 공간을 나누어 진열하는 방식이다. 만일 한 브랜드만을 고집하는 충성고객이라면 제조사별 진열방식이 편리하겠지만, 일반적으로 대형할인마트처럼 여러 제조사들의 제품들이 있는 경우에는, 동일 제품군을 진열(품종별 진열)하는 것이 가격 및 품질 등을 비교하는데 편리하다. 하지만 동일품종의 제조사들이 너무 많은 경우에는 품종별 진열이 관리나 쇼핑 측면에서 복잡할 수 있어서 제조사별 진열이 편리하다.

***

매운 동태찜을 먹어서 그런지, 김 MD는 속이 좋지 않았다. 매장으로 돌아오는 길에 조 MD는 계속 말을 건넸지만, 김 MD 귀에 들어오지 않았다. 그때 매장을 둘러보고 나오는 네오C&C의 황 대리와 마주친다.

"황 대리님 안녕하세요."

조 MD가 먼저 말을 건다.

"아, 조 MD님. 식사하고 오시나요? 김 MD님도 안녕하세요."

이전에 조 MD가 부재중일 때 조 MD를 대신하여 김 MD와 몇 번 만난 적이 있었다.

"네, 잘 지내시죠?"

"네, 그런데 조 MD님, L&L이 왔다 갔나요? 저희 제품 진열 자리에 L&L제품이 걸려있던데요?"

"아, 그런가요? 아마 제품이 진열되어 있지 않아서 L&L이 채워 넣은 것 같습니다."

"그렇게 마구 옮기면 안 되잖아요? 업체들끼리의 합의인데요."

"부지런한 새가 벌레를 잡는 법입니다. 네오C&C도 좀 더 분발해주세요."

조 MD의 갑작스런 L&L 편들기 발언에 황 대리가 당황한다. 김 MD의 얼굴에도 조 MD를 한 번 더 쳐다보며 실망한 기색이 역력하였다.

"네오C&C도 한번 행사합시다. 앤드 매대(end-shelf) 드릴 테니까, 준비해 주세요. 자리도 원상복구 해줄게요."

매장에는 제품을 진열하는 진열대가 있는데, 그림과 같이 보조통로 양 옆에 있는 본 매대(진열대)와 주 통로 옆에 있는 앤드 매대가 있다. 물론 앤드 매대가 가장 잘 팔리는 위치로, 주로 행사 제품들을 많이 진열한다.

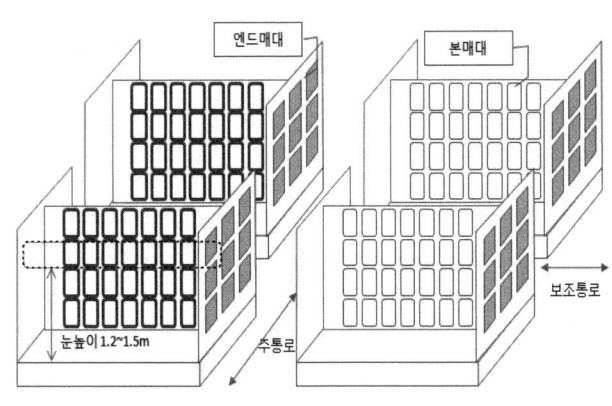

〈그림 9-2〉 진열대(매대, shelf)

황 대리가 머뭇거리는 사이에 답변을 듣지도 않고, 조 MD는 황급히 바쁜 양 자리를 뜬다. 업체들을 다루는 조 MD의 모습을 보면서 김 MD는 썩소(썩은 미소)를 짓는다.

"형, 업체들이 진열공간을 마음대로 차지하면 안 되잖아"

"창근아, 자리에 빈 공간이 생기면 판매 기회 손실(판매할 수 있는 기회를 상실)이 생기잖아. 그러면 매출이 감소되잖아. 빈 공간은 채워두는 것이 좋은 거야."

매장에서의 상품은 제품이 아니라 진열공간임을 잘 알고 있는 김 MD가 퉁명스럽게 대꾸 한다.

"그러니까 제품 진열과 보충은 우리가 해야 할 일이잖아요?"

"아니! 나는 전혀 그렇게 생각 안 해. 매장에서 취급되고 있는 제품 종류가 이미 20,000여종이나 되고, 매년 그 수가 더욱 불어나고 있지. 오히려 공급업체들을 경쟁시키면 서로 자극이 되어 더욱 제품 관리에 신경을 쓸 거라고 생각해. 물론 우리의 일이지만, 우리가 계속 제품들의 진열을 관리해주면 공급업체들은 매장 진열에 신경도 쓰지 않을 거야. 그러면 미납(未納: 제품 공급이 안 됨)이 생기고, 결국은 매장의 구색이 미흡하면 고객도 불만족스럽게 생각하게 되고, 매장의 매출도 줄어들지. '매장관리'가 무엇인지 한번 다시 생각해봐."

매장관리의 정의는 다양하지만, 쉽게 정의하면 다음과 같다.

'보다 좋은 양질의 제품을 다양하게 항상 구비하여, 고객이 원하는 제품(계획구매 및 충동구매)을 손쉽게 발견될 수 있도록 과학적으로 진열하고, 저렴(적절)하게 공급될 수 있도록, 저렴(적절)한 비용으로 매장의 매출을 높이기 위함이다[9-1].'

"그러니까 우리가 더욱 열심히 일을 해야 하잖아요. 만일 공급업체들이 마구 진열공간을 확보하게 되면 나중에는 관리가 더욱 혼란스럽잖아요."

"창근아! 우리야 어느 제품이 잘 팔리든 상관없잖아. 전체 매출만 늘어나면 되니까. 우리의 주 업무는 매장 관리이지만, 매장관리의 목표는 매출 확대잖아. 적당히 교통정리만 해주면 돼."

> **생각하기**
>
> 매장 내에 생긴 빈 공간에 경쟁회사 제품들을 진열해야 하는가? 조 MD의 의견과 김 MD의 의견을 비교해보자.

10. 비보(悲報) (2월 5일)

네오C&C 가족들

　오늘도 뭔가를 고민하고 있는 백 실장은 늦게까지 회사에 남아 있었다. 피곤하기도 했지만, 행사가 곧 있을 것이고 업체들의 판매 향상을 위한 뭔가에 대해서 키보드를 치고 있는 중에, 책상위의 핸드폰이 유난히도 '달달달' 거린다. 받기 싫었지만 너무나 요동치기에 핸드폰을 연다. 주 반석 팀장이었다.
　"실장님…."
　왠지 울음이 섞인 듯 한 목소리가 들려 백 실장은 갑자기 불안해 진다. 수화기에서는 첫 마디 이후로는 아무 소리도 들리지 않았다.
　"주 팀장. 왜 그래! 무슨 일 있어? 혹시 또 부부싸움 했어?"
　"실장님. 강 현씨가 죽었습니다."
　강 현 대리는 네오C&C 물류부서에서 근무하는 직원으로 이번 달에 대리로 승진한 31살의 총각이다. LiW 요청으로 매장에 긴급 배송을 가다가 서울 외곽순환도로의 분리대에 들이 받은 것이다. 길도 미끄러운데다, 졸음운전을 한 모양이다.
　백 실장은 아무 말 못했다. 어떻게 해야 할지 몰랐다. '이런 일이 생기다니. 자꾸 왜 이러지' 백 실장은 급히 강변의 모 병원의 영안실로 찾아간다. 얌전한 강 대리의 사진 옆에는 강 대리의 부모님들이 통곡을 하고 있었다. '아~ 주여' 백 실장의 신음이었다. 백 실장은 아침까지만 해도 분명히 강 대리를 보았는데… 삶과 죽음이 늘 가까이 있음을 뼈저리게 느낄 수 있었다.

백 실장의 머릿속에는 많은 생각들이 스쳐 지나간다. 강 대리 죽음의 안타까움 심정도 컸지만, 한편으로는 보상 문제, 회사의 미래, 직원들, 가족들 모든 생각들이 겹쳐 있다.

백 실장은 모든 업무를 중지하고 강 대리의 장례식을 치른다. 보상 문제는 보험사에서 처리해주었지만, 회사 입장에서도 도의적인 책임을 져야 했다. 감사하게도 강 대리의 부모님들도 젊은 사람들이 이끄는 회사를 대견스럽게 여겨주셨는지, 적절한 보상으로 타협을 하였다. 물론 네오C&C는 자동차 종합보험과 운전자 보험은 가입하였다.

강 대리의 장례를 치룬 후, 사무실의 분위기는 말이 아니다. 강 대리의 죽음으로 큰 보상은 하지 못했지만, 그 돈은 창고를 정리한 돈이었다. 20여명의 직원들이 회의실에 모두 모여 침묵하고 있었다. 백 실장은 조용히 기도하고 있었다. 모두들 아무 말은 안하고 있었지만 많은 직원들이 회의적인 생각에 빠져 있음을 쉽게 알 수 있었다. '자금도 넉넉하지 않고, 직원도 죽었으니. 더 이상….'

그 동안 많은 연구보고서에 회사가 망하는 요인들은 회사 운영 미흡, 기술문제 등과 같은 내부적인 문제들을 많이 다루어 왔지만, 아마도 중소기업들은 인명사고와 같은 외부적인 요인으로 인해 망하는 경우도 많이 있을 법 하다. 고객과 직원의 소송과 보상 문제는 4대 보험(국민연금, 상해보험, 산재보험, 건강보험), 자동차 및 운전자 보험 등을 통해 보상이 되지만, 회사의 도의적인 책임을 묵과(黙過)하기 힘들다. 물론 그냥 지나치는 CEO들도 있겠지만.

백 실장은 직원들 앞에 서서 어렵게 입을 연다.

"여러분 모두들 수고했습니다. 강 대리의 사고로 인해 많이 힘들 겁니다. 이제는 우리가 할 수 있는 일이 별로 없는 것 같습니다."

모두들 '올 것이 왔구나' 하며 체념하는 듯하였다.

"이제 우리가 할 수 있는 일은 한 가지 밖에 없는 듯합니다."

모두들 쥐 죽은 듯 조용하였다.

"다시 시작하는 것뿐입니다. 다시!"

11. 매장 행사 준비 (2월 13일)

네오C&C 백 실장, 주 팀장, 원 팀장, 황 대리
네오C&C 사무실

> **생각하기**
> 1. 대형할인마트에서 실시할 수 있는 행사의 종류는 어떠한 것이 있는가?
> 2. '3일간 할인 판매'와 '500개 한정 판매' 어떤 것이 더 효과적인가?

강 대리가 세상을 떠난 지도 어느 덧 10일이 지났다. 밀린 일들로 인해 하루하루가 바빴지만, 오히려 바쁜 나날들이 강 대리의 사고를 잊을 수 있는데 도움을 주는 것 같았다. 모두들 다시 열심히 시작하고 있었다.

"B마트 은평점, 천호점에서 구정에 LiW 제품의 행사를 요구하고, 에덴금속에서는 3월 행사를 준비해야 한다고?"

주 팀장은 매장에서 있었던 상황들을 보고 받는다.

행사에는 일부 점포만 하는 점별 행사와 전체 점포에서 실시하는 전점 행사가 있다. 점별 행사는 각 점포의 MD와 상의하지만, 전점 행사는 각 마트의 본사와 협의해야 하고 주로 전단지 광고에 실리게 된다.

"아이고, 바쁘겠군. 이번에는 어떤 증정품을 준비해야 하나?"

원 팀장은 자신이 힘들다는 것을 누군가 알아주기를 바라는 듯 큰 소리로 하소연 했다. 물론 회사의 분위기를 살리기 위한 노력이었다. 언제나 즐겁게 살려는 원 팀장의 장점이다.

"자! 우선 LiW 행사에 대해서 먼저 이야기 합시다. 먼저 어떤 제품을 행사할 것인지를 정합시다. 그러기 위해서는 먼저 재고량을 파악해야 하는데."

"18W 콤팩트 전구를 제외하고는, 콤팩트 11W, 14W 번들(2개가 포장되어 있는 것을 번들이라 함), 23W 번들과 삼파장 직관 32W와 40W의 재고가 많이 남았습니다. 콤팩트 11W로 하죠. 가장 재고가 많이 남았는데."

황 대리가 데이터를 보면서 제안한다.

"11W는 우리만 가지고 있는 상품이니까, 행사할 필요는 없는 것 같고, 콤팩트 14W, 23W 번들과 삼파장 직관 40W는 경쟁사 EA사와 중복된 제품이니까 경쟁사의 시장 잠식을 위해 14W와 23W중에서 하나를 선택하는 것이 괜찮을 것 같은데."

주 팀장이 볼펜을 두드리며 이야기하고 있지만, 계속 뭔가 고민하고 있는 백실장의 눈치를 살핀다.

"참, 지난번에 동대구 B마트 MD가 준 정보인데요, EA가 콤팩트 14W 번들을 신상품 런칭(lunching, 출시) 준비하고 있다고 합니다. 아마 포장만 새롭게 바꾼다고 하던데요."

"그럼, 답이 나왔네요. 일반적으로 신상품을 런칭할 때는 행사를 하니까, 우리가 먼저 콤팩트 14W번들 행사를 때리면 되겠네요."

경쟁사의 신상품의 시장을 미리 잠식하자는 원 팀장의 이야기였다.

"그럼 14W 번들을 행사로 합시다."

고개만 끄덕이는 백 실장을 보면서 주 팀장이 행사할 제품들을 결정

지으며, 이번에는 행사 진행 방법에 대해서 토의한다.

"일단, 은평점과 천호점 두 개의 점포만 행사하는 거니까, 관례적으로 판촉 행사 도우미를 투입해야 할 것 같습니다."

황 대리가 답변한다.

"그럼, 증정품은 무엇으로 하지?"

주 팀장의 안건에 모두들 침묵한다.

솔직히 제품 가격이 수 백 만원이면 다양한 증정품들이 있지만, 1-2만원 제품에 가치 있는 저렴한 증정품을 구하는 것은 쉽지 않다. 일반적으로 증정품의 가격은 판매가의 10%(공급가에 18~25% 해당됨)를 넘지 않아야 손실이 나지 않기 때문이다.

"지난번 행사 때에 증정 하였던 '전선 묶는 끈(컴퓨터 관련 전선들을 묶어주는 끈)'은 호응이 좋았는데. 같은 것으로 하는 것이 어때요?"

황 대리가 지난번 행사자료를 보며 이야기 한다.

"맞아, 그런 종류의 제품을 증정품으로 선택해야 되는데. 구매하기에는 아깝지만 있으면 요긴하게 쓸 수 있는 제품들."

주 팀장이 맞장구친다.

"그런데 그때 점 MD가 너무 저렴하다고 불평을 했잖아요. 좀 더 값나가는 것을 준비하라고."

원 팀장이 찬물을 끼얹으며 계속 말을 이어간다.

"시간도 얼마 남지 않았으니까, 증정품 알아보고 증정품에 로고(logo)나 라벨(label) 스티커를 붙이는데 시간이 많이 드니까 '2+1' 행사를 합시다." 계속해서 토론이 이어진다.

행사를 준비하는 것은 생각보다 쉽지 않다. 증정품을 구매하는 것도 생각처럼 단순하지 않다. 무엇보다 증정품 구매를 위해 예산을 확보해야만 하고, 증정품 구매는 일반적으로 현금 거래가 원칙이다. 또한 증정품을 부착할 때의 테이핑(taping)작업도 일일이 수작업으로 해야 하고, 때로는 '증정행사', '가격할인'과 같은 라벨링(labeling: 라벨을 제품에 붙이는 것) 작업도 필요하게 된다. 가격할인 행사의 경우, 행사 때 제공되는 제품들은 비록 매장 내에 동일 제품이 있다고 해도 할인가격이기 때문에 별도의 제품 코드(바코드)를 붙여야 한다. 수천에서 수 만개의 제품들 위에 여러 종류의 수작업이 요구되기 때문에 많은 잔업과 시간이 필요하다. 무엇보다도 이러한 행사들이 대부분 추석과 같은 명절 때 실시하기 때문에 매우 바쁘며, 준비하는 시간도 매우 촉박하다. 전 점(전체 점포)에서 행사를 한다면 일시에 엄청난 재고를 준비해야만 한다. 가령 A제품 5박스를 100개 점포에 보낸다면 일시에 500박스의 물량이 필요한 것이다. 이러한 물량을 생산 및 준비하기 위해서는 많은 시간들이 필요하고, 행사관련 수작업들을 하게 되면 엄청난 시간들이 소요되게 된다. 그래서 과거에 '1+1' 행사를 많이 실시하였다. 즉, 한 개를 사면 추가로 한 개를 더 주는 행사이다. 자사의 제품을 덧붙여 판매하기 때문에 많은 번거로운 작업들을 줄여준다. 하지만 이러한 행사는 자신의 시장을 잠식하는 것이고, 생산자 입장에서는 원가도 뽑지 못하는 손해 보는 행사이다. 그러나 시장의 반응이 매우 좋아, '1+1 행사'는 대형할인마트들의 요구에 의해서 억지로 실시되는 경우가 많았다. 지금은 '1+1'행사는 공정거래위원회에서 불공정 거래로 인정되어 금지 시켰으나, 변칙으로 '2+1'행사나 '1+후1(지금 사면 나중에 한 개 더 줌)'로 바뀌었다.

"정리하면, 은평점과 천호점에 콤팩트 14W 번들 제품을 2+1 행사로 준비하고 판매 도우미도 주말에만 투입하기로."

모두들 회의에 열심히 참여하였다. 마치 한 차례 소나기가 쏟아진 후의 갠 날씨 같은 분위기였다.

"그런데 주 팀장님, 며칠 동안 행사를 하죠?"

"황 대리, 일주일 정도 하는 것이 어때요?"

"아니, 일주일 보다는 금요일 날 시작해서 그 다음 주 일요일까지 10일 하는 것이 좋을 것 같습니다. 주말에 매출이 높으니까 두 번 포함되도록."

원 팀장이 끼어들었다. 모두들 회의를 마무리 하는 분위기였으나, 백 실장은 힘없이 한마디 던지고 나간다.

"아닙니다. 기한을 정해서 하는 행사는 나중에 반품할 때 골치 아프므로 두 점포 물량 500개씩 한정판매 행사로 합시다."

"맞아! 지난 번 행사에서도 일주일 행사 했는데, 행사 물량이 많이 남아서 모두 반품처리 했잖아요."

물류 담당인 원 팀장이 지난 번 행사 때 남은 물량을 수거하느라 며칠 밤을 지새운 기억이 났다.

"남은 물량을 왜 가지고 와요? 그냥 놓아두면 되잖아요?"

"황 대리, 행사기간이 지났는데도 계속 행사 제품을 판매를 한다면 고객들은 '팔다 남은 제품을 파는 구나'하고 생각할 것이고, 행사만 하는 제품이라는 의식 때문에 제품 브랜드에도 부정적인 영향을 주게 되잖아. 또한 행사제품의 제품들은 기존의 제품 코드(번호)와 다른 경우도 있기 때문에 제품관리 측면에서도 행사제품 코드를 빨리 말소해주는 것이 좋지. 하지만 한정 판매를 하는 경우는 제품이 소진될 때 까지 할 수 있으므로 반품의 우려가 적지."

"그럼 500개씩 한정판매로 합시다."

아이(愛) 이야기(아들의 희생)

1차 세계 대전 이후에 미국 미시시피 강 근처의 어느 마을에 요셉이라는 철도원이 있었다. 요셉의 일은 교각 사이의 철로를 하루에 2번 올리고 내리는 일을 하는 것이다. 배가 지나가면 철로를 올리고 기차가 지나가면 철로를 내리는 식의 일이다.

요셉은 어느 날 5살인 아들 존을 데리고 역무원에 왔다. 한참 귀여움을 받을 때이지만, 철도업무로 인해 아이와 함께 놀아주지 못해서 미안한 마음으로 사무실로 데리고 온 것이었다.

한참을 아들과 즐거운 시간을 보내는데, 기차가 지나갈 시간이 된 것이다. 요셉은 철로를 내려야만 한다. 요셉은 문득 존이 생각나 어디에서 놀고 있나 찾아보았더니, 철로를 움직이게 하는 기어(gear) 사이에서 놀고 있는 것이었다.

요셉은 존에게 손을 흔들며 소리쳤다. "존 어서 나와! 빨리 나와!"

하지만 요셉의 목소리가 들리기에는 너무 먼 거리였다. 존은 아빠가 손은 흔드는 것을 보면서 '아빠' 하면서 자신도 손을 흔들어 주었다.

요셉 자신이 직접 달려가 아들을 꺼내오기에는 시간이 너무 촉박하였다. 기차안의 승객들을 구해야 하는가? 아들을 구해야 하는가? 요셉은 선택을 해야만 했다.

요셉은 결국 철로를 내렸다. 그리곤 아들에게 달려갔다. 아들은 이미 기어 사이에 끼여 죽어 있었다.

요셉은 아들의 시신을 붙잡고 울부짖었다. 그때 '빵~' 하며 기적을 울리며 기차가 다리 위를 지나가고 있었다. 요셉은 기차안의 웃음 짓는 많은 사람들을 보았다.

그리곤 소리쳤다.

"당신의 웃음과 당신의 행복은 내 아들의 생명으로 지킨 것이다."

하지만 기차 안의 사람들은 밖에 아무 일도 없었던 듯이 계속 웃고만 있을 뿐이다.

지금 우리들의 행복, 희망, 삶이 때로는 다른 사람들의 희생의 대가로 얻어진 것일 수 있다.

12. 행사의 부정적인 효과 (2월 13일)

네오C&C 백 실장, 주 팀장
네오C&C 사무실

> **생각하기**
> 1. 대형할인마트가 국내 경제에 미치는 영향(장단점)
> 2. 산업공동화와 대형할인마트의 관계

주 팀장이 백 실장 사무실로 들어온다.

"실장님 무슨 고민이 있나요? 회의시간 내내 아무 말씀도 안 하셨잖아요. 혹시 강 대리 생각하시나요?"

"주 팀장, 가능하면 그 이야기는 하지 맙시다. 다른 사람들도 말을 꺼내지 않으려고 조심하고 있잖아. 나 또한 지금 남아 있는 사람들을 생각해서라도 회사를 위해 더욱 노력해야지."

어쩔 줄 몰라 하는 주 팀장을 보며, 백 실장은 화제를 바꾼다.

"주 팀장은 행사의 효과가 있다고 생각해? 이런 판촉 행사 말이야."

"아니 무슨 말씀이세요. 당연하잖아요. 보통 행사를 실시하게 되면 매출이 2~3배 더 늘어나니까요."

"물론, 우리 행사 데이터를 보면 그런 결과가 나오지. 잠재 고객뿐만 아니라, 경쟁사 고객까지도 뺏어와 매출로 연결시킬 수 있으니까."

"충동 고객도요. 뿐만 아니라 행사의 주요 목적 중 하나는, 시장 확대 및 재고처분이라는 긍정적인 효과도 있잖아요."

"맞아, 이전에는 그랬지. 그때는 오히려 우리가 행사할 수 있도록 MD들의 목을 졸랐지. 하지만 지금은 상황이 많이 달라졌잖아. 주 팀장의 말대로 시장 확대와 재고처분 등 본래의 목적으로 행사를 기획하여야 하는데 일방적으로 유통업체들이 요구하는 것은 문제가 있다고 생각해. 더욱이 우리가 행사하면 경쟁사는 가만히 있나? 그들도 더 좋은 증정품으로 더 싼 가격으로 행사를 하잖아. 그럼 또 우리도 행사를 준비하고…."

"그리고 보니 너무 자주 행사를 하는 것 같아요. 분명히 영업이익은 마이너스이면서도 말이에요. 그렇다고 요청하는 행사를 안 할 수도 없고요…."

"맞아, 생산업체들이 유통업체들에 의해서 길들여지는 거지. 더군다나 대형할인마트들은 '최저가 정책'을 실시하고 있잖아. 즉 생산자는 '박리다매(薄利多賣)'의 특성을 가진 대형할인마트에서 이미 최저의 이윤만을 남기면서 팔고 있는데, 이러한 판촉 행사는 결국 가격 할인 행사나 마찬가지지. 마케팅 이론에서 최후의 패(貝)라고 알려진 '가격 할인!' 행사 이후에는 더 이상 펼 수 있는 정책이 없게 되고, 가격 할인 경쟁의 악 순환 속에 빠지게 되지. 지금은 시장은 부정적인 피드백 (negative feedback)으로 흐르고 있어. 시장의 힘이 오래 전부터 유통업체에게 넘어갔거든."

"'부정적인 피드백?' '시장의 힘?' 이게 무슨 말이죠?"

"내가 어려운 이야기를 꺼냈나? 음……. 피드백을 한마디로 이야기하면 입력과 출력의 순환관계이지.

백 실장은 A4 이면지에 볼펜으로 휘날리며 그림을 그린다.

〈그림 12-1〉 피드백(feedback)

(a) 피드백　　(b) 긍정적 피드백　　(c) 부정적 피드백

"아, 그림만 보아도 알 수 있겠네요. 당연히 발전할 수 있는 긍정적 피드백이 좋은 것이겠군요."

"맞아, 기업의 입장에서도 입력과 출력의 관계가 긍정적으로 이루어져야 되지. 쉽게 말해서 쓰는 돈 보다 버는 돈이 많아야 되는 것이지. 이러한 관계가 지속될 때 자기강화 피드백(self-reinforcing feedback)이라고 하지. 지속적으로 이윤이 날수 있는 관계. 그래서 기업들은 블루오션(blue ocean)도 찾고, 신기술도 개발하는 것이지. 주 팀장도 잘 알듯이, MS(마이크로 소프트)사의 수익모델을 생각해 봐. 시장을 기술에 종속시켜서 계속 성장해가잖아. 물론 이런 전략이나 기술이 쉽게 생길 수 있는 이야기는 아니지."

"네, 이전에 복잡계(complexity) 관련된 책에서 본 것 같네요[12-1]. 그러니까 현재 대형할인마트 내에서는 기업들이 가격 할인 경쟁의 악순환 고리 안에서 맴돈다는 이야기죠? 그래도 대형할인마트는 돈을 버는 것 같은데요. 싼 가격에 제품들을 공급하니까요."

"그건 주 팀장 말이 맞아. 공급업체들은 부정적 피드백의 영향을 받고 있지만, 대형할인마트는 긍정적 피드백 영향이 없는 것은 아니야. 하지만, 생산업체와 판매자 모두의 긍정적 피드백이 중요하고, 또한 전체 공급망이 긍정적 피드백이 되어야 하지. 지금은 기업의 성공유무가 한 기업의 핵심역량보다 공급망의 핵심역량에 달려있다고 이야기하고 있지. 즉, 공급망 전체가 긍정적 피드백을 이루어야 되는 것이지. 그래서 기업 간의 협력을 강조하는 것이지. 이를 우리는 Win-Win이라고 이야기 하고 있잖아. 만일 어느 한 곳이 자신의 이익만을 위해 지나치게 상대방을 무시한다면 분명 부작용이 생길거야."

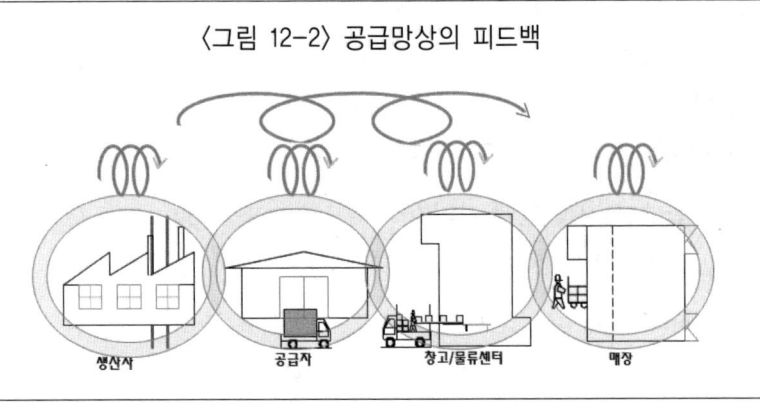

〈그림 12-2〉 공급망상의 피드백

"또한, 대형할인마트의 공급망 상에 문제가 있으며, 이미 그러한 현상들이 나타나고 있지."

백 실장은 정수기에서 뜨거운 물 두 잔과 커피세트를 가지고 온다.
"실장님, 커피가 마려우신가봐요?"
주 팀장은 웃으면서 커피 잔들을 받아들고 자신의 잔에는 2:2:1(커

피: 프림: 설탕) 비율로, 백 실장 잔에는 2:3:1 비율로 넣는다. 백 실장은 시커먼 색깔보다는 좀 하얀 색깔의 커피를 좋아하는 것을 주 팀장은 잘 알고 있었다. 독특하게도 색깔로 커피를 마시는 취향이다. 백 실장은 컵 속의 커피와 프림, 설탕이 소용돌이치면서 만들어내는 갈색과 백색의 조화를 즐긴다.

"한때 우리나라의 대형할인마트는 공급망상에서 긍정적 피드백의 영향을 주었지. 내가 물류, 유통 측면에서 한국 경제에 미친 영향을 간단히 설명할게. 주 팀장, IMF가 언제 일어났지?"

"저는 잘 기억하고 있죠. 97년! 저나 원 팀장 모두 피해자 아닙니까. 그로 인해 네오C&C가 생겼지만요."

"맞아, 그런데 우리나라는 생각보다 빨리 IMF를 벗어났지. 금 모으기 운동 등 국민들의 단합이 외환 극복의 주요 원인이었지만, 한번 유통 측면에서 살펴보았으면 해."

백 실장은 커피를 조금 들이킨다. 마시기보다는 입술에 커피를 묻히는 듯하였다.

"그 당시에 일본의 장기침체와 한국의 IMF로 인한 양국의 불황을 비교하면서 많은 분석들이 나왔는데, 일본의 장기침체의 주요 이유는 소비시장의 침체였거든[12-2]. 많은 돈을 가지고 있지만 좀처럼 시장에 돈이 돌지 않는 거야. 그때 마침 한국은 대형할인마트가 급속히 늘어나던 시기였지. 비록 재래시장의 위축도 있었지만, 대형할인마트를 통해 많은 중소기업 제품들이 시장 진입에 성공할 수 있었고, 소비자들도 저렴한 제품에 매력을 느껴 내수소비도 촉진할 수 있었지. 즉, 현금 회전률이 빨라진 거야. 바로 그것이 한국이 IMF를 빨리 벗어 날 수 있었던 큰 요인 중에 하나라고 생각해."

〈표 12-1〉 주요 대형할인마트의 성장, 참고[12-3]

년도	E-mart	Wal-mart	Home-Plus	홈에버(Carrefour)	Lotte Mart	주요 점포합계	성장률 (전년대비)	성장지수 (1997년 기준)
~1996	6	2		3		11		
1997	9	4	1	3		17	54.55	100
1998	13	4	1	6	3	27	58.82	159
1999	19	5	2	11	7	44	62.96	259
2000	27	6	8	20	16	77	75.00	453
2001	42	9	14	21	24	110	42.86	647
2002	50	15	21	24	32	142	29.09	835
2003	59	15	28	27	33	162	14.08	953
2004	69	16	31	27	36	179	10.49	1053
2005	71	16	33	27	38	185	3.35	1088
2006	95		47	32	47	221	19.46	1300
2007	108		68	35	56	267	20.81	1571
2008	117		113		60	290	8.61	1706
2009	123		114		69	306	5.52	1800

2006.4.28 까르푸 32개 철수(이랜드가 인수 후에 홈플러스가 재인수)
2006.5.23 월마트 16개 철수(이마트가 인수)
2010.5.25 GS마트 14개 롯데마트 인수
해외점포 제외

"현금 회전률이 빨라졌다는 말이 무슨 말이죠?"

"가령, 식당을 운영하는 A와 채소를 판매하는 상인 B, 그리고 자전거를 판매하는 C라는 사람들이 각각 100만원씩 가졌다고 가정해봐. 그런데 경기가 불황이라 A, B, C 모두 소비를 하지 않고 주머니에 100만원을 보관만 하고 있다면, 거래가 없어서 모든 점포들이 점점 더 어렵게 되고 말지. 하지만, C가 식당에서 음식을 먹고, A는 음식재료를 B에서 구입하고, B는 채소 운반을 위해 C의 자전거를 구입한다면 돈이 계속 돌고 도는 거지. 비록 똑 같은 돈이 시장에 풀려있지만, 후자의 경우는 시장이 활성화 되어 생산에 긍정적인 영향을 줄 수 있지. 이러한 흐름이 빨라지는 것을 시장의 현금 흐름이 빠르다고 하지."

"그렇군요. 이해가 되네요. 그런데, 대형할인마트가 부정적 피드백의 영향을 준다는 것이 무슨 말이죠? 계속 이야기 해주세요."

"당시에 중소기업들은 도매상과 지역상권의 텃세로 인해 시장의 진출에 많은 애로사항이 있었고, 또한 시장 진입에 많은 시간들이 소요되었을 뿐만 아니라 어음결제로 인한 자금의 흐름이 느렸지. 하지만 대형할인마트가 이러한 어려운 문제점들을 부분적으로 해소하여 주었지. 박리다매, 현금결제, 정가제 실시 등은 소비시장을 활성화 시켰고, 자연히 자금의 유동성이 매우 빨라지게 되었어. 즉, 기업들은 좋은 제품을 만드는데 집중할 수 있었고, 유통업체들은 시장 확보를 위해 노력하는 등 상호간에 긍정적 피드백의 영향을 줄 수 있었지."

"그런데요? 지금도 많은 중소기업들이 대형할인마트에 입점하려고 많이 노력하고 있잖아요?"

"하지만 긍정적 피드백의 관계는 지속되지 못하였다고 생각해. 물건만 있으면 돈을 벌던 때에는 제조업체가 가격에 대한 통제 기능을 가졌지만, 지금은 시장의 힘이 유통업체로 넘어가면서 상황은 달라졌지. 유통업체의 힘이 너무나 커져서 시장가격을 조작할 수가 있게 되었지. 더군다나 고객과 가장 가까이 있는 유통업체의 힘은 고객의 힘과 구분이 안 되기 시작했지. 마치 유통업체의 요구가 고객의 요구인 것처럼 착각하게 만들었지."

"시장 가격을 조작하다니요?"

"주 팀장도 잘 알겠지만, 적절한 시장의 가격은 공급과 수요의 상호관계를 통해서 결정되잖아. 물론 이론적이지만 말이야. 하지만 지금은 시장의 가격을 유통업체들이 주도하고 있지. 즉, 시장을 주도하는 힘이 유통업체에게 넘어갔다는 말이지. 혹시 주 팀장 기억하나? 보통 대형할인마트에 제품들을 입점시킬 경우에 기업의 주요한 무슨 정보를 요구하지?"

"제품 원가요. 맞아요. 보통 입점을 할 때 할인마트 본사 바이어 (buyer: 할인마트에 제품을 입점시킬지 결정하는 권한을 가짐)들이 제조업체들에게 제품 원가를 요구하죠. 그것이 본사의 요구사항인지, 바이어 개인의 요구사항인지는 모르겠지만, 강력한 힘을 가진 바이어가 요구하니 안 줄 수가 없잖아요."

주 팀장도 원가데이터 공개 문제 때문에 LiW와 여러 번 대형할인마트 본사에서 미팅을 가졌던 기억이 났다.

"맞아, 유통업체들은 이미 제조업체들의 원가를 손바닥 보듯이 보고 있지. 그러면서 자신들이 판매가를 조절하고 있어. 가급적 최저가가 되도록. 주 팀장도 최저가 정책의 숨은 뜻을 알고 있지?" 주 팀장의 답변을 유도하면서, 백 실장은 커피 한 모금의 여유를 누린다.

"최저가 제도의 의미는 널리 알려졌잖아요. 고객들을 위하는 정책인 것 같지만, 일종의 담합이잖아요. '우리는 1000원에 팔 테니, 다른 곳에도 1000원 미만에 팔지 말라'는 메시지잖아요. 만일 다른 곳에서 900원에 팔면 최저가 정책을 실시하는 점포에서는 당연히 900원 미만의 가격으로 판매를 해야 하고, 이런 악순환이 계속 된다면 결국 돈 많은 점포가 이기는 거잖아요."

"와, 역시 경영학을 전공해서 그런지 주 팀장도 잘 아네. 맞아, 최저가 제도가 처음에는 고객을 위한 좋은 제도로 이해되었다가, 주 팀장이 말한 대로 숨겨진 뜻이 알려지자 많은 고객들이 유통업체의 상술에 감탄하였지. 하지만 유통업체들 입장에서 최저가 정책은 부정적인 피드백을 막을 수 있는 '묘수'이지. 한마디로 '합법적인 가격 담합'이거든. 그런데도 유통업체가 너무 욕심을 내고 있지. 계속 그들은 자신의 이익을 확대하면서 품질 좋은 저가의 제품들을 요구하고 있어."

백 실장은 다음과 같이 정리하며 계속 설명한다.

과거 : 생산원가가 1,000원이므로 물류비 등을 고려해 2,000원에 판매하시오.
현재 : 판매가 1,500원에 맞추어서 공급해 주시오.

"시장 가격은 어느 정도 결정된 상황 하에서, 목표 이익을 정해놓고, 원가를 절감하는 방식은 제조업체 입장에서는 바람직한 노력이고, 이는 도요타 자동차가 실행해온 이익 실현 방법이지[12-4]. 하지만, 이러한 방식을 유통업체가 일방적으로 휘두르게 되면, 제조업체들이 경영 계획에 차질을 주게 되지. 한마디로 월권(越權)이지."

"맞아요. 대형할인마트들이 노골적으로 요청하다보니, 동일 제품이더라도 포장만 바꾸어서 다른 가격으로 공급할 수밖에 없게 되죠."

"주 팀장이 말하니까 또 생각이 나는데, 동일 제품이지만 다른 가격으로 팔리는 이유가 또 있지. 대형할인마트별로 매입율(買入率)이 다르잖아. 입점 수수료 말이야!"

"맞아요. B마트는 물류비 비용 포함해서 40%를 요구하고, Y마트는 35%를 요구하다보니 판매가가 달라질 수밖에 없죠."

주 팀장과 백 실장은 서로 이야기의 바통(baton)을 주고받는다.

"그래서 제조업체들은 항상 원가 절감의 압력에 시달리게 되지. 더군다나 계속 판촉을 위한 할인행사, 증정행사를 요구하고 있으니 제조업체들은 죽을 맛이지. 결국은 중국이나 동남아로 공장을 옮기게 되고, 그나마도 남아있던 기업들은 경쟁력에 이기지 못하고 문을 닫게 되지. 그래서 우리나라에 '산업공동화' 현상이 발생되는 거지. 제품은 있으나 공장이 없고, 결국은 일자리 창출은 안 되고 말이야. 현재 매장 안에는 'MADE IN CHINA'제품이 60%가 넘거든."

"그러네요. 유통업체들 간의 출혈 경쟁으로 인해 자신들의 이익만을 확보하려고 하니 결국 공급업체들에게는 부정적 영향을 주겠네요. 다음 그림 같이요."

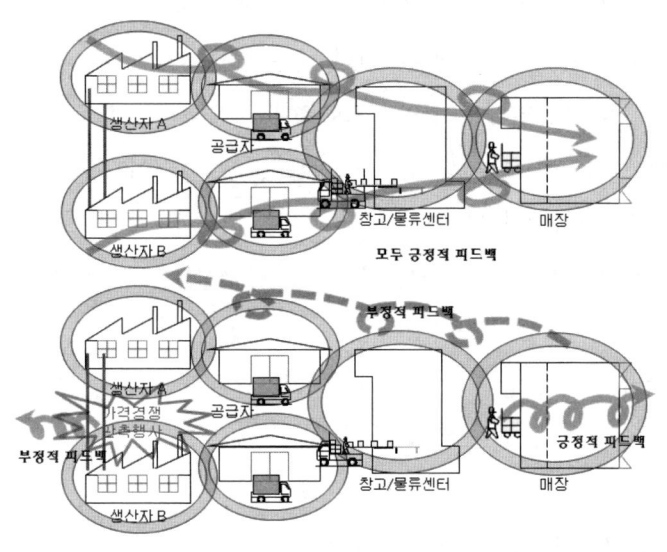

〈그림 12-3〉 대형할인마트의 공급망상의 부정적 피드백

"맞아, 마치 산업공동화처럼 대형할인마트 안에는 '시장공동화' 현상이 발생하고 있는 거지. 시장은 있으나 저가 제품들이 대거 진열되어 있어서 국산은 판매할 기회가 없으니!"

〈표 12-2〉 산업공동화와 시장공동화의 영향, 참고[12-3]

	정 의	긍정적 효과	부정적 효과
산 업 공동화	기업(제조업)은 있으나 공장이 없음	해외투자, 경쟁력 확보, 수출증가 등	고용감소, 소득 양극화 현상
시 장 공동화	시장(유통업)은 있으나 판매할 기회가 없음	제품 다양화, 기업체질 강화 등	중소기업 부도, 실업률 증가

"그렇군요. 결국은 제조업체들은 계속 힘들어지고, 유통업체들은 계속 돈을 벌게 되겠네요. 한국제품을 파나, 중국제품을 파나 상관없으니까요."

주 팀장도 계속 대화에 몰두한다.

"하지만 그렇지 않아. 유통업체에게도 큰 피해를 입게 되지. 긍정적 피드백을 찾지 못한 제조업체들은 결국 망하게 되어 제품의 공급이 중단되고, 결국 비어있는 진열대에 다른 제품들을 채워야 되는 시간적인 공백이 생기지. 이는 매출 감소를 의미하고, 빈번한 입점 제품들의 변화로 인해 매장 관리도 점점 복잡해지지. 그리고 좀 더 거시적(巨視的)으로 본다면, 실업률과도 연관이 있지. 직장이 있어야 고객이 돈을 벌 수 있는 것이고, 돈이 있어야 소비가 일어나는 것이니, 결국은 소비시장의 위축은 유통업체에게도 직격탄이 되지."

"그러면 긍정적 피드백이 될 수 있는 방법이 없나요? 그냥 이대로 계속 가다가는 제조업체, 유통업체, 물류업체 등 모두 위험하잖아요?"

걱정되는 듯 주 팀장이 물으나, 백 실장은 머뭇거리며 커피 잔을 들고 한 모금을 삼키지만, 이미 김은 나지 않는다.

"음······. 좀 더 시간이······."

13. 판촉 행사준비와 멀티태스킹 (2월 25일)

네오C&C 백 실장, 주 팀장, 원 팀장
네오C&C 사무실과 창고

생각하기
1. 매장 내에 방문하여 도우미들에게 제품에 대한 질문과 제품 안내를 받아보고, 문제점들과 판매효과들을 생각해보시오.
2. 멀티태스킹(multitasking)이 효율적인지 생각해보시오.

B마트에서 LiW 행사가 막 끝났지만, 다시 에덴금속의 행사를 준비해야만 한다. LiW의 행사와는 달리 에덴금속의 행사는 전 점포에서 행하여지는 '새봄맞이 행사'이다.

"백실장님, 대략 행사 비용이 증정품 3,200원짜리 드라이버 5,000세트와 2주 동안 행사가 실시되기 때문에 도우미를 6일 동안(금, 토, 일) 20곳에 투입할 계획입니다. 근데……. 비용이 …….."

"……."

백실장도 고민이 되었다.

"증정품 1,600만원(5,000세트×3,200원)과 도우미 1인당 12만원씩 1,440만원(12만원×20개, 매장×6일), 스티커(sticker) 및 POP제작과 아르바이트 비용 150만원 정도 듭니다. 모두 부가세 포함하여 합계가

3,190만원입니다. 만일 선(先) 결제할 경우에는 증정품 1,500만원과 도우미 1인당 11만원씩 가능하므로 220만원 정도 절약됩니다."

일반적으로 행사관련 비용의 결제는 에덴금속과 같은 주문회사들의 월말 정산 이후까지 기다려야 한다. 하지만 행사관련 회사들이 대부분 영세한 업체이기에 즉시 현금결제를 희망하고 있고, 선결제시에는 할인가격으로 거래되고 있다.

"그러면 에덴금속에게 확인을 받은 후, 우리가 먼저 행사관련 비용을 결제해주고 나중에 우리가 에덴금속에게서 받도록 합시다. 우리만이 가지고 있는 +α (추가 서비스)이니까."

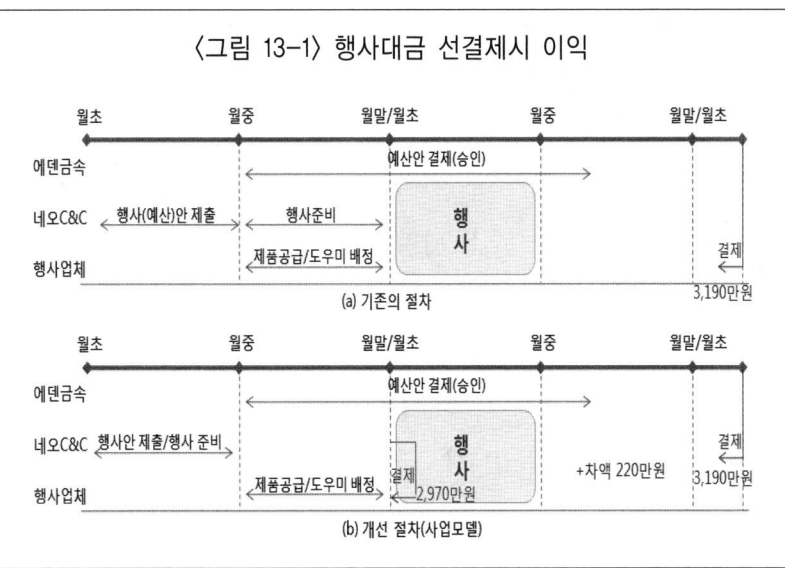

〈그림 13-1〉 행사대금 선결제시 이익

네오C&C는 그림과 같이 미리 관련 비용을 현금으로 2,970만원을 지불하고, 에덴금속으로부터 1달 후에 3,190만원을 결제 받는다. 물론 네오C&C는 관련 업무의 사업자등록도 되어 있다. 시간차로 인해 수익을 얻을 수 있는 사업모델이지만, 이러한 방식은 제조업체들의 절대적인 요구에 의해서 실시된 것이다. 대개의 경우 갑작스런 행사 요청으로 인해 준비 기간이 길지 않다보니, 예산을 확보하지 못해 행사 계획을 취소하거나 너무 늦게 대응하는 경우가 많다. 가령 경쟁회사가 행사를 준비한다든지, 매장 MD가 행사를 요청한다든지 하면 발 빠르게 대응하여야만 한다. 신속한 시장의 대응은 기업이 갖추어야 할 민첩성이지만, 지체되는 '예산 집행'이라는 행정적인 절차들이 발목을 잡는 경우가 많이 있다. 더구나 결제 담당자가 출장이라도 가는 날이면 큰일이다. 물론 매월 부서마다 예산이 책정되지만 예산을 집행하는 날은 정해져 있고, 갑작스런 행사를 위해서는 부족한 경우가 많다. 이러한 기업의 필요성을 파악하여 네오C&C에서 '선(先) 결제 서비스'를 대행하여 주고 있는 것이다.

 주 팀장은 에덴금속의 승인 후에 행사업체에게 비용을 결제하고 며칠 후에 제품 설명에 대한 도우미 교육을 실시한다.

 "도어락 설치는 한번만 해보면 어렵지 않습니다. 한 번씩 해보시고, 주의하실 것은 고객들이 도어락을 왼쪽에 설치할 것인지 오른쪽에 설치할 것인지를 확인하도록 하세요. 그리고……."

 주 팀장은 아가씨 도우미들에게 제품의 특징과 설치 방법을 설명하고 있다. 음식과 같은 식료품들은 아주머니 도우미가 적합하지만, 도어락은 여전히 남성 고객이 많다보니, 아가씨 도우미를 주로 채용하게 된다. 또한 젊은 여성도 쉽게 설치할 수 있음을 보여주기 위함이다.

 주 팀장이 젊은 여자들과 이야기 할 때, 창고에서는 대여섯 명의 젊은 남자 아르바이트생들과 원 팀장이 쭈그리고 앉아 제품 포장 위에 증정행사를 알리는 스티커를 부착하고 있었다.

"야! 여기다 스티커를 붙이면 어떻게 해. 여기 밑에다 붙여야지. 스티커가 제품 설명이나 특징들을 가리면 안 되잖아."

원 팀장이 마치 군기를 잡듯이 아르바이트생에게 호통을 친다. 오후가 다 지나도록 작업을 하고 있는데, 에덴금속에서 행사 물량을 또 보내왔다. 물류 팀원들은 어제도 5톤 차량으로 한 차 가득 제품들이 입고되어서 늦게까지 잔업을 하였다. 모두들 피곤한 기색이 역력하였다. '내가 도우미 교육 간다니까' 원 팀장은 주 팀장에게 도우미를 만날 수 있는 기회를 빼앗긴 것이 못내 아쉬워 주 팀장에게 전화를 한다.

"주 팀장 뭐해, 도우미 교육 다 끝났어?"

"어, 좀 전에 막 끝났어. 이번에는 아마추어 도우미들이 와서 교육하는데 힘들었다. 참, 나는 내일 출장 준비하고 있어."

이미 주 팀장은 퇴근중이지만, 늦게까지 일하는 원 팀장에게 미안하여 변명한다.

"일 끝났으면 창고로 와. 친구는 뼈가 빠지다 못해 으스러지도록 일하는데…."

"좀 전에 백 실장님이 물류센터로 가셨고, 나도 도와주고 싶지만 나는 내일 에덴금속 김 부장님과 대구로 3일 동안 출장 가잖아. RFID 시범 사업 관련해서. 그리고 매장도 둘러보면서 시장조사도 하고 올라오려고 그래."

B마트는 정부 주관 하에 있는 RFID(radio frequency identification) 시스템 시범사업 프로젝트에 참여하고 있었는데, LiW와 에덴금속도 B마트와 컨소시움(consortium)을 이루어 참여하고 있었다. RFID 시스템은 무선인식 시스템으로 유비쿼터스 시대에 필요한 핵심기술이다.

즉, 스캔(scan)하지 않아도 제품들을 무선으로 인식할 수 있는 시스템으로, 많은 사람들이 제품 가격 정보가 담겨있는 바코드 시스템을 대체할 기술이라고 전망하고 있다.

"이렇게 바쁠 때 가냐? 이런 날에는 나도 출장가고 싶다."

"나중에 점심 살게. 수고해."

주 팀장도 행사 준비가 얼마나 힘든지 잘 알고 있었다. 원 팀장은 계속 투덜거리지만 주 팀장에게 따뜻한 말 한마디를 던진다.

"주 팀장, 운전 조심해라."

***

땀 흘린 후의 식사의 맛을 '크~억'이라고 표현하면 지저분한 것일까? 원 팀장과 장정 10여명의 사람들이 먹은 식탁이지만, 공깃밥 수는 20개는 족히 되는 듯하였다. 갑작스럽게 일용직 사람들을 구하는 것도 쉬운 일이 아니었지만, 원 팀장은 대학교 후배들을 불러 쉽게 아르바이트생들을 모을 수 있었다. 아직 개강하지 않았기 때문이다.

"너는 왜 이렇게 상자들을 펼쳐놓고 일해? 공간도 비좁은데… 하나씩 하나씩 포장해!"

박스 하나에 제품들을 20개씩 담고 테이핑(Taping)하고 있는 한 후배에게 말한다.

"아니, 선배님! 그것도 모르세요? 멀티태스킹(multitasking)이 더 효율적이라는 거요[13-1]. 생산관리 시간에 배우는데… 여러 작업을 같이 하는 것이 더 효율적이라고!"

원 팀장은 졸업한지 10년이 훨씬 지났고, 더욱이 '멀티태스킹'이라는 용어는 학교 졸업 후 처음 들어보는 말이라 당황하였지만, 2002년 월드컵 때 멀티 플레이어의 중요성이 유행어처럼 퍼졌기에 멀티태스팅이 무슨 말인지 쉽게 연상할 수 있었다.

"임마! 그건 나도 알고 있어. 멀티태스킹 할 수 있는 멀티플레이(multi-player)어가 좋지. 하지만 여러 가지 일을 펼쳐 놓으니까 복잡하잖아."

"아니. 반드시 그런 것은 아니지. 정확히 이해하지 못한 것 같은데?"

백 실장은 이미 창고에 도착해서 의도치 않게 두 사람의 대화를 듣고 있었던 것이다.

"어? 백 실장님 언제 오셨어요? 얘들아 인사해라. 사장님이시다."

당황해하고 있던 원 팀장은, 백 실장을 급히 또한 반갑게 맞아주었다. 하마터면 후배들 앞에서 망신당할 뻔했기 때문이다.

"백 실장님, 여기 안 오셔도 되는데… 조금만 더하면 끝납니다."

백 실장은 모두에게 가볍게 눈으로 인사하고, 좀 전의 한 학생에게 말을 건다.

"자네는 왜 멀티태스킹이 효율적이라고 생각하지?"

갑작스러운 질문에 움츠리던 학생은 말을 더듬거린다.

"그거요… TOC 이론에서 배웠는데요… 잘 기억이 안 납니다."

"그럼 다른 사람들은?"

원 팀장은 아무도 답변하지 못하는 후배들을 '쌤통'이라는 생각도 들었지만, 한편으로는 공부 안하는 후배들을 보면서 화가 나서 한 마디 한다.

"얘들아! 공부 좀 해라! 공부 좀! 방학 때 뭐했어?"

"아니야, 원 팀장! 그렇게 쉬운 문제가 아니야."

원 팀장은 백 실장이 자신을 쳐다보며 말하자 갑자기 가슴이 덜컹거렸다. 자기에게 설명해보라고 시킬까봐.

"잘 들어봐. 백 실장님은 박사님이셔."

원 팀장은 백 실장에게 설명을 해 줄 것을 부탁하자, 백 실장은 원 팀장을 보면서 눈웃음을 짓는다.

백 실장은 아르바이트생들에게 화이트보드를 가지고 올 것을 부탁하며 그림을 그린다.

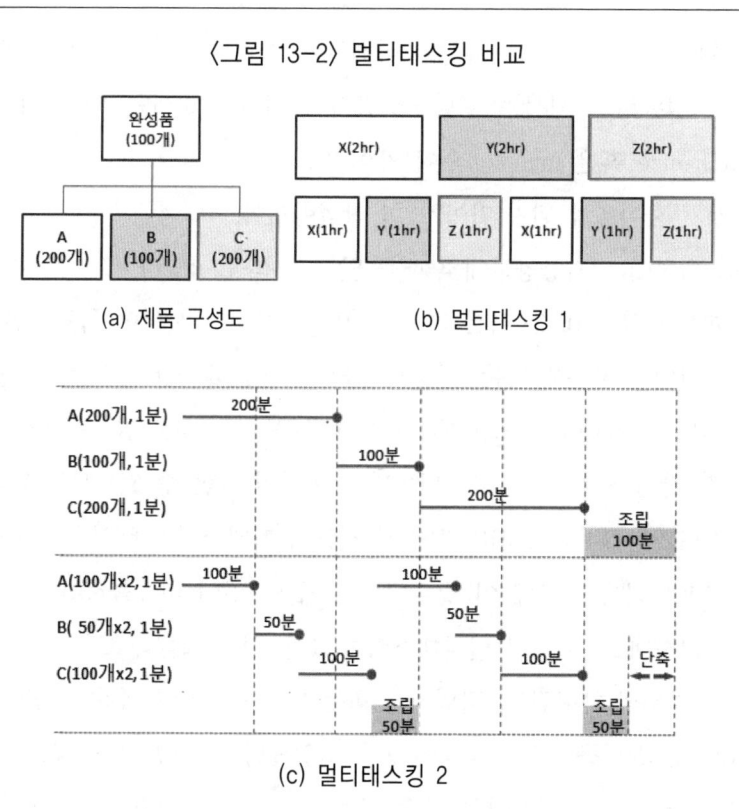

"우선, 자네 말대로 TOC에서 멀티태스킹이 좋다는 이유는 그림 (a) 같은 경우인데, 어느 제품이 3개의 부분품으로 이루어졌고, 1개의 완성품을 만들기 위해서는 부분품 A(2):B(1):C(2)가 필요하고, 한 사람이 3종류를 모두 생산한다고 가정해보자. 그러면 완성품 100개를 만들기 위해 A를 한꺼번에 모두 생산하고, 그 다음에 B와 C를 각각 생산하는 경우와 A, B, C를 각각 절반씩 나누어 생산하는 경우를 비교해보면 그림 (c)와 같은 결과가 나오지."

"맞아요. 기억이 나네요. 그래서 몇 개의 작업을 같이 실행하는 것이 더 짧은 작업시간을 가지고 올 수 있다고 배웠습니다."

"물론 이런 경우에는 각각의 작업들을 조금씩 나누어서 하는 것이 좋지. 정확히 말해서는 멀티태스킹의 문제이기 보다는 배치 사이즈(batch size 혹은 lot size)의 문제이지."

"배치 사이즈가 뭔지 알아? 1회 작업량이야."

원 팀장이 의기양양하게 후배들 앞에서 폼을 잡았다.

"하지만 그림 (b)는 다른 경우야. 만일 어느 한 사람이 독립적인 X, Y, Z 작업을 하는데, X는 작업후 P공장에, Y는 Q공장에, Z는 R공장에 보낸다고 가정해보면, 멀티태스킹이 더 나쁘다는 것을 알 수 있지. 즉, A공장 작업자는 X작업이 끝나야만 후속작업을 할 수 있으므로 X작업이 끝나기를 2시간만 기다리면 될 것을 멀티태스킹을 해서 4시간이나 기다려야 되기 때문에 이 경우에는 멀티태스킹이 비효율적이지."

"신기하네요. 무조건 멀티태스킹이 좋은 것은 아니네요."

"두 경우의 차이점은, 작업자가 하는 일들이 동일한 후속 공정에 종속(A, B, C는 동일 후속공정에 종속)되었느냐, 아니면 후속 공정이 독립(독립된 X, Y, Z는 다른 후속 공정, X, Y, Z가 최소 Lot size인 경우) 되었느냐에 따라서 달라지지."

원 팀장은 고개를 끄덕이는 후배를 보면서 언성을 높이며 이야기한다.

"이제 알았지? 내가 하고 싶은 말을 백 실장님이 잘 설명해 주셨는데… 그러니까 너! 자꾸 상자들을 널려 놓지 말고 한 상자씩 작업해. 알았어? 자 빨리 작업 시작~~!!"

14. 매장 보안과 반품 (3월 2일)

LiW 문 차장, 박 대리 / 에덴금속 김 부장 / 네오C&C 주 팀장
동대구점 매장

> **생각하기**
> 매장 내에서 분실을 막기 위한 합리적인 보안 장치 및 방법은?

 RFID 시범사업 1차 발표가 한 달밖에 남지 않아서 발표순서와 발표자들을 선정하는 등 준비 모임 회의를 하고 있다. 참석한 20여명의 사람들 속에는 LiW 문 영희 차장과 박 영 대리도 포함되어 있다.
 "김 부장님, 이번 프로젝트에서 수고 많으셨습니다."
 "아… 제가.. 뭘. 문…차장님이 더…."
 문 차장이 인사차 먼저 꺼낸 대화였지만, 경상도 부산 사나이 에덴금속 김 부장은 부끄러운 듯 대답이 떨렸다.
 "결과가 많이 미흡하지만, 세계적인 월마트도 아직 만족할 만한 성과를 얻지 못했잖아요. 좀 더 시간을 두고 지켜보아야 할 것 같습니다. 그런데 주 팀장님? 백 실장님은 어딜 가시고 주 팀장님이…"
 문 차장은 참석하지 못한 네오 C&C의 백실장의 안부 차 묻는다.
 "백 실장님은 어제부터 B마트의 '새봄맞이 행사' 때문에 바쁘셔서 제

가 대신 왔습니다."

"참, 회사에 어려운 일이 생겨서 유감입니다. 저도 전에 강 대리를 몇 번 보았는데."

LiW 박 대리가 주 팀장에게 위로의 말을 전하는 것이었지만, LiW 문 차장에게 네오C&C의 사고를 상기시켜주기 위함이었다.

"백 실장님께도 안부 전해주세요."

LiW 문 차장도 이제 생각이 났는지, 안부를 다시 전한다.

"오늘 일찍 끝났는데, 근처 매장이나 한번 둘러보고 가죠?"

에덴금속 김 부장이 선뜻 제안한다.

"여기 가까운 곳에 동대구점이 있습니다."

대구가 고향인 LiW 박 대리가 잘 알고 있는 듯 일행을 안내한다. B마트 동대구점은 매출이 높은 매장 중에 하나이므로, 주 팀장도 여러 번 방문한 적이 있다. 봄 날씨 치고는 좀 더운 날씨였다. 10분 정도 걸었는데도 와이셔츠 목 주위는 약간 축축해져 있었다. 지하 1층으로 들어온 일행은 잠시 매장 출입문에서 안내원의 저지를 받는다.

"손님, 실례하지만 가방은 가지고 들어갈 수 없는데요."

에덴금속 김 부장이 두툼한 서류가방을 들고 있었다. 김 부장도 매장 내에 가방을 가지고 들어 갈 수 없음을 잘 알고 있었지만, 가방 보관함이 건물 구석 화장실 옆에 놓여 있어 귀찮아서 망설였던 것이다. 혹시 통과할지도 모른다는 생각에.

"금방 나갈 건데, 그냥 가지고 들어가면 안 될까? 가방 보관함도 좀 멀어서요."

김 부장은 어려 보이는 안내원에게 반말 존댓말 섞어 가며 부탁을 하지만, 허락해주지 않는다.

"김 부장님, 여기서 기다리고 있을 테니 다녀오세요."

LiW 문 차장의 한 마디에 더 이상 지체하는 것이 미안한 생각이 들어 김 부장은 서둘러 가방 보관함으로 뛰다시피 걷는다.

"매장 내에서 제품분실이 잦다보니 가방을 가지고 들어갈 수 없군요."

문 차장은 매장을 자주 방문하지 않은 듯 하였지만, 상식적으로 알 수 있는 일이었다.

"분실 방지뿐만 아니라, 고객의 두 손을 자유롭게 하기 위함도 있습니다. 두 손에 뭔가 들려 있으면 쇼핑에 방해가 되기 때문이죠."

네오C&C의 주 팀장이 말 하는 사이에 김 부장이 도착한다. '사람을 그렇게 못 믿어서야.' 에덴금속 김 부장이 주 팀장만 들리도록 작은 목소리로 투덜거린다. 김 부장은 기분이 언짢아서 그런지 목이 말랐다.

"여기서는 담배도 못 피고… 좀 시원한 음료수 한 잔만 마셨으면 좋겠는데."

"음료수를 마시려면 계산대에서 결제를 하고 마셔야 되니 좀 참으세요."

LiW 문 차장은 에덴금속 김 부장이 거슬렸는지 무표정하게 대답하자, LiW 박 대리가 왠지 미안한 마음이 들어 김 부장을 응원하려는 듯 말한다.

"좀, 고객 만족을 위해서라도 매장 내에 음료수나 아이스크림 같은 것을 파는 곳이 있었으면 좋을 텐데. 테이크아웃(take-out) 같은 음료수요. 보통 매장에서 쇼핑하려면 1시간 이상은 걸리잖아요."

"물론, 매장 내에서 그런 음료수를 판매하는 것도 좋지만, 그렇게 되면 좀 전에도 말씀드렸듯이 고객의 손이 자유롭지 못하기 때문에 그런

14. 매장 보안과 반품 (3월 2일)

서비스를 제공하지 못하고 있는 것 같습니다. 특히 아이스크림 같은 것은 매장 내에서 팔지 않는 것이 바람직하거든요. 아이스크림 같은 빙과류는 녹기 때문에 고객이 녹는 것에 신경이 쓰여 제품들을 올바로 구경하지 못하거나, 녹기 전에 빨리 나가야 되겠다는 강박관념 때문에 걸음이 빨라지기 때문이죠. 최근에는 카트(cart)에 홀더가 설치되어 있어서 간단한 음료정도는 마실 수 있게 하고 있습니다." 네오C&C의 주 팀장이 매장에 대해 많은 견식이 있음을 보고 일행들이 놀란다.

"주 팀장님도 매장에 대해서 많이 알고 계시네요. 저는 백 실장님만 그런 줄 알았는데."

문 차장의 말에 다른 사람들도 동의하는 듯하였다. 어느덧 일행들은 에덴금속 판촉 행사를 하고 있는 진열장 앞에 도달한다. 젊은 매장 도우미가 가판을 벌려 놓고 도어락 조립 시범을 보이며 열심히 제품 설명을 하고 있었다.

"제품 설치가 어려운가요?"

에덴금속 김 부장이 신분을 밝히지 않은 채 물어보며, 도우미에게 제품 설명을 열심히 듣는다. 문 차장과 박 대리도 근처 진열대에 걸려 있는 LiW의 제품을 살펴본다.

"어! 이거 포장이 없네?"

LiW 박 대리가 뭔가를 발견하였다. 바로 일반 직관 형광등의 겉포장이 없어진 채, 하얀 몸뚱이만을 드러낸 채 꽂혀있었다.

"여기는 삼파장 형광등 포장지만 남았네."

LiW 문 차장도 뭔가를 발견하였다.

"또 바꿔치기 한 것이죠."

옆에 있던 네오C&C 주 팀장은 이전에 비슷한 경험이 있었기에 잘 알고 있었다.

"일반 형광등보다 삼파장 형광등이 2배가량 더 비쌉니다. 그래서 어떤 고객들은 일반 형광등 포장지에 삼파장 형광등 내용물을 바꿔 끼워서 가져가는 사람도 있습니다. 그러면 당연히 일반 형광등 가격표가 찍히거든요. 즉, 비싼 제품의 알맹이를 빼서 싼 제품의 포장지를 씌우면 싼 가격으로 구매할 수 있게 됩니다. 그것뿐만 아니라, 제품 포장용기 안에 다른 제품도 추가로 담아서 결제하는 사람도 있는가 하면, 내용물만 뽑아서 주머니에 넣고 나가는 사람 등등 별의 별 사람들이 많이 있습니다."

"아니, 그런 사람들이 있습니까?"

문 차장은 비상하게 머리를 굴리는 사람들이 있음에 놀란다.

"네, 그래서 계산대에서는 가끔 제품 포장안의 알맹이를 확인하면서 체크아웃(check-out) 하지만, 바쁠 때는 그냥 통과시키죠. 또한 알맹이를 봐도 잘 모르는 경우도 많이 있거든요."

문 차장은 한심하다는 표정을 지으며 일행들과 매장을 나오려고 할 때, 어디선가 요란한 소리가 들린다. '삐이~~~삐리ㄹㄹ~~~삐삐삐'

도난 경보 장치 소리와 함께 많은 고객들의 시선이 출구 쪽에 집중되어 있었다. 아뿔싸, 또 에덴금속 김 부장이 사고를 친 것이다. 김 부장의 일행들도 당황해 한다.

"어. 김 부장님! 그거 뭐에요?"

네오C&C 주 팀장이 깜짝 놀라며 묻는다.

"이거요? 아까 제품 포장이 찢어져서 내가 반품처리하려고 가지고 나온 건데."

"아니 그래도 이렇게 들고 나오시면 어떻게 해요. 반품 처리는 정식 절차를 밟아야죠."

주 팀장이 김 부장에게 나무라듯 말 하지만, 이미 보안원이 다가온다. 좀 전에 만난 안내원이었다.

"고객님, 잠시 저쪽으로 가시죠."

김 부장은 자신이 해당업체 사람이라고 항변하지만, 자신을 쳐다보고 있는 많은 사람들의 따가운 시선 때문에 주 팀장과 함께 자리를 옮겨 보안실로 들어간다. 보안실 안에는 수십 개의 모니터와 2명의 담당원이 모니터를 지켜보고 있었다. 김 부장은 자초지종을 설명하였다.

"고객님, 일단 저희는 절차를 따라야만 합니다. 고객님은 가격을 치르지 않고 제품을 가지고 나오셨습니다. 그것이 불량품일지라도, 심지어는 거래처 사장님일지라도 어쩔 수 없습니다."

보안원은 '경위서' 한 장을 내 놓으며 자술하라고 강요한다. 실랑이를 계속 벌였지만, 도저히 설득되지 않아서 김 부장은 체념한 듯 주민등록번호, 주소, 사건 경위 등을 대략적으로 기술하고 사인을 하며 나온다.

"아이참! 더러워서, 오늘 왜 이렇게 일이 꼬이지. 두 번씩이나 망신 당하니."

마치 인격 모독을 당한 것처럼 김 부장은 마음이 영 불편하였다.

"그들의 담당업무라고 이해하려고 해도 좀 너무하네요. 아마 그 사람들도 건수를 올리려고 그러나 봅니다."

도둑놈으로 몰린 김 부장을 위해 네오C&C 주 팀장이 위로한다.

"그래도 자신들의 업무에 충실해서 좋아 보이는데요."

원칙주의자인 문 차장이 한마디 던진다. 하긴 이유 없는 변명이 없듯이, 이런 상황에 놓인 사람들이라면 다 이유를 제시할 것이다. 하지만, 당사자는 분명히 기분이 나쁠 것이다. 실수이든 고의이든 간에.

"자, 그만들 기분 푸세요. 제가 저녁을 사겠습니다."

네오C&C 주 팀장이 김 부장을 위로하려는 듯 식사 제안을 하자, 에덴 금속 김 부장은 좀 전에 무슨 일이 있었느냐는 듯이 대구사람 박 대리에게 한 마디 한다.

"소문난 대구탕 집이 어디 있는지 아세요?"

물론 계산은 LiW 법인 카드로 했다.

***

에덴금속 김 부장의 얼굴은 낮의 불쾌한 일들은 잊어버렸는지, 행복한 표정을 짓고 있었다. 소주 한 병은 마신 듯하였다. 어쩔 수 없이 네오C&C 주 팀장은 김 부장을 태우고 서울로 가는 길이었다.

"주 팀장님 덕분에 편안하게 돌아가네요. 주 팀장님은 애가 몇 인가요?"

"저는 딸 아이 하나 있습니다."

"그래도 아이들은 2명은 있어야지 외롭지 않죠?"

"그런 말씀 마세요. 아이 하나에 들어가는 돈이 얼마인데요? 이제 초등학생인데도, 아이 교육비가 매월 100만원은 들어가고 있어요."

"하긴 그렇죠. 저도 중학생과 고등학생 한 명씩 있는데요, 2년 전부터 기러기 아빠가 되었습니다. 아내하고는 몇 년 전에 이혼하였고, 아이들은 미국에 계신 형님 댁에 보냈습니다. 저는 친어머니와 같이 지내고 있습니다."

직장생활 속에서 사생활들은 잘 이야기하지 않지만, 김 부장은 술이 들어가서 그런지 솔직하게 이야기를 한다. 많이 외로운 듯이.

"아이들이 많이 보고 싶으시겠네요?"

"이제는 아이들이 다 커서 그런지, 아빠의 존재가 그렇게 크진 않은 것 같습니다. 전화를 걸어도 몇 마디 하고나면 할 이야기가 없거든요. 어떤 때는 마치 폐품 취급당하는 기분입니다. 아니 오히려 반품에 더 가깝죠."

"반품이라뇨?"

"폐품은 더 이상 쓸모가 없지만, 반품은 환불이라도 되잖아요. 저 자신이 아직 아이들에게는 물주(物主)이거든요."

김 부장은 자신이 문득 반품 같은 인생을 살고 있다는 서러움이 들었다. 아니 오히려 반품처럼 다시 인생을 재생할 수만 있다면 얼마나 좋을까하는 생각도 들었다.

주 팀장은 가라앉은 분위기에 잠시 침묵을 지켰다. 시커먼 고속도로 위에는 눈을 부릅뜬 자동차들만 내달릴 뿐이었다.

"에덴금속은 반품된 제품들을 어떻게 처리하나요?"

주 팀장은 대화의 분위기를 바꾸었다.

"금속제품들은 상대적으로 튼튼하기 때문에, 별 고장이 없으면 재포장해서 사용하고 있습니다. 물론 긁히거나 찌그러지면 사용불가죠."

주 팀장은 대형할인마트에서 들어온 반품들을 많이 보았다. 기능에는 아무 이상이 없지만, 포장이 찢어지거나, 고객변심으로 인한 정상품(기능과 외관상에 고장이 없는 제품)의 반품들도 많이 있음을 알고 있었다.

"그래도 에덴금속은 재사용이 가능해서 다행이네요. 저희가 취급하는 LiW의 조명 같은 경우는 전량 폐기처분하고 있습니다. 반품량이 판매량의 5% 이상은 되는 것 같습니다. 특히 인터넷 쇼핑몰의 경우는 10%가 넘고요."

"에덴금속의 반품량도 그보다 더하면 더했지 덜 하지는 않을 것입니다. 특히 대형할인마트인 경우에는 반품에 대해서는 지나치게 관대한 것 같습니다. 아무리 고객 만족을 높인다고 하지만."

에덴금속 김 부장은 술이 조금 깨는 듯, 물을 한 모금 마셨다. 입을 쩝쩝거리며.

"김 부장님, 혹시 담배 피우고 싶으시면 피세요. 저도 군대 있을 때에 잠깐 담배를 피웠는데, 애연가들의 고충을 조금은 알고 있습니다."

네오C&C 주 팀장은 웃으면서 김 부장을 편하게 해주고 싶었다. 왠지 기러기 인생인 김 부장이 측은하다는 생각이 들었기 때문이다. 김 부장은 너무나 담배가 그리워서 창문을 조금 열고 불을 붙인다.

"주 팀장님도 잘 아시겠지만 기업들이 반품을 줄이려고 많은 노력을 하지만, 이미 발생한 반품에 대해서는 신경을 쓰지 못하고 있죠."

"맞습니다. 제품을 못 파는 것도 큰 비용으로 발생되지만, 반품을 회수하는 비용도 적지 않습니다. 많은 회사들이 반품 회수하는 것을 밥상에 숟가락 하나 더 얹듯이 생각하는 경우가 있습니다. 그냥 제품 공급하러 간 김에 돌아오는 길에 반품을 수거하는 식으로요."

에덴금속 김 부장도 반품을 수거하는 것이 간단한 것처럼 생각했는 듯 주 팀장을 쳐다보며 질문을 한다.

"대형할인마트의 반품 프로세스는 어떤 절차를 거치나요?"

"우선 고객들이 고객센터에서 반품을 시키거나, 매장 담당자들이 반품 신청서들을 작성합니다. 그러면 며칠에 한 번씩 공급업체별로 반품 리스트를 작성하여 수량과 품목을 확인한 후 물류센터의 반품 창고에 입고시킵니다. 말이 반품 창고이지 반품들이 너저분하게 낡은 포장박스 안에 섞여 있고, 너저분하게 박스들이 쌓여 있답니다. 그러면 공급업체들은 몇 주에 한 번씩 반품리스트를 종합하여 자신들의 반품들을 보물찾기 하듯이 찾아갑니다. 그런데 반품 품목과 리스트를 비교하는 작업이 쉽지 않습니다."

"아니? 그 많은 반품들을 일일이 리스트와 맞추어보나요?"

"실제로는 일일이 확인해야 되죠. 하지만, 반품들이 포장이 엉망인 채로 매장에 며칠 방치되고, 또한 몇 주를 물류센터에 방치되다보니 분실되는 경우가 허다합니다. 그래서 10개 반품하지만, 리스트 상에는 15개로 적힌 경우가 허다합니다. 또한 완제품 반납이 아닌 부분품만 반납되는 경우도 많고요. 그러다보니, 확인의 의미가 없습니다. 반품 부족하다고 대형할인마트에 따지는 사람들도 없으니까요."

주 팀장은 왼손잡이인 듯 왼손은 항상 핸들을 붙잡고 있었지만, 오른손은 허공을 오가며 말하였다.

"우리 에덴금속 같은 경우는 그나마 재활용 되는 경우가 있기 때문에 반품을 회수하여 가지만, LiW같은 경우는 반품을 찾아갈 필요가 없잖아요? 모두 폐기처분하니까요?"

"네, 맞습니다. 하지만 할인마트에서는 폐기처분비용도 생산자에게 떠넘기는 것이죠. 또한 얼마나 반품이 되는지 확인해야 하니까요."

"꼭, 돈 많은 사람들이 생색내듯이, 시험 때 밤새 공부한 학생들이 별로 안했다고 하듯이, 놀음에서 돈 딴 사람들이 본전이라고 시치미 떼듯이, 가진 사람들이 더하다니까요."

에덴금속 김 부장은 담배연기를 자동차 유리문 사이로 내뱉으며 이야기하였다.

"주 팀장님은 반품을 활용할 수 있는 제안이 없나요? 반품만 줄일 수 있다면, 원가도 절감할 수 있을 텐데요. 제품 판매가들에는 반품까지 고려한 가격이기 때문에."

"저도 여러 번 생각해보았지만, 특별히 뾰족한 방법이 없네요. 반품들이 애비 없는 자식처럼, 판매업체, 소비자, 공급업체, 물류업체 사이에서 떠 넘기다보니, 서로 책임지려고 하지 않아요. 외국에 어느 전문 할인점 같은 경우에는 기능이 이상이 없는 반품들을 중고 제품으로 판매를 한다고 하더군요. 하지만, 중고제품으로 판매할 경우 반대하는 공급업체들도 많아요. 브랜드에 대한 이미지 상실과 가격 질서가 엉망이 되기 때문이죠."

최근에는 역물류, 반품물류, 녹색물류 등에서 반품을 다루고 있지만 주로 회수나 포장, 재활용에 관련된 이론적인 내용들이 대부분이다.

"에이, 아예 기증을 해버리는 것이 좋겠네요. 지역의 사회복지시설이나 동사무소에 기증하여 어려운 이웃에게 무상으로 공급하면 좋은 일 해서 좋고, 기업입장에서도 반품 비용 줄이고 이미지도 살리고…"

무심코 뱉은 김 부장의 말에 주 팀장은 좋은 아이디어인 것 같다는 생각이 들었다.

'맞아, 지역에 기증하고 국가에서도 세금 혜택도 지원해주고…'

그때 창밖에 글자들이 밝게 비추고 있었다.

'안녕하세요. 여기는 서울입니다.'

15. B마트의 리뉴얼(Renewal) (3월 25일)

B마트 김 창근 MD/ 네오C&C 황 대리
네오C&C 사무실과 B마트 은평점

> **생각하기**
>
> 1. 덤(조금 더 주기) 문화와 프리굿(free goods, 공짜상품)에 대해서 생각해보시오. (긍정적, 부정적 측면에서)
> 2. 로스(loss, 제품 분실)의 발생 원인과 이를 방지하기 위한 방법들을 생각해보시오. 특히 로스가 발생하였을 때, 파악할 수 있는 방법을 생각해 보시오.

행사도 끝나고 행사 결과 보고서를 작성하느라 네오C&C는 매우 분주하였다. 특히 월말과 겹쳐 모두들 더욱 분주한 것 같다.

"여보세요. 네오C&C의 황 대리입니다."

황 대리는 한손으로 핸드폰 폴더를 열며 전화를 받는다.

"안녕하세요. 은평점 김 창근 MD라고 합니다. 이번에 새로 DIY 부문을 맡게 되었습니다."

"아, 안녕하세요. 이전에 문구담당이셨잖아요? 조 상철 MD님은 어디로 가셨나요?"

"조 상철씨는 그만 두셨습니다. 그래서 제가."

"네? 무슨 일로 갑자기?"

"나중에 만나서 이야기 드리고요, 이번에 행사 하시느라 수고 하셨습니다."

하긴 황 대리는 LiW 행사와 에덴금속 전 점 행사로 인해 지쳐 있었다.

"그런데, 행사도 끝나고 해서 리뉴얼(Renewal)을 하려고 합니다. 돌아오는 월요일에."

"아.. 리뉴얼이요? 월요일에요…"

행사로 인해 가뜩이나 지쳐있었는데, 리뉴얼이라는 소리에 등살이 싸늘해진다.

보통 주기적으로 각 매장들은 1년에 2~4번 리뉴얼 및 재고관리를 실시하는데, 일반적으로 동시에 진행을 한다. 리뉴얼은 제품의 진열을 다시 한다는 의미로, 판매가 부진하거나 더 이상 생산되지 않는 제품들은 퇴출시키고, 새로운 신상품이나 고객 호응이 좋은 제품들의 공간은 더 확보하게 된다. 또한 재고관리는 매장내의 재고(실재고)와 전산시스템 상에 있는 재고데이터(전산재고)를 맞추는 작업이다. 전산재고와 실재고의 불일치는 제품의 분실뿐만 아니라, 품절로 연결되어 판매기회를 잃어버리는 경우도 발생한다. 예를 들어 매장의 자동발주 시스템에서, 재고가 5개 남으면 10개를 공급하라고 주문을 발생시킨다고 가정하자. 그런데 전산재고 데이터는 6개 남았는데 실제 재고(실재고)는 모두 분실되어 하나도 없게 되면 주문은 계속 발생하지 않는다. 즉, 인위적으로 발견하지 않으면 영원히 빈자리로 남게 되는 것이다. 그래서 매장 내에서의 제일 큰 문제 중 하나는 로스(loss)이고, 이를 찾기 위해서 정기적으로 전수(全數) 재고검사를 시행하고 있는 것이다.

***

"안녕하세요. 김 창근 MD님, 앞으로 잘 부탁합니다."

황 대리는 저녁 11시가 지나서야 은평점 매장에 도착한다. 보통 리뉴얼이나 재고관리는 폐점한 밤 11시 이후부터 새벽 6시까지 진행된다. 비록 24시간 영업을 한다고 해도 이날 만큼은 폐점을 한다.

"EA에서는 안 오셨는데, LiW에서는 늘 많이 도와주셔서 감사드립니다. LiW를 책임지고 있는 네오C&C가 일 잘한다고 소문이 많이 난 것 같습니다."

김 MD는 말투가 부드러운 황 대리에게 좋은 인상을 갖고 있는 듯하다.

"그런데 전임 조 MD님은 어디로 가셨나요? 다른 매장으로?"

"조 MD님은 사업을 시작했습니다. 혹시 EA의 김 영도 과장이라고 아세요?"

황 대리는 비록 EA가 LiW의 경쟁업체이지만, EA의 사람들과도 친분이 있었고, 몇 번 도와준 적도 있었다.

"그 사람과 동업을 한답니다. 무슨 아이템인지는 저도 잘…"

김 창근 MD는 다른 업체 사람들이 자신을 기다리는 것을 잘 알고 있기에 본론으로 들어갔다.

"우선 LiW 제품을 모두 꺼내세요. 제가 자리 배치를 다시 하려고 하는데, 조명 제품들 자리는 조금 늘렸습니다."

손가락으로 해당 위치를 가리키며 해야 할 일들을 계속 설명한다.

"LiW가 여기 자리를 가지면 되겠네요. 그 옆은 EA가."

비록 EA에서는 아무도 안 왔지만, 동일 제품군의 사람들이 도와주는 것이 일반적인 관례이다. 물론 아무 대가 없이 도와주는 것은 아니다.

좋은 자리에 자신의 제품들을 걸고, 또한 경쟁업체의 자리 일부를 차지하기도 한다. 자리를 더 확보할 수 있다는 것은 매출과도 직결되는 것이므로 매우 큰 혜택이다. 이는 리뉴얼 작업을 도와주는 업체들에 대한 매장들의 묵시적인 보상이기도 하다.

"해당 자리에 제품들을 진열한 후, 저에게 확인을 받고 모바일 리더기로 각각의 제품들의 실재고를 입력하도록 하겠습니다. 그리고 이전의 전산재고와의 차이를 파악하여 나중에 개별적으로 면담을 갖겠습니다. 참, 가격표를 다시 출력하여 끼워두세요."

황 대리는 한참동안 묵묵히 관련 일들을 행한 후에, 김 MD의 확인을 기다리지만, 다른 업체들과 계속 이야기 하고 있어서 주위를 기웃거리던 참에, 옆 칸의 문구업체 직원이 말을 건다.

"힘드시죠. 저는 올해 입사해서 리뉴얼이 처음입니다."

"아… 네, 고생이 많으시군요."

"그런데 여기 있는 제품들의 개수와 데이터 상에 있는 수치는 왜 이렇게 맞지 않죠?"

"아, 전산재고와 실재고의 차이를 말씀 하시는군요. 그야 매장에서 관리가 잘 안되고 있다는 이야기죠. 전임 담당자가 좀 일을 못했거든요."

황 대리는 조 MD에 대한 앙금이 남아 있었는지 흉을 본다. 황 대리는 백 실장 흉내를 내며 설명한다. 이전에 백 실장이 전산재고와 실재고와의 관계를 회사에서 세미나를 한 적이 있기 때문에 황 대리도 잘 기억하고 있다.

"그 차이가 말이죠, 원인들이 매우 다양해서 길게 설명할 수 도 있지만, 간단히 말씀드릴게요. 만일 전산재고가 실재고보다 더 많으면 분실이 있음을 의미하고 이를 로스(loss)라고 하죠. 반대로 실재고가 더 많으면 고객이 제품을 가져가지 않고 계산만 하였다든지, 행사가 끝나고 회수해야 할 행사제품이 남겨져 기존 제품과 섞였다든지, 프리굳(free goods, 공짜제품)처럼 공급자가 여분의 제품을 주었다든지 등 여러 이유가 있을 수 있습니다."

"제품이 남는다면 별 문제는 되지 않을 것 같은데요. 부족하면 어떻게 하죠?"

"아니죠, 제품이 남는 것도 큰 문제입니다. 제품이 부족하다는 것은 고객과 깊은 연관이 있지만, 제품이 남는다는 것은 공급자와 매장 담당자들의 직무 태만이나 시스템의 오류라고 볼 수 있죠. 즉, 관련자들이 제품 공급 및 수거나, 매장관리에 신경을 쓰지 않고 있다고 유추할 수 있는 것이죠."

"그렇군요." 신입직원이 이해한 듯 고개를 끄떡인다.

"로스는 공급자나 판매업자의 수익에 매우 큰 영향을 줍니다."

"그렇겠죠. 제품이 없어졌으니, 매장으로서는 손실이 되겠네요."

"네, 그렇지만 보통 매장은 이런 손실을 공급자들에게 떠넘기고 있죠. 보통 부족한 부분들을 프리굳을 요구하거나 반품으로 요청하는 MD들이 많거든요."

황 대리는 MD들이 들을까봐 목소리가 점점 줄였으나, 상대방은 놀란 듯 목소리가 높아진다.

"네! 그게 무슨 말이에요. 매장에서 관리를 잘 못해서 제품이 없어진 것인데, 왜 공급업체들이 책임을 집니까?"

"그게, 유통업체의 힘이죠. MD들도 매장 관리 정도에 따라서 평가를 받거든요. 즉, MD들도 매장 관리에 대해서 윗사람들에게 좋은 평가를 받기 위해서는 어떻게 하든지 전산재고와 실재고를 맞추어 놓아야 하죠. 그래서 음성적으로 프리굿(free goods)을 요구하는 경우도 있지만, 합법적으로 보충하기도 합니다."

"합법적으로 보충한다니요?"

"반품의 경우가 그렇습니다. 보통 제품을 반품할 때 완제품을 반품해야 하는데, 분실량 때문에 완제품을 나누어서 부분품으로 만들어 반품하는 경우도 있습니다. 예를 들어서 장갑을 한 벌(왼손, 오른손 ; 두 짝)을 분실하였고, 한 벌은 반품한다고 가정합시다. 그러면 장갑을 한 벌 맞추어서 보내야 되지만, 한 짝씩만 보내서 두 개로 반품을 시킵니다. 로스를 메우려고요. 그러다가 분실된 제품이 창고(Back room)에서 발견되면 실재고가 전산재고보다 많아지는 경우가 발생하는 것이고요. 물론 공급업체들은 불만이 있지만 그냥 받아줍니다. 괜히 불평해서 좋을 것이 없으니까요. 이러한 MD들의 요청을 거절하여 괜히 밉보이게 되면 우리 제품의 매출에 직격탄을 맞게 될 수도 있거든요."

"아, 그래서 아까 우리 MD가 나중에 개별적으로 상담한다고 한 것이군요."

이제야 김 MD가 개별 상담을 한다고 한 이유를 알게 된 듯, 신입 직원은 씁쓸한 미소를 짓는다.

"재작년부터인가, 공정거래 위원회에서 이러한 행태가 불공정거래임을 지적하여 시정을 요구하였고, 그 후로 매장에서도 많은 노력을 한다고 하였지만, 덤(더 주는)을 주는 우리 문화에서는 쉽지 않죠."

황 대리는 김 MD가 다가오는 것을 보고 급히 대화를 마무리하며 기다린다. 김 MD는 LiW제품들을 보면서 다그친다.

"황 대리님, 지금까지 뭐했어요? 아직 가격 태그를 안 바꾸었잖아요?"

16. RFID 컨소시엄 (4월 10일)

에덴금속 박 예찬 이사, 김 부장/ 네오C&C 백 실장/ B마트의 이 동원 사장
삼성동 발표회의장

> **생각하기**
> RFID 시스템과 바코드 시스템에 대해서 알아보시오.

 백 실장은 아침에 에덴금속 박 예찬 이사, 김 재주 부장과 함께 삼성동 코엑스로 가고 있다. 백 실장은 그 동안 에덴금속의 박 이사의 부탁으로 김 부장과 함께 에덴금속 책임자로 이 프로젝트에 참석하였다. 처음에는 형식적으로 참여만 하면 된다고 해서 참여 했지만, 백 실장은 네오C&C가 나가야 할 길이 협력업체들의 문제를 적극적으로 도와주고 함께 실행 하는 것이 아닌가 생각하고, 뒤 늦게나마 적극적으로 동참하였다. 오늘 모임은 지난 1년간 B마트와 8개의 제조업체들이 컨소시엄을 구성해 연구한 RFID 결과 발표회에 참석하기 위해서다. 결과에 따라 후속 프로젝트의 진행이 결정된다.
 "김 부장, 이번 프로젝트가 성공적으로 끝났다고 생각하나?"
 박 예찬 사장은 미리 받은 결과보고서를 훑어보면서 김 재주 부장에게 물었다.

"처음보다는 많이 개선되었습니다. 지금은 태그(tag) 인식률이 70% 가량까지 나왔습니다."

"지난번은 50%도 안 되더니, 상당히 높아졌군. 그래도 여전히 기대에 못 미치는군. 70%가 아니라 99%가 된다고 해도 소용없는 일이니까."

"그래도 전 세계적으로 연구가 활발히 진행되고 있으니 곧 좋은 결과들이 나오겠죠."

"백 박사님은 이번 프로젝트에 대해서 어떻게 생각하나요?"

"네, 저도 당분간은 낙관적이지만은 않지만, 장기적으로는 어떻게든 활용이 될 것이라고 생각합니다."

세 사람이 이야기를 나누다가 어느덧 발표장에 도착한다. 박 이사는 앞자리 지정석에 앉고 백 실장과 김 부장은 빈자리를 찾던 중 LiW의 문 차장에게 눈인사를 하고 근처에 앉는다.

"RFID 인식의 한계점은 이미 밝혀진 바와 같이, 금속제품 뿐만 아니라 스낵류의 포장지와 물과 같은 액체 제품위에서의 인식의 한계점이 여전히 있습니다.……. 자료를 보시는 바와 같이, 현재 월마트는 2008년 말까지 미국 전 매장까지 확대한다고 하였습니다. 물론 아직까지

- 2005년, 공급업체 100개 점포
- 2006년, 공급업체 300개 점포
- 2007년 초, 공급업체 600개 이상/ 점포 1,000개 이상
- 2007년 말, 공급업체 700개 이상/ 점포 1,400개 이상
- 2008년 말, 미국 전 매장
- 2009년 초, 중국의 1,000여개 공급업체들의 의무적 부착
- 2009년 말, 전 세계 매장

실행은 되지 못하고 있지만, 많은 투자를 하고 있습니다. 공식적인 월마트의 발표에 의하면, 품절(제품이 모두 팔려 재고가 없는 상태), 15~20%, 결품(창고에 제품이 있지만, 진열하지 않음) 30%, 과잉주문 10~15%, 상품공급시간 60% 정도 감소되었다고 합니다[16-1]."

RFID 기초 원리 및 월마트에 관한 내용만 1시간 가까이 발표하는 모습을 보면서 '본론이나 이야기하지' 생각하며 백 실장은 지루해 한다.

"현재까지 연구 결과는 박스 포장에서 RFID 태그 위치에 따라 인식률이 달라짐을 발견하게 되고, 인식이 제일 잘되는 위치를 찾았으며 또한 복수개의 태그를 붙이는 경우도 고려하고 있습니다. 아직 많은 어려움이 있지만, 계속적인 지원과 관심이 필요합니다. 감사합니다. 혹시 질문 있으시면……."

발표자의 발표가 끝나자 잠시 조용해진다. 마치 '좋은 것이 좋은 것'인 양 그냥 이해하고 있는 듯하다.

"인식률이 나쁜데도 월마트는 어떻게 전 매장에 확대하고 있는 건가요?"

어느 사람이 침묵을 깨며 질문을 한다.

"네, 월마트도 아직 팔레트와 박스차원에서만 적용하고 있습니다. 즉, 물류센터 중심으로 적용되고 있지만, 아직 매장 내에서는 큰 효과가 없습니다. 하지만 계속해서 개별 제품에 RFID 태그(tag)를 확대 적용시키기 위해서 계속 연구가 진행 중에 있습니다, 어느 논문에서는 100% 가까이 개별 제품을 인식하였다고 발표하고 있습니다. 물론 인위적으로 실험실을 매장처럼 꾸며 놓은 곳에서의 결과이지만요."

백 실장도 그 논문을 읽어보았지만, 실제 현장에서 얻은 결과가 아니라 인식이 잘되도록 고안된 실험실 환경에서 얻은 결과였다.

"그래도 월마트가 상품공급 시간이 60%나 줄였다니, 대단한데요."
질문보다는 어떤 청강자(聽講者)의 감탄이었다. 아마도 뚜렷한 성과가 없자 불안해하는 프로젝트 책임자 중에 한 사람인 듯하다.

백 실장은 결과에 대해서 크게 기대하지도 않았지만, 오히려 저조한 결과에 아무런 이의를 제기하지 않는 사람들에 대해서 놀란다. 아니 오히려 모두들 계속 연구가 지속되어야 한다는 무조건적인 동의를 하고 있는 듯 한 느낌을 받았다.

앞으로도 계속 지원해달라는 의미의 맺음말과 함께 '드르륵' 거리며 끌리는 의자 소리로 인해 발표장의 적막감이 깨진다.

"백 실장님, 그런데 이 프로젝트를 계속 지원해야 하나요? 얼마 전에 Y마트도 수익성이 없다고 중단하였는데요."

옆자리에 앉은 에덴금속 김 부장이 묻는다.

"참, 저도 그 이야기를 들었어요. 유명 제분 회사도 포기한다고 하던데요."

문 차장도 옆에서 끼어든다. 에덴금속 김 부장은 반갑게 LiW 문 차장에게 고개를 끄덕이며 미소를 짓는다.

"도대체, 누구 말이 맞는 건지? 어디서는 좋은 결과를 얻었다고 하고, 어디서는 포기한다고 하고. 신문에서도 연일 중요하다고 떠들지만, 성공사례들이 별로 없으니."

김 부장이 투덜대지만, 미소를 잃지 않으려 노력한다. 문 차장을 의식한 듯하다.

"성공사례가 아주 없는 것은 아닙니다. 어떤 제조업들과 공공기관에서는 좋은 결과가 나왔다고 합니다."

백 실장은 옹호하는 말은 하였지만, 머릿속에는 'B마트는 계속 투자를, Y마트는 투자 중단……. 누가 맞는 것일까?'하며 계속 뭔가가 얽히고 있는 것 같은 느낌이 든다.

"백 박사님, 인사하시죠? B마트의 이 동원 사장님입니다."

갑자기 에덴금속 박 이사가 B마트의 거물, 유통업의 거물인 이 사장을 소개하는 것이다.

"인사드립니다. 네오C&C의 백 명기라고 합니다. 저는 사장님을 매스컴을 통해서 여러 번 뵈었습니다. 참으로 영광입니다."

경직된 백 실장의 인사에 이 사장은 가볍게 웃으며 반갑다고 악수를 건넨다.

"이 사장, 백 박사는 나이는 젊지만 믿을만한 사람이야. 더군다나 공학박사이고. 앞으로 잘 부탁하네. 그리고 여기는 우리 회사의 김 부장이고…"

백 실장은 에덴금속의 박 이사가 자신을 소개시켜 준 것에 대해 무한한 감사로 생각한다. 아니 감격했다. 이 사장은 물류·유통 분야의 거물로써, 정부와도 많은 활동들을 하고 있다. 짧은 시간동안 서로 소개하고 에덴금속의 박 이사와 B마트의 이 사장은 옆 무리의 사람들에게로 다가가 악수하며 자리를 옮긴다.

"박 이사님과 B마트의 이 사장님은 고향친구이자 고등학교 동창이라고 합니다. 저도 처음에는 안 믿었는데."

김 부장도 놀라면서 궁금해 할 것 같은 백 실장에게 먼저 알려준다.

"어쩐지……."

백 실장은 이 사장을 꼭 다시 만날 것 같은 예감이 든다. 아니 꼭 만나야 된다고 생각하고 있는 듯하다.

아이(愛) 이야기 (엄마의 오해)

나에게는 미숙이라 불리는 예쁜 딸이 한 명 있다. 미숙이는 아버지의 얼굴조차 기억을 하지 못한다. 시장바닥에서 생선과 나물들을 팔면서 하루하루를 보내지만, 예쁜 미숙이의 얼굴만 보면 모든 피로가 풀리는 듯했다. 눈에 넣어도 안 아플 것 같은 미숙이가 어느덧 초등학교에 들어갔고, 방과 후에는 미술학원에 다니기 시작했다.

갑자기 오전 늦게부터 가을비가 내리던 어느 날, 나는 우산을 가져가지 않은 미숙이를 위해 미술학원 앞에서 우산을 들고 기다리고 있었다. 그런데 미숙이가 3층 창문을 통해 내가 온 것을 알고는, 계속해서 얼굴을 창문 밖으로 빼꼼빼꼼 내밀며 나를 훑어보곤 하는 것이었다. 나는 미숙이를 향해 손을 흔들었지만, 미숙이는 고개만 내밀뿐 아무런 반응이 없었다. 학원시간은 끝났고, 다른 친구들은 모두 내려왔지만 미숙이는 내려오질 않았다. 계속 창문으로 나만 바라볼 뿐이었다. 문득 '나를 부끄러워하는 것이 아닌가?' 하는 생각이 들었다. 나는 주위를 가만히 돌아보니 다른 엄마들은 멋진 자가용을 몰고 와 자녀들을 태우고 있는 것이었다.

갑자기 내 자신이 초라하다는 생각이 들었다. '그래 그럴 수도 있지. 엄마에게 생선냄새가 나는데.' 나는 비도 그치고 해서 발걸음을 시장으로 옮겼다. 하지만 내심 슬펐다. 모든 것을 잃은 것처럼.

며칠 동안 나는 기쁨이 없었다. 몸도 종종 아팠다. 그러던 어느 날 미숙이의 초등학교에서 연락이 왔다. 미숙이가 경기도에서 주관하는 미술대회에서 우수상을 받았고, 그림 전시회가 있다고.

나는 미숙이가 부끄러워 할까봐 가장 좋은 옷을 골라 입고 미숙이의 학교로 갔다. 그리고 미숙이가 그린 그림을 바라보았다. 그림의 제목은 '우리 엄마'였다. 미숙이가 그린 그림은 우산을 들고 있는 나의 모습이었다.

"엄마! 내가 얼마 전에 미술학원에서 우산을 들고 있는 엄마모습을 그린거야."

나는 갑자기 주책없이 눈물이 흘러나왔다. 세상에서 가장 행복한 눈물을! 세상 모든 것을 얻은 것 같은 기쁨!

나는 사랑하는 미숙이를 꼭 껴안아 주었다. 그리고 사랑스럽게 말했다.

"미숙아, 하늘만큼 사랑한다."

17. 텔레코드 제품 분석 (4월 15일)

텔레코드 전 사장, 김 이사, 박 부장 / 네오C&C 백 실장, 황 대리
남양주시 있는 텔레코드 공장

> **생각하기**
> 고객 만족과 제품의 다양성의 관계를 생각해 보시오

　백 실장은 1/4분기 매출분석 보고와 향후 전략을 제안하기 위해 황 종철 대리와 함께 텔레코드를 향한다. 여전히 텔레코드의 자금 상황이 좋지 않지만, 백 실장은 어떻게 해서든지 텔레코드를 도와주고 싶었다. 날씨도 백 실장을 격려하는 듯 화창했다. 너무도 좋은 날씨라 백 실장은 손수 운전을 한다. 강원도로 가는 길목이라 그런지 평창 올림픽 유치를 위한 게시판들이 많이 보였다. 몇 번 동계올림픽 탈락의 고배를 마신 평창이지만, 여전히 유치하기 위한 의욕은 높은 듯하였다.

"날씨가 이렇게 따뜻한데 겨울에 눈이나 제대로 올지 모르겠네."

"하긴 요사이 겨울들이 너무 따뜻해졌어요."

"황 대리는 결혼 안 해."

"결혼을 혼자 하나요?"

"내가 소개시켜 줄까? 요사이 교회에 올드미스들이 많은데."

"아직 제가 준비가 안 되어서요. 더군다나 제가 장남이라."

36살에 늦장가를 든 백 실장은 황 대리의 기분을 이해할 만하다. 백 실장도 한 가정의 가장이 되기 위해서는 몇 가지 갖추어야 할 책임이 있다고 생각했기에 결혼을 미루었던 것이다. 무엇보다도 전세 값 정도는 준비가 되어야 된다고 생각했었다. 물론 부모님들이 여유가 있어서 준비를 해 주시는 경우도 있지만, 백 실장의 가정환경은 그렇지 못했다. 백 실장의 아버지는 옛날에 대학까지 나오신 수재이셨지만, 계속된 사업의 실패로 백 실장은 늘 가난 속에서 학창시절을 보내야만 했었다. 그래서 철들지 않은 학창시절에 '부모가 되려면 최소한 자식들은 고생시키지 말아야 되는 것 아닌가! 그렇게 못 할 거면 낳지나 말지!' 하는 반항심이 많았었다. 중학교 시절에는 백 실장은 늘 울면서 학교에 등교하곤 하였다. 버스비 65원이 없어서 안타까워하는 부모님과 매일 싸웠기 때문이다. '내가 남들처럼 나이키, 프로스펙스를 사달라고 하는 것도 아닌데.' 하며 자신이 세상에서 제일 불쌍한 사람처럼 생각했던 시절이었다. 지금은 세상 속에서 돈을 번다는 것이 얼마나 힘든지 잘 알기에 부모님들의 마음을 잘 이해하고 있고, 늘 죄송스러운 마음이 가득하였다. 물론 백 실장은 신앙생활을 하면서 이러한 쓴 뿌리들이 모두 제거되었다고 생각했지만, 막상 자신의 결혼 문제를 생각할 때는, '최소한의 외형적인 조건'들을 갖춘 후에 결혼하자는 생각들이 강했었다. 결국 36살 늦장가를 갈 때, 이런 조건들을 모두 갖추지 못했지만, 사랑하는 사람이 생기니 결혼해야겠다는 무식한 믿음이 생겼던 것이다.

"더군다나, 백 실장님도 잘 아시겠지만, 여자들이 장남과 결혼하면 부모님을 모셔야 한다는 책임감들 때문에 싫어하잖아요."

"세상에 장남 없이 차남을 낳을 수 있는 여자 있으면 나오라고 그래!"

백 실장도 이해는 되지만, 여자들의 너무 이기적인 생각인 것 같았다. 일반적으로 여자들이 부모님을 모시는 것에 대한 거부감은 군대 끌려가는 훈련병의 심정보다도 큰 것 같다. 물론 지금 결혼한 백 실장도 분가해서 살고 있다.

"황 대리, 조건이 준비된다고 바로 결혼할 수 있는 것은 아니니까, 우선 한번 여자라도 만나봐."

"여자 싫어하는 남자도 있나요? 하지만, 그럴 여유도 없는 것 같아요. 야간 근무도 많고, 주말에도 좀 쉬려고 해도 교회 봉사하랴, 모임 참석하랴, 개인적인 시간이 거의 없는 것 같아요."

신실한 황 대리는 분주한 생활이 힘겨워 하는 것도 같았지만, 언제나 평안하고 깨끗한 영혼의 소유자처럼 느껴졌다. 백 실장은 황 대리에게 많은 월급을 주지도 못하면서 부려먹는 것 같아서 미안한 마음이 들었고, 황 대리 같은 직원들을 위해서라도 네오C&C가 망해서는 안 된다고 생각하였다. 나 하나 망하는 것이 아니라, 직원들은 물론 그들의 가족의 생계까지 걸린 문제이기 때문이다. 백 실장은 황 대리에게 꼭 좋은 사람을 소개시켜줄 것을 약속한다. 그러는 사이에 어느덧 텔레코드에 도착한다.

***

비서를 통해 전 진 사장 방으로 안내받은 백 실장과 황 대리는 의자에 앉아 뭔가 결재하는 전 사장에게 인사를 건넸다. 전사장은 수염을 못 깎아서 그런지 매우 초췌해 보였다.

"멀리 오시느라 수고했네."

"B마트 바이어가 텔레코드에 대해서 안부를 묻더군요. 요사이는 연락이 없다고 궁금해 합니다."

백 실장도 텔레코드가 매장 관련 일에 좀 소홀하다는 느낌을 받았는데, 아마도 어려운 재정 때문에 많은 신경을 쓰지 못한 것으로 추측하고 있었다.

텔레코드 전 사장은 김 채종 이사와 재무 관리자인 박 학현 부장을 호출한다. 전 사장은 6개월가량 네오C&C에게 지불하지 못한 대금에 대해서 크게 미안한 마음을 가지고 있는 듯 하였다.

"백 실장, 미안하게 되었네. 네오C&C도 사고를 당해서 어려울 텐데. 나 같았으면 이렇게 대금 결제를 안 하면 깽판을 부렸을 텐데… 끝까지 함께 해주어서 고맙네."

백 실장은 오늘은 강하게 독촉하려고 했는데, 텔레코드 전 사장의 말에 아무 말도 못한다. 하지만 백 실장은 텔레코드에 변화의 바람이 일어나도록 도와주고 싶었다.

"백 실장님이 보내 주신 보고서 잘 읽어 보았습니다. 크게 반품분석과 제품 종류의 문제인 것 같더군요. 우선 반품에 대해서는 보고서 내용처럼 그런 문제가 생길 수 있음을 동의합니다."

김 이사가 보고서의 내용을 숙지한 듯하였다.

"네, 김 이사님. 반품된 멀티탭들을 분석해 보았더니 대부분은 정상품입니다만, 반품의 원인을 두 가지로 요약할 수 있었습니다. 첫째는, 고객들이 멀티탭 내부에서 발생되는 스파크(불꽃) 때문에 걱정이 되어서 고장으로 오해하고 반품한 것 입니다. 누드 제품이다 보니까 내부에서 발생되는 스파크가 잘 보이거든요."

반품 분석 보고서는 1주 전에 네오C&C 황 대리가 작성한 것이라, 황 대리가 답변하였다.

"아마 그게 저희 제품의 장점인데, 단점으로 오인된 듯합니다. 원래 멀티탭은 모두 안에서 스파크가 발생됩니다. 단지 내부가 안보여서 모르고 있는 것이지요. 저희가 누드 제품을 개발한 것은 기술에 자신이 있어서 내부를 공개한 것입니다. 그런데 그것이 오히려 부작용을 가지고 오는 군요."

기술 지향주의자인 김 이사는 시장의 반응에 이해가 안 되는 듯 의아해 하였다.

"기술적으로 아무리 뛰어나더라도 시장이 거부한다면 어쩔 수 없는 것이죠. 그래서 누드제품 말고 일반 제품처럼 불투명하게 하는 것이 어떨까요?"

백 실장의 제안에 김 이사는 검토해 보겠다고 말한다.

"실장님, 만일 불투명 제품으로 간다고 하면 경쟁사와 차별화가 약한 듯해요. 텔레코드 제품들의 가격은 경쟁업체에 비해 거의 두 배나 비싸거든요."

"그런 부분이라면 저희 제품은 타 제품에 비해 안전성이 뛰어납니다. 불안정한 전력이 공급될 때는 전원을 차단해주고…. 전기제품이다 보니, 안전이 중요하고…"

기술에 자부심이 대단한 김 이사가 답변을 하였으나, 황 대리가 말을 끊고 끼어든다.

"김 이사님의 말씀처럼 텔레코드의 기술이 뛰어나다는 것은 동종업체들은 모두 알고 있습니다. 하지만 고객들은 그렇지 않거든요. 즉, 왜 가격이 두 배나 비싼지를 설명할 수 있는 가시적인 특징이 필요합니다."

현장을 많이 다니던 황 대리의 좋은 제안에 백 실장은 오히려 흐뭇해한다.

"황 대리의 의견이 맞는 것 같습니다. 좀 더 차별화 될 수 있는 뭔가가 필요할 것 같군요."

"그러면, 반 누드로 가는 것은 어떨까요? 물론 내부에 스파크가 발생함은 정상적인 현상이라는 설명을 추가하고요, 또한 기술의 자신감으로 내부를 공개한다는 점을 좀 더 강조하면 될 것 같은데요. 또 전력 절감효과도 같이."

황 대리의 자신감 있는 목소리에 모두들 공감하는 표정이었다.

"괜찮은데."

전 사장은 물론 김 이사도 찬성하였다. 백 실장은 황 대리의 컨디션이 좋은듯하여 계속 발표하도록 사인을 보낸다.

"두 번째 원인은 바로 포장의 문제입니다. 멀티탭이 생각보다 무거운데, 특히 5M 전선길이의 6구 멀티탭은 1Kg이 넘거든요. 그래서 제품 무게를 포장이 견디지 못해 포장이 터져서 미관상 좋지 않습니다. 고객들도 포장 불량인 제품들은 뭔가 이상이 있을 거라 생각하고 구입하지 않거든요."

"포장을 바꾸는 것은 원가 상승을 가지고 오게 되는데…"
전 사장이 원가 상승 요인이라며, 고개를 절래절래 흔들고 있어, 백 실장이 지원 사격을 한다.

"저가의 제품이라면 비용 상승에 더욱 신경을 써야 되지만, 텔레코드의 제품은 고가의 제품입니다. 매장에서 발생되는 반품 비용은 생각 이상으로 크고, 반품된 제품은 대부분 재포장해서 나가기 힘듭니다. 일반적으로 매장에서는 반품관리가 잘 이루어지지 않고 있고, 반품들을 험하게 다루고 있기 때문에 중고품으로 판매를 하거나 폐기 처분해야 합니다."

전 사장과 김 이사, 박 부장 모두 수긍은 하지만, 포장비로 인한 원가 상승에 걱정하는 눈치들이다.

"포장 이야기가 나와서 한 가지 더 말씀 드릴게요."

황 대리가 매장들을 순회할 때 발견했던 문제점을 지적한다.

"텔레코드의 제품들은 모두 매장의 후크(hook)에 걸립니다. 보시는 바와 같이, 후크에 걸 포장지의 구멍의 위치가 상단 정 가운데에 뚫려 있습니다. 외형적으로는 올바른 위치이지만, 텔레코드 제품은 약간 왼쪽이 더 무겁습니다. 그래서 진열대에 걸면 모두들 왼쪽이 좀 기울어져 있어 보기가 좋지 않습니다."

"음. 포장 구멍까지도 함부로 뚫어서는 안 되겠군"

전 사장이 동의하며 포장 개선은 따로 연구하자고 말하면서, 다음 안건으로 넘어가기를 요구한다. 이에 백 실장은 다른 PPT 자료를 띄우며 설명하기 시작한다.

멀티탭 종류 (총 80종류)
- 색깔별 : 파란, 하얀, 노랑, 빨강, 녹색
- 코드 개수: 2구, 3구, 4구, 6구
- 전선길이 : 1M, 1.5M, 3M, 5M

"다음은 제품 종류에 대해서도 말씀 드리고 싶습니다. 현재 멀티코드는 하얀색(무색), 파란색, 빨간색, 녹색, 노란색 등 5종류의 색깔의 멀티탭이 있습니다. 매출액 순으로 나열하면, 파란 39% 〉 하얀 18% 〉 노랑 17% 〉 빨강 16% 〉 녹색 10% 순이죠. 거의 40% 가량이 파란색이

고요, 녹색은 가장 낮은 10% 정도를 차지하고 있습니다. 그런데 멀티탭의 종류가 너무나 다양화되어 있습니다."

백 실장은 화려한 막대그래프로 가득 찬 자료를 보이면서 설명한다.
"멀티탭은 코드를 꽂는 구멍 수에 따라, 2구, 3구, 4구, 6구 등 4종류로 나누어지고, 전선 길이에 따라 1M(meter), 1.5M, 3M, 5M 등 4종류로 나누어지고 있습니다. 즉, 5종류의 색깔, 4종류의 코드 수, 4종류의 전선 길이 총 80종류나 되고 있습니다. 물론 멀티탭 이외에 스위치(switch) 등 20여종 이상이 있지만, 주력 상품만 살펴보겠습니다."
백 실장의 설명에 김 이사가 중간에 끼어든다.
"그 문제는 이전에 개발팀에서 토론한 적이 있습니다. 누드제품이다 보니 한 가지 색으로만 생산하는 것이 너무 촌스러워서 산업디자인 전문가에게 의뢰하였더니, 연령층과 남녀 등을 고려하여 5가지 색깔이 좋다고 조언을 받았습니다. 또한 제품의 사용 용도에 따라 냉장고나 세탁기처럼 고 전력이 요구 되거나 고가의 제품인 경우에는 2구가 적합하고, 컴퓨터는 많은 주변기기 때문에 6구가 적합하죠. 또한 전선 길이는 사용처에 따라서 다른데, 전선 길이가 너무 길어도 미관상 지저분하고, 너무 짧으면 사용할 수 도 없고…."

계속해서 제품마다 타당함을 변호하는 듯 김 이사가 설명을 한다.
"저도 고객을 위한 김 이사님의 생각은 전적으로 동의합니다. 하지만 저의 아들 동화책에 이런 우스꽝스러운 이야기가 나옵니다. 토끼 같은 눈, 사슴 같은 코, 병아리 같은 입을 원하던 아이가 그렇게 변하였더니 괴물이 나오더군요. 마찬가지로 각각의 측면에서만 생각한다면 옳을 수 있지만, 종합해보면 전혀 엉뚱한 결과가 나올 수 있음은 새로운 사실도 아닙니다. 이러한 지나친 다양화가 과다 재고의 원흉(元兇)

입니다. 또한 고객을 위해 다양한 제품들을 만드는 것은 당연한 자세이지만, 지나치게 다양한 품종은 오히려 고객들을 혼란케 할 수 있습니다. 실제로 파란색을 제외한, 4가지 색은 매출의 큰 차이가 없습니다. 이는 고객의 만족을 더한다고 생각하기 보다는 크게 선호하는 색깔이 없다고 해석됩니다."

이번에는 백 실장이 김 이사를 설득 시키듯 항변하였다.

"만일 고객들의 필요가 있다면 다른 방향으로 생각할 수 도 있습니다. 가령 4종류의 전선줄 중에서 1M와 2M 길이의 멀티탭만 생산하고, 2M 혹은 3M짜리 연장전선을 출시한다면 제품 종류가 80종류에서 '5x2x4(색깔x선x품종)' 40종류로 줄일 수 있고, 또한 제품 색깔도 5종류에서 가장 매출이 부진한 녹색 한 종류만 더 줄인다면 32(4x2x4)종류까지 줄일 수 있습니다. 물론 저는 제품 색깔은 3종류만 남기기를 희망하지만요."

"저도 백 실장님 의견에 동의합니다."

황 대리가 의자를 당겨 앉으며 거들었다.

"보통 한 박스에 20개씩 들어 있는데, 녹색 멀티탭의 경우는 한 매장에서 한 박스를 다 팔려면 3달가량 걸립니다. 그러다보니, 분실되는 것도 많고, 포장이 느슨해지는 경우도 많아 반품으로 연결되고요."

"어느 보고서에 의하면 품종을 50% 줄이면, 제품당 생산성이 30% 향상되고, 제품당 비용도 17% 줄어들었다고 합니다[17-1]. 저희도 같은 분석결과가 나왔습니다. 만일 품종을 현재 80 종류에서 32종류로만 줄인다고 해도 매출에 큰 영향 없이 재고를 절반가량 줄일 수 있습니다. 생산성 향상과 비용절감은 제쳐둔다고 해도."

백 실장은 몇 가지 수치 자료를 보여주며 재고를 줄일 수 있다는 말에 전 사장이 눈을 크게 부릅뜬다.

"백 실장! 진짜 재고를 반도막 낸다는 거지."

확인 질문에 강한 자신감으로 백 실장은 고개를 끄덕이며, '더 줄일 수도 있다'고 말하고 싶지만 참는다.

전 사장은 회의 자리에서 일어나 자신의 책상으로 걸어가 앉으며, 엉성한 포장과 지나친 품종 개선과 반 누드 제품 개발을 김 이사에게 지시한다. 그리고 말한다.

"만일 백 실장의 말대로만 된다면, 우리 회사의 모든 영업을 네오 C&C에 위임하겠네. 우리는 생산만 하고."

18. 시스템 적용과 재고변동 (4월 15일)

텔레코드 김 이사, 박 부장 / 네오C&C 백 실장, 황 대리
남양주시에 있는 텔레코드 공장

생각하기

1. 신기술 도입이 기업에 미치는 영향은 무엇인가.
2. 신기술 도입이라는 시대적인 흐름에 기업은 어떻게 대응하여야 하는가?

점심 후 네오C&C의 황 종철 대리는 회의실을 구경하다가, 최근에 만들어진 텔레코드 회사 브로슈어(brochure)를 살펴본다. '산업자원부 장관상', '벤처 인증', '특허증', '중국 지사 오픈', '품질인증', 'ISO 9000' 인증과 더불어 'PSE', 'JIS', 'ANSI', 'EMI', 'EMC' 등 알지 못하는 약자들이 많이 적혀있었다. 무슨 약자일까 잠깐 생각하다 문득 'ERP 시스템 구축'이라는 문구가 눈에 띄어 텔레코드의 시스템 구축이 어떻게 되고 있는지 김 채종 이사에게 물어본다. 대리와 이사가 단 둘이 대화하는 것도 일반적인 것은 아니지만, 친절하게 답변해주는 김 이사의 모습을 통해 겸손함을 알 수 있다.

"생각처럼 쉽지 않습니다."
"처음에 시스템을 셋업해서 출력 보고서들을 받아 보았습니다. 몇

시간씩 수작업으로 하던 것이 순식간에…. 또한 보고 자료들이 매우 반듯하고 몇 가지 자료만 입력하면 신기하게도 결과가 쭈루르륵…….."

김 이사는 자신이 한심한 듯이 이야기 하다가 백 실장과 박 부장이 들어오는 것을 본다.

"그런데 이전에는 중요하지 않게 생각하거나, 자료 없이도 작업자가 해결할 수 있는 문제였는데, 시스템이 운영되고 나니 세세한 데이터까지 중요하게 되어 버리더군요. 그것 때문에 데이터를 준비하느라 많이 애먹고 있습니다."

"그럼, 지금 ERP시스템이 운영 되고 있나요?"

황 대리가 ERP 시스템에 대해 이야기 하고 있음을 백 실장에게 넌지시 알린다.

"네, 돌아가고 있습니다. 완전하지는 않지만…" 계속 김 이사가 이야기 한다.

"회사 입장에서는 공장이 도심에서 떨어져 있어 필요한 작업자들을 구하는 것이 큰 문제이었기에, ERP 시스템 도입으로 공수(작업자 수)가 줄어들 수 있다는 말에 많이 기대했는데… 물론 일부 작업자의 작업 사이클 타임은 줄어들었지만, 그렇다고 해서 해당 작업이 없어지는 것이 아니잖아요. 즉, 8시간 작업하는 사람의 일을 5시간으로 줄여 놓았다고 해서 작업자의 임금을 적게 준다거나 해고할 수는 없잖아요. 오히려 잉여인력만 남게 되었죠. 물론 다른 일을 시킬 수도 있지만, 작업자들은 자기가 하던 작업만을 고수하면서 다른 일들은 하려고 하질 않아요. 또한 큰 문제는 우리가 중요하게 생각하지 않은 것은 시스템이 처리를 해주는데, 막상 우리가 중요하게 요구하는 것들은 얻기가 어려운거에요. 이제는 일 처리의 통제권은 우리가 아닌 시스템이 가져가

버렸습니다. 우리의 생각에 상관없이, 시스템이 필요하다면 해야만 하는 것이고, 시스템이 못하는 것은 중요하지 않은 것이고, 시스템이 결과로 보여주면 그냥 옳은 것이 되어버렸습니다."

"어떤 일들이 있는데요? 좀 구체적으로……."

백 실장의 질문에 시스템 운영 책임자인 박 부장이 끼어든다.

"가령, 대형할인마트와의 거래에서 생기는 많은 문제점들이 있는데, 그중에 우리가 가장 원하는 것은 판매데이터와 재고데이터죠. 가장 중요한 정보이거든요. 오늘 부산 점포에서 얼마나 팔렸는지… 그러한 판매데이터를 기본으로 생산계획 및 재고관리도 할 수 있잖아요? 그런데 Y마트, B마트의 VMI(vendor managed inventory) 시스템들과는 연동(連動)이 안 되는 겁니다. 단지 우리 ERP 시스템은 몇 개 생산했고, 몇 개 출고했고, 몇 개 남았느냐 만을 알려 주거든요. 최종 판매데이터와는 상관없이 말입니다. 물론 저도 당연히 이해가 가요. 다른 회사 시스템과 함부로 통합할 수는 없으니까요. 정작, 가장 중요한 판매데이터는 일일이 점포별로 제품에 따라서 모니터링 해서 수작업을 해야 하죠."

"하지만, 박 부장님. 최근에 B마트에서는 점포별로, 제품별로, 일자별로 데이터를 집계할 수 있잖아요?"

황 대리도 수시로 매장의 VMI 시스템을 접근하기 때문에 잘 알고 있었다.

"황 대리도 잘 알잖아요. B마트와 Y마트처럼 큰 점포들은 얼마 전부터 그런 서비스를 신청하면 얻을 수 있지만, 다른 마트들은 그렇지 못해요. 그냥 점포별로 일일 판매 금액만 알 수 있다든지, 심지어는 자체 VMI 시스템이 없는 곳도 많아요. 또한 Y마트의 서비스의 경우도 문제가 있습니다. Y마트는 웹상에서 판매데이터를 가공해서 파일로 저장할 수 있는데, 만일 매일의 판매수량을 파악하기 위해 100개나 되는 점포들의 제품별-일자별로 가공해야 되거든요. 즉, 매일 제품별로 파일을 생성하거나, 점포별로 파일을 생성해서 다운(down) 받아야 합니다. 웹 속도도 엄청 느린 곳에서."

황 대리와 백 실장도 잘 알고 있는 사실이다. 그래서 네오C&C에서도 아르바이트생을 고용해 Y마트의 판매데이터를 매일 모니터링을 하고 있다. 더욱이 웹상에서 데이터를 가공하는 것은 많은 시간이 걸리며, 많은 시행착오를 통해 얻고자 하는 데이터를 얻을 수 있어 쉽지 않은 작업이다.

"맞아요. 심지어 어느 대형할인마트와 유명 백화점은 자체적인 VMI 시스템도 갖고 있지 않고, 정보제공 서비스업체를 이용하고 있잖아요. 하지만 텔레코드는 자체 공장에서 재고를 관리할 수 있잖아요? 즉, 대형할인마트의 판매데이터와는 상관없이 출고한 물량을 체크하면 되잖아요."

황 대리의 질문에 박 부장이 답변한다.

"하지만, 제품들을 매장에 납품할 때 '직(直)매입'과 '위탁(委託)매입 혹은 특정매입'이 있고, 텔레코드는 특정매입 방식으로 거래하고 있는 대형할인마트도 있고, 직매입 방식으로 거래하는 곳도 있잖아요."

"직매입?"

김 이사가 문득 새로운 용어에 궁금해 한다.

"음, 간단히 설명하면요, 직매입은 B마트가 공급업체들로 부터 제품을 구입하여 대형할인마트가 판매를 하는 것이고요, 특정매입거래는 위탁매입거래라고도 하는데 매장의 공간만을 빌리는 것뿐입니다."

"그런데 그게 무슨 상관이지?"

김 이사가 박 부장에게 되묻자, 박 부장은 대충 그림을 그리며 설명한다.

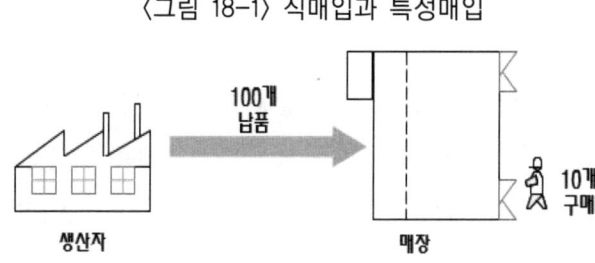

〈그림 18-1〉 직매입과 특정매입

"이사님, 그림처럼 저희가 Y마트에 100개를 납품하고, 고객이 10개의 제품을 구입했다고 가정하죠. 만일 우리가 Y마트와 직매입 거래를 한다면, Y마트가 100개 가져갔으므로 우리는 100개의 납품비를 받습니다. 만일 특정(위탁)매입 조건으로 거래를 한다면, 우리는 고객이 구매한 10개의 제품 판매비만 받게 되는 거죠."

"그러면, 매장 내에서 분실되는 것은 누가 책임지나?"

"물론 특정매입이라면 공급자가 책임을 지는 것이지요. 대형할인마트는 공간만 빌려준 것이기 때문입니다."

"요런, 도둑놈들이 있나?"

점잖은 김 이사가 흥분하였다. 가뜩이나 중소기업체라는 서러움들을 많이 느끼고 있는 김 이사는, 판매업자들이 지나치다는 생각이 들었던 것이다.

"많은 공급업체들은 직매입 조건으로 매장과 거래하기를 원하죠. 하지만, 힘이 없는 업체들은 특정매입 조건으로 해서라도 대형할인마트와 거래하고 싶어 합니다. 물론 지금은 대부분 직매입 조건으로 거래하고 있지만, 지역의 중소형 마트들은 여전히 특정매입을 요구하고 있습니다."

박 부장은 약육강식(弱肉强食)의 시장 논리에서 어쩔 수 없는 듯 체념하듯이 말하였다.

"계속 말씀드릴게요. 즉, 우리가 출고한 물량만을 가지고는 매출데이터로 집계할 수가 없습니다. 위탁거래인 경우에는 우리의 많은 재고들이 각 매장에 깔려있는 상황이거든요. 결국은 판매데이터와 재고를 따로 조사할 수밖에 없습니다."

"그렇군요. 실제 고객의 판매데이터를 VMI 시스템을 통해서 알 수 있음에도 불구하고 많은 자료들을 집계하기 힘들고, 텔레코드가 대형할인마트에 공급한 데이터를 중심으로 생산계획, 수요예측을 해야 되니 거품이 많이 끼어있고 정확도도 떨어지게 되겠군요. 과거와는 달리 수백 개의 대형할인마트에 깔린 재고들이 너무 많이 있기 때문에."

백 실장은 이해가 되었다. 더 정확한 데이터가 있음에도 불구하고 활용하기 힘든 것을.

박 부장은 계속 이야기를 이어 받는다.

"더군다나 기술혁신이나 기업 환경의 변화로 일부 작업들을 통합 및 제거하기라도 하면, 일일이 시스템의 모듈을 수정해야만 하는데, ERP 개발 기술은 우리가 알지 못하잖아요. 그러다 보니, 일일이 개발업체를 불러 수정하는 것도 만만찮은 일입니다. 더군다나 그들이 오기까지 수 일 이상을 기다려야 되고요. 말이 나왔으니 말인데요, 수정이 필요해도 그 사람들을 부르고 싶지가 않습니다. 우리를 우습게 보거든요.

우리를 마치 학생들 가르치듯 하는 겁니다. 아마 우리가 대기업이었으면 그렇게 하지 못할 거예요."

　백 실장도 박 부장의 말에 일리가 있다고 생각한다. 무엇보다도 SI업체들의 겸손함이 필요하다. 대기업이나 중소기업이나 기업에 필요한 기능들은 비슷하다. 다만 기능의 크기가 다를 뿐이다. 아마 업무의 복잡성을 본다면 그리 큰 차이는 나지 않을 것이다. 하지만, 중소기업을 대상으로 시스템을 구축할 때에는 상대적으로 저가이기에 개발자들도 인턴들을 많이 투입시키고, 개발기간도 짧다. 그리고 개발업체는 중소기업들을 '무식하다', '업무 프로세스가 미흡하다', '표준화가 안 되어 있다', '최고 경영자가 관심이 없다' 등의 교과서적인 용어로 매도하고, 중소기업 입장에서는 '거만하다', '혼자서 한다', '어렵다', '현장을 무시한다' 는 식으로 오해하는 경우가 많이 있다. 진정으로 중소기업들을 위한 ERP 시스템이 필요하다고 생각된다. 대기업과는 주종(主從)의 관계에서 중소기업과는 사제(師弟)의 관계로 변하는 태도는 고객에 대한 예의가 분명히 아니다. 물론 계약하기 전까지는 너무나 신사들이지만.

　"그래도 적지 않은 돈을 투자해서 개발했는데, 계속 노력을 하셔야 되겠군요."

　"문제는 이것 때문에 정작 중요한 제품 개발과 시장 개척에 집중을 하지 못하고 있습니다. 시스템을 1주일 중지시키고, 시간 있을 때 다시 가동시켜도 되는 그런 문제가 아니잖아요. 솔직하게 지금은 이중장부를 기록하고 있습니다. 아직 ERP가 제대로 정착이 안 되었고, 담당자의 불안 심리로 인해, 수시로 자료를 백업받고 따로 재고 및 자금을 관리하고 있습니다."

　백 실장은 중소기업들의 어려움을 잘 알고 있었다. 시스템의 신기술에 매료되어 섣불리 도입했다가 낭패를 본 기업들을 몇 알고 있었기 때문이다. 실제로 현장에서 발생하는 많은 문제들(80%)이 '기술(technology)' 때문이 아니라 '사람(people)' 때문이라는 연구가 있음에도 불구하고 너무 기술에만 집중하는 경향이 있는 것 같다[18-1].

표준화가 미흡한 중소기업들은 기존의 작업 프로세스를 많은 노력을 통해 시스템 프로세스에 맞추어 이식시키지만, 시장과 거래업체에 따라 수시로 변하는 중소기업의 업무와 기능, 제품 사양, 신제품들을 경직된 시스템 프로세스에 자율적으로 조정하는 것에는 한계가 있다. 그러다가 문제 해결을 위해 새로운 버전의 시스템으로 업그레이드해야 한다고 주장하는 SI업체의 영업에 중소기업들은 분개하게 된다. 실제로 대기업들도 IT 기능을 업데이트 하는데 매년 '매출의 2%'를 투자한다는 보고도 있다[18-2]. 결국은 많은 중소기업들이 ERP 시스템을 인사관리 및 회계장부의 역할로 만족해한다. 물론 많은 기업들에게 큰 도움을 주고 있지만, 개선의 여지가 많이 남아있는 것도 사실이다.

"그래도 생산 리드타임이 개선되지 않았나요? 품절도 감소되고요?"

"꼭 교과서적인 질문이네요? 백 실장님이 작년에 ERP 시스템 구축에 반대하시면서 책을 추천하셨잖아요. 'The Goal 3'라는 책이요 [18-3]. '신기술 도입의 함정'. 작년에 백 실장님이 반대 하실 때는 '분수 넘게 남의 회사 일에 간섭한다'고 생각했었는데, 최근에 좀 답답하던 찰나에 저희 사장님 서고에 꽂혀 있던 책을 빌려 읽었습니다. 물론 사장님은 책을 읽는 것보다는 모으시는 게 취미시라 책은 깨끗했죠."

모두들 눈웃음 지으며 서로 쳐다본다.

더 골(The Goal) 책들은 TOC 이론에 관련된 책들로 백 실장은 네오 C&C 직원들에게 필독으로 읽히는 책이고, 거래업체들에게도 한 권씩 선물하였었다. 텔레코드의 전 사장의 책도 백 실장이 선물한 것이다.

"제가 느낀 그 책의 전반적인 분위기는 ERP시스템만으로는 충분하지 않다는 것이었습니다."

박 부장은 자신의 다이어리를 뒤적거리며 뭔가를 찾는다.

"어딘가 메모하면서 읽었는데……."

잠시 손가락이 책 사이를 바삐 움직이더니 갑자기 멈춘다.

"여기 있네요. 책에는 '납기 준수율', '통합구매', '자금회수기간', 'B2B 거래 정책' 등을 통해서 '최종이익'이 개선됨을 보였었죠. 그리고는 중소기업에서는 이러한 효과들이 별로 없음을 설명하고, 어느 중소기업의 사례를 통해서 '리드타임 단축'과 '작업자들 간의 협력'을 통해 효과를 얻었음을 소개하는 책이었습니다. 그때 중요한 것은 작업자들의 협력인데, 이를 '문화혁명'이라고 표현하였죠[18-3]."

"네, 맞습니다. 그래서 저도 작년에 텔레코드의 문제를 ERP 시스템만으로 해결하려고 하는 것이 잘못 되었다고 말씀드린 것입니다. 일단 지나치게 ERP 시스템에 의존하게 되면 좀 전에 박 부장님이 말씀하셨던 것처럼, 일 처리 방식의 권한은 시스템에게 넘어가게 되죠. 제가 좀 더 강하게 말씀드리고 싶었어도, 남의 회사에 지나치게 간섭하는 것 같아서 그렇지 못한 것이었는데…"

백 실장은 좀 더 강하게 주장하지 못한 것을 뒤늦게 아쉬워하였다.

"저희도 납기(lead time)가 개선되고 평균재고도 약간은 개선되었지만, 최종이익에 큰 도움이 되지는 않았어요. 대형할인마트 같은 경우는 주 2~3회 정기발주(定期發注)가 실행되고 있고, 도매상들에게는 작년 초부터 월 1~2회씩 순회 배송하는 정책을 실시할 만큼 재고 회전율도 충분히 빠릅니다. 창고도 미국처럼 큰 땅덩어리라면 몇 개씩 필요하겠지만, 대한민국처럼 코딱지만 한 곳에서야 많이 필요한가요?"

백 실장은 박 부장의 말을 듣고 몇 가지 궁금한 것이 떠올랐다. '더 골'에서는 ERP와 DBR(드럼-버퍼-로프) 방식으로 리드타임을 줄여 재고 절감의 효과를 얻지 않았는가? ERP 시스템이 아닐 지라도 개선 할 수 있지 않았을까? 또한 지금 당일 수배송이 이루어질 만큼 리드타임이 충분히 짧아지지 않았는가? 그러면, 무엇을 개선해야 하는 것인가? 평균재고가 합리적인 수준으로 줄어들었다면 무엇에 관심을 가져야 할 것인가? 리드타임과 재고수준이 합리적이라면 그 다음은 무엇을 개선해야 하는가? 재고 이력(history) 관리와 회계 관리에만 만족해야 하는가? 텔레코드에서 큰 효과를 얻지 못한 이유는 무엇일까? 이미 충분히 개선된 환경에서 시스템을 도입했기에 더 이상 효과가 나타나지 않은 것인가? 아니면 텔레코드가 영세한 기업이라 그런가? 동종업체에서 1위 기업인데.

***

> **생각하기**
>
> 기업의 재고정책에 평균 재고량과 재고량의 분산은 어떤 영향을 끼치는가.

어느덧 오후가 저물어가고 있다. 지금 떠나지 않으면 도로가 정체되어 퇴근 시간 전까지 제 시간에 네오C&C에 도착하지 못한다. 마침 김 이사가 수원에 일이 있어 떠나야 하기 때문에 황 대리가 차를 얻어 타고 먼저 출발한다.

백 실장과 박 부장은 회의실에서 자리를 옮겨 좀 더 편안하게 이야기하기 위해 커피를 가지고 김 이사의 방으로 옮긴다. 전 사장 방만큼 크지만, 한쪽은 여러 제품들이 분해된 채 널려져 있었고, 벽은 온통 손으로 스케치 한 것 같은 도면들이 붙여져 있었다. 텔레코드 제품의 기술은 반드시 이곳에서 김 이사의 검토를 통해 인정을 받아야만 한다는 것이다. 책상 옆에는 쿠션 좋은 의자 겸 침대가 놓여 있었고, 가운데에는 약간 가죽이 벗겨진 오래된 듯 한 시커먼 소파와 탁자가 놓여 있었다.

"이 방은 주로 기술자들이 회의할 때 자주 쓰이는 방입니다. 별로 공개하지 않거든요. 여러 가지 보안문제 때문에."

"네 그런 느낌이 와 닿네요. 저는 이렇게 작은 스위치나 멀티탭을 생산하는 경우에도 이렇게 많은 설계도가 필요함에 놀랐습니다."

"김 이사님은 공고(工高) 출신인 전기 기술자죠. 대학도 나오지 않으셨지만, 이쪽 분야에서는 둘째라면 서러울 정도로 뛰어나신 분입니다. 그래서 학벌에 대한 콤플렉스가 있습니다. 어쩌면 ERP 도입도 그러한 콤플렉스로 인함인지도 모릅니다. 김 이사님이 워낙 신기술에 관심이 많거든요. 마치 성공하기 위해서는 꼭 필요한 기술인 것처럼. 처음에는 전 사장님이 무슨 모임에 가서 SI업체를 알게 되었고, 한번은 저희 회사에 초대하였었는데… 여기까지 온 것입니다. 물론 그때 저도 ERP 도입에 전폭적으로 지지했었죠."

박 부장은 담배를 백 실장에게 권하지만 거절하자 양해를 구하고 담배에 불을 붙이고, 한 모금 빤다.

"박 부장님 담배 피셨나요?"

"네, 제가 원래 골초였는데 건강을 위해서 끊었다가, 두 달 전부터 다시 피우기 시작했습니다. 회사 관리자의 자리가 무척 힘들더군요.

특히 중소기업들은요. 멀티 플레이어거든요."

"저도 이해가 갑니다. 저도 명색이 사장이지, 업체 눈치 보랴, 직원들 눈치 보랴, 숨쉬기 힘들 때가 많아요."

백 실장은 불혹의 나이로 접어들었고 박 부장은 꺾어진 40대이지만, 서로들만이 이해할 수 있는 공감대가 형성된 듯 함께 커피를 들이킨다.

"만일 ERP 시스템이 실패하게 되면 어떻게 되죠?"

"뭐, 돈만 날리는 거죠. 투자금액 2억 가량! 그 2억이 기업의 순 이익이 될 수 있는 돈이지만. 그리고 우리가 투자한 시간과 인력… 값비싼 교육이죠. 그런데 무엇보다도 회사 분위기 문제입니다. 첨단시스템 도입했다고 떠들고 다녔는데."하며 씁쓸한 표정을 짓는다.

"그래도 이해가 되지 않는 것은 조금이나마 효과가 있어야 되는 것 아닌가요? 가령 리드타임 단축으로 인한 평균재고 감소라든지."

"전혀 없다고 말씀드리는 것이 아니라, 우리 기업의 문제를 해결해 주지 못했다는 거죠. 평균재고의 감소? 품절 감소? 물론 효과가 있죠. 조금은요. 하지만 최종이익에 미친 효과는 기대이하입니다. 마치 가렵지 않은데 긁어준 기분이 들어요. 평균재고가 감소하여도 여전히 창고에는 물건이 쌓입니다."

'여전히 창고에 물건이 쌓인다.' 백 실장은 생각에 잠긴다. 네오C&C도 마찬가지이기 때문이다.

"보통 사람들이 '창고에 재고는 많은데 물건이 없다'라는 말을 많이 합니다. 이 말은 교과서에 과다재고와 품절을 설명할 때 종종 등장하는 슬로건(slogan)이 된 것 같더군요. 그런데 주로 옛날 이야기들을 많이 하는 것 같습니다. 보통 창고에 쓸모없는 제품만 생산하여 재고가 많이 쌓여지고, 정작 필요한 제품은 없다고 이해하는 것 같습니다. 흔히 '부분 최적화'의 현상이라고도 하죠. 하지만 지금이 어느 때인데요. 쓸모없는 제품을 생산하는 공장들이 어디 있나요? 품질이 엉망이어서 제품이 팔리지 않는 공장을 제외하고요. 또한 경제적 생산량 크기 때문에 한꺼번에 많이 생산해서 재고가 쌓인다고 하는데, 저희처럼 중소기업들은 일반적으로 생산 배치 크기(1회 생산량)가 커서 문제가 되는 경우는 많지 않은 것 같습니다. 저희 생산 배치 크기가 크다고 하더라도 대기업 입장에서 보면 소규모이거든요. 물론 원자재 및 부품들을 주문할 때는 상황이 다르지만요."

"아닙니다. 박 부장님. 이런 현상을 일반화하지는 마세요. 텔레코드가 그런 거죠. 기업 컨설팅의 큰 문제가 그거라고 생각해요. 컨설턴트들이 너무 자신이 알고 있는 사례들을 일반화하는 경우가 많고, 그래서 자신의 방법으로 모든 것을 해결하려고 하죠."

백 실장이 일반화에 대한 민감한 반응을 보이자 박 부장이 움찔한다.

백 실장은 현상들을 일반화하면 단순하고 좋지만, 기업마다 상황과 여건이 다르기 때문에 일반화 될 수 있는 현상은 그리 많지 않다고 생각하고 있다. 백 실장처럼 박 부장도 몹시 커피를 좋아하는 듯, 다시 커피 한 모금을 들이키며 계속 이야기를 한다.

"저희 텔레코드는 도심에서 벗어났기에 상대적으로 지가(地價)가 저렴해 충분한 크기의 창고를 가지고 있어요. 또한 공장도 가깝고요. 하지만 갑자기 가득 재고가 쌓이는가 하면 갑자기 모두 빠져 나가거든요. 마치 밀물과 썰물처럼. 오히려 '평균 재고량'보다 더 큰 문제는 '재고량의 분산'의 문제가 아닌가 생각합니다."

"네, 저도 전적으로 동의합니다. 네오C&C의 창고도 어떤 때는 창고가 텅 비어 있더니, 갑자기 공간이 부족해 주차장에 쌓아 놓는 경우도 다반사입니다. 평균재고량을 줄이는 것만으로는 부족합니다. 재고량의 분산도 줄여야 하지요. 이는 통계학에서 첫 시간에 배우는 평균과 분산의 문제이죠."

백 실장은 잠시 벽에 걸린 화이트보드에 두 개의 그래프를 대충 그린다.

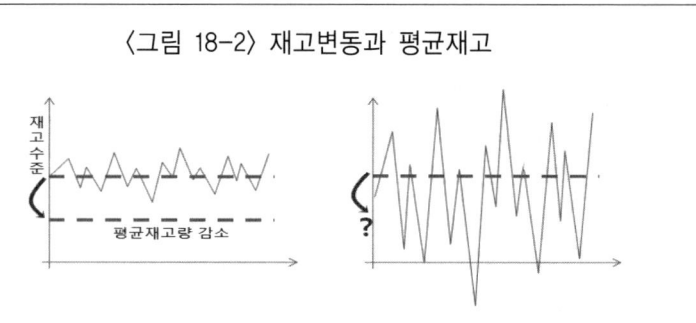

〈그림 18-2〉 재고변동과 평균재고

"보세요. 똑같은 평균재고를 가지고 있더라도, 재고량의 분산이 크다면 평균 재고량의 감소에도 한계가 있습니다. 품절이 발생하기 때문이죠. 대기업들은 거래 물량이 많다보니, 한두 개 업체의 수요의 변화에 크게 영향을 받지 않지만, 중소기업들은 몇 개의 업체들에 대한 의존도가 크다 보니 큰 영향을 받고 있으며, 생산의 분산 및 수요의 분산도 대기업보다 상대적으로 큽니다. 그러다 보니 평균재고량의 감소는 품절의 위험을 초래할 수 있습니다. 특히 고객과 가까이 있으면 있을 수록 품절 방지는 더욱 중요합니다. 기업 간 거래에서는 나중에 긴급히 보충하면 되지만, 고객과의 거래에서는 보충할 수 있는 기회가 없기 때문이죠."

백 실장과 박 부장의 대화가 깊어질수록 주변도 급속히 어두워지고 있었지만, 방안의 조명은 더욱 밝아지는 듯하였다.

"부장님도 잘 아시듯이, 대형할인마트 경우에는 공급업체가 제품을 제 때에 공급하지 못할 경우에 벌칙을 받으며, 연속해서 세 번 공급하지 못하면 제품이 퇴출되기도 합니다. 즉, 시장을 잃어버리게 되죠. 과거처럼 기업 간의 거래, 도매상과의 거래에서는 물량이 부족해도 나중에 보충해주는 백로그(bag-log)와 같은 관대함이 통용되었지만, 고객과 가까이 있으면 있을수록 그런 관대함은 적어지게 됩니다."

"방법이 없을까요? 두 마리 토끼를 잡는 방법? 재고 평균도 줄이고 분산도 줄이고, 품절도 줄이는 방법 말이에요? 그러고 보니 세 마리 토끼네요."

"글쎄요."

백 실장은 박 부장의 말에 잠시 생각에 빠진다. 세 마리 토끼뿐만 아닌, 모든 토끼를 잡아야 하는 상황이다. "리드타임", "수요예측", "재고 평균과 분산", "품절"….

박 부장의 계속된 하소연 속에서 백 실장은 또 하나의 과제로 머릿속이 복잡해진다.

'어떻게 재고량의 분산을 줄일 수 있을 것인가?'

어느덧 담배연기로 자욱한 김 이사의 방처럼 백 실장의 머릿속도 희미한 무언가로 가득찬 듯하였다.

'그런데, 오늘 내가 여기 왜 왔지? 텔레코드에게 밀린 대금을 요구하려고 한 것인데… 아이고…'

19. B마트 오프닝(Opening) 행사 (4월 20일)

네오C&C 백 실장, 주 팀장 / 텔레코드 전 사장 / 에덴금속 김 부장
LiW 문차장 / B마트 박 바이어
네오C&C 사무실과 일산점 B마트

> **생각하기**
>
> 점포 창업 시 오픈 준비를 위해 해야 할 것은 무엇인가? 효과적인 오픈 행사를 기획하여 보시오.

 주 반석 팀장은 백 실장의 방으로 들어온다. 백 실장의 책상에는 10여권의 책들과 A4종이 뭉치들로 가득 쌓아져 있었다. 마치 책속에 숨겨둔 비상금을 찾기라도 하는 듯 열심히 책을 뒤적거리고 있었다.
 "백 실장님 내일 일산점 B마트가 새로 개장(開場)합니다."
 "아, 내일이 오프닝이지?"
 "제가 업체들과 어레인지(약속) 하겠습니다. 백 실장님이 오프닝에 가실 거죠? 저는 준비상황을 살펴보기 위해 내일 일찍 가서 기다리겠습니다."
 백 실장의 답변을 듣지도 않고 주 팀장은 서둘러 나간다. 백 실장도 오프닝 행사에는 어쩔 수 없이 가야함을 알고 있었기 때문이다. 요사

이는 대형할인마트들이 급속히 확점하고 있다. 보통 1년에 평균 20~30개 이상은 늘어나고 있다. 이러한 현상은 공급업체들에게는 매우 고무적인 일이겠지만, 그에 따른 준비 노력과 재고 물량 확보를 위한 노력은 적지 않다. 일반적으로 오프닝 하기 며칠 전부터 공급업체들은 직원들을 파견하여 제품 진열을 도와야 한다. 리뉴얼 때와 마찬가지로 서로 좋은 판매 자리들을 차지하기 위해 노력하기 때문이다. 물론 대부분 제품의 진열 위치들은 지정되어 있지만 말이다. 특히 오프닝 행사 때는 가급적 공급업체들의 중견간부급 이상은 참석해야 한다. 왜냐하면 막대한 권한을 가진 대형할인마트의 바이어들이 참석하기 때문이다.

보통 할인마트에 제품들을 입점 시키기 위해서는 바이어의 판결이 필요하다. 마치 피고와 원고처럼. 입점을 위해 본부의 담당 바이어들과 미팅을 잡고 상담해야 하지만, 대부분 기존 거래하고 있는 업체들이 또 다른 신상품을 입점하려고 할 때나 만날 수 있지, 신규업체들이 바이어를 만나는 것은 결코 쉽지 않다. 또한 납품을 희망하는 업체들은 중간 관리자 이상이 와서 만나야지 절대로 사원급을 보내서도 안 된다. 물론 바이어들은 대부분 20~30대들이다.

***

오픈식은 10시에 시작하지만, 늦어도 9시까지는 도착해서 바이어와 관련 업체 사람들도 만나고 여러 행사 상황들을 체크하여야만 한다. 백 실장은 새벽 5시가 좀 넘어서 차에 시동을 건다. 우선 분당 사무실에 출근하여 중요한 몇 가지 일들을 챙기고 일산으로 가야 하기 때문이다. 주 팀장은 바로 8시까지 일산으로 가기로 약속되었다.

아침 출근 시간에는 언제나 외곽순환도로가 막혔다. 백 실장의 차는 아직 외곽순환도로를 타지도 못했는데 벌써 8시가 되었다. 짜증나는 일이지만, 그래도 부산 혹은 제주도에 오픈 하는 것 보다는 낫다고 위로하면서 가다 서다를 반복하며 벌써 1시간이 지났다. 백 실장은 무료함을 달래기 위해 라디오 채널을 돌리다가 슬픈 사연을 듣게 된다.

'한 달 전에 백혈병으로 누워있던 5살 아이의 안타까운 소식을 전해 드렸습니다. 그 후로 많은 청취자들이 이 아이를 위해서 후원금을 보내 주셨습니다. 하지만 너무 늦고 말았습니다. 5일 전에 귀여운 그 아이는 하늘나라로 갔습니다. 치료비를 보냈지만 안타깝게도 아이의 장례비로 쓰이게 되었습니다. 5살의 짧은 삶을 살다간 아이를 위해 기도해주세요. 우리에게 생명의 소중함을 가르쳐준 아이를 위해 기도해 주세요.'

얼마나 많은 사람들이 지금 이 시간을 죽음과 사투를 벌이고 있는가! 지금 내가 누리고 있는 이 삶이 죽음을 앞둔 그들에게는 얼마나 귀중한 시간인가! 갑자기 두 달 전에 세상을 떠난 강 대리의 모습이 생각났다.

비록 힘들고 바쁜 하루하루이지만, 나의 삶이 얼마나 감사하고 소중한지 새삼 느끼게 된다. 백 실장은 마음이 잔잔해지면서 여유가 생겼다. 그리고 기도하면서 운전을 한다. 그 아이를 위해서, 또 자신의 삶에 대한 감사를 위해서.

어느덧 교통체증도 잊은 채 일산에 도착한다. 백 실장은 직원 전용문으로 가서 거래업체임을 확인하고 신분증과 출입증을 바꾼다. 아직 개장을 하지 않았기 때문에 관련업체들만 매장 안으로 들어갈 수 있다.

주 팀장은 벌써 도착하여 행사 준비하느라 분주하였다. LiW 제품도 18W 콤팩트 형광등을 하루 100개 한정으로 5일 동안 절반 가격에 내놓았고, 에덴금속도 디지털 도어락을 하루 5개씩 5일 동안 내놓았다. 물론 손해지만, 처음 오픈하는 매장의 성공을 위해서는 어쩔 수 없는 지원이다. 곧 에덴금속 김 재주 부장, LiW 문 윤희 차장, 텔레코드의 전 진 사장도 도착하였다.

"어휴, 밖에 사람들이 많네요?"

전 사장이 인사 겸 말을 건넨다. 지난번 B마트 바이어가 텔레코드의 방문이 뜸하다고 지적하여서 그런지 전 사장이 직접 방문하였다.

"안녕하세요? 원래 오픈 행사 때는 전쟁이죠. 오픈 기념행사 때는 많은 제품들을 한정 판매하거든요. 일반 고객뿐만 아니라, 지역 소매상까지도 와서 제품들을 구입하려고 난리죠. 잘만하면 본전을 톡톡히 뽑습니다. 저도 미리 들어와서 저희 아기 기저귀를 찜 했습니다."

웃으며 네오C&C 주 팀장이 이야기 한다.

"밖에 보니까, 일산의 아파트 부녀회장들은 다 모인 것 같습니다."

에덴금속 김 재주 부장도 대화에 끼어들면서 인사를 겸한다.

"네, 그들이 오프닝 행사의 귀빈이죠. 또한 그들이 주요 고객이기도 하니까요. 밉보이면 큰일납니다." 백 실장이 이야기 할 때, DIY 박 바이어가 다가온다.

"모두들 오셨네요. 반갑습니다."

박 바이어는 30대 중반의 왜소한 체격이지만 과묵한 분위기를 풍긴다. 박 바이어는 관련 업체들에게 그 동안 하고 싶었던 이야기를 털어놓는다. 제품의 문제, 가격의 문제, 포장의 문제 등등. 이런 날은 바이어들의 설교시간이다. 또한 업체들도 바이어와의 개별 미팅을 위해 날

짜를 잡기에 분주한 날이다.

"제가 말씀 드린 것에 대해서 준비를 해주시고, 약속한 날에 뵙죠. 참, 그리고 조만간에 관련업체들과 세미나가 있을 것입니다. 첫 세미나이니까 꼭 참석해주세요. 본사 차원에서도 중요한 이야기가 있을 거라고 합니다."

갑자기 시끌버끌 해진 것을 보니 개장된 듯싶다. 이미 고객들은 광고 전단지를 숙지한지라 자신들이 원하는 제품들이 있는 곳으로 서둘러 뛰어간다. 이때는 아줌마 아저씨 구별이 없다. 물론 미리 들어온 관련업체 몇몇 사람들도 경주에 가세한다. 물론 기저귀를 눈독 들인 아기 아빠 네오C&C의 주 팀장도 경주에 합류 하였다.

"밀지 마세요.", "아저씨! 제가 먼저 왔어요.", "죄송합니다. 기저귀가 벌써 다 팔렸어요.", "다 팔렸데, 빨리 선풍기 코너로 가자", "아야! 내 발", "미안해요…….", "와아, 땡 잡았다.", "하하하……"

19. B마트 오프닝(Opening) 행사 (4월 20일)

20. 재고(在庫)의 재고(再考) (5월 13일)

에덴금속 박 이사, 대구공장 임 이사, 김 과장 / 네오C&C 백 실장
에덴금속 본사

생각하기

1. 품질, 재고, 반품, 불량품의 관계를 생각해보시오.
2. 생산업체, 물류업체, 유통업체 입장에서의 재고와 반품의 기능을 생각해 보시오.

　오늘 날씨는 바람도 없고 몹시 더웠다. 겨울이 지난 지 얼마 안된 것 같은 느낌인데 가정의 달 5월이 되었다. 벌써 반팔을 입을 때가 된 것 같았다. 나날이 바쁜 직장인들에 계절과 시간은 무슨 의미일까? 직장인들의 시간이야, 세 번 식사하면 하루가 지난 것이고, 월급날이 돌아오면 한 달이고, 그렇게 월급을 12번 받으면 1년이 지난 것 일뿐 '내 시간이 내 시간이 아닌 경우'가 얼마나 많은가. 또한 직장으로 남편들을 보낸 아내들도 단지 '삼팔선(38세)', '사오정(45세)', '오륙도(56세)'의 무덤만을 벗어나기를 바라면서 새벽기도를 드린다. 또한 즐겨먹던 '명태찌게' 조차 재수 없다고 식탁에 올리지 않는 아내들도 부지부수다. 이런 짜증스런 날씨에 오늘도 서울 에덴금속의 회의실에서는 심각한

이야기들이 오간다. 에덴금속의 대구공장의 공장장인 임 이사와 함께 온 김 과장이 브리핑을 끝낸다. 네오C&C의 백 실장도 긴급회의에 참석하게 되었다. 발표내용은 점점 재고가 증가하고 있다는 이야기다.

"저희 공장은 재작년 하반기부터 실시한 T2(TOC-TOYODA) 프로젝트로 인해 재고도 전년대비 18% 감소되었고, 생산 사이클 타임도 23%나 줄었습니다. 하지만 작년 말부터 점점 재고가 증가하더니 지금은 거의 이전 수준에 가까워지고 있습니다. T2의 한계가 아닌가 생각합니다. 뭔가 대책이 필요한 시점입니다."

김 과장이 간단한 목례를 통해 에덴금속 박 예찬 이사에게 발표가 끝났음을 알렸을 때, 박 이사는 백 실장을 쳐다보았다. 백 실장은 T2팀을 주도한 사람 중에 한 사람이기에 뭔가 말을 해야 될 것 같아 질문을 한다.

"창고를 통합했는데도, 재고가 다시 증가한다는 말인가요?"

"정확히 말한다면 증가 하였다기보다는 예년 수준으로 돌아왔습니다. 기존에 있던 경기도의 구리, 강원도의 원주, 영남의 대구, 호남의 광주, 충청도의 청주 등과 같이 5곳의 창고를 구리와 대구로 통합하였고, 수요 예측 및 재고 통합관리도 대구에서 하는 것으로 일원화 하였는데도 말입니다. 물론 매장이 1년 사이에 20여개나 늘어난 것을 고려한다면 평균 재고가 조금 줄어들기는 했지만 미미합니다."

"제품의 품질도 이상이 없나요?"

대구공장의 김 과장과 네오C&C의 백 실장만의 대화인 것처럼 흘러간다.

"네, 출하 제품의 품질은 많이 향상되었지만, 반품은 별로 줄어들지 않았습니다."

"이전에는 반품이 주로 포장 불량으로 알고 있는데, 포장도 브리스타 포장으로 바꾸지 않았습니까?"

브리스타 포장(blister pack)은 제품 모양을 따라서 투명 필름을 금형으로 찍어낸 조형물로, 보통 건전지, 장난감 포장 등에 많이 쓰이는 방법이다. 비록 가격이 비싸지만 잘 뜯어지지 않아서 대형할인마트에서 적극 추천하는 포장방법이다.

"네, 포장을 바꾸었음에도 불구하고 반품이 계속 들어오고 있습니다. 그것도 여전히 포장 불량으로." 백 실장은 포장 불량이외에 또 다른 원인이 있을 것으로 추측하였다.

"백 실장님, 반품과 재고증가와 연관이 있다고 생각하나요?"

박 이사가 이야기에 끼어들었다.

"글쎄요. 제품의 품질과 재고는 깊은 연관이 있습니다. 하지만 반품과 재고는 우려할 만큼 큰 관계는 없을 듯합니다."

"이해가 안 가는데요. T2가 진행될 때 불량과 재고는 밀접한 관계가 있다고 이야기 하지 않으셨습니까? 불량이 결국 반품이잖아요?" 대구 공장장 임 이사도 대화에 합세하였다.

"맞습니다. 공정상에서 품질에 불량이 생기면 공정상에 지체(delay)가 발생하게 되죠. 그래서 각 작업자가 불량품이 발생할 경우를 대비해서 여분의 부품 및 부분품을 준비하게 됩니다. 최종 제품 검사 시에도 불량품을 대체할 수 있는 재고를 확보해야 하므로 재고가 증가할 수밖에 없죠. 하지만 여기서 생기는 반품은 생산지인 공장에서 발생한 것이 아니고 판매지인 매장에서 발생한 것입니다. 공장에서는 10개들이 한 박스를 출하할 때, 한 개가 불량이면 다른 양품 하나를 채워 넣어서 출하하여야 합니다. 즉, 기다리지 않으려면 재고를 미리 준비해서 보충해야만 하는 것이죠. 하지만 매장에서는 반품이 생기면 바로 다른 제품으로 교환 혹은 환불이 됩니다. 즉 매장에서 반품 한 개 생겼다고 한 개를 더 보충하는 것이 아니라, 반품된 것을 빼고 9개 공급된 것으로 결제가 되죠."

"그렇군요. 유통에서는 반품된 것에 대해 보충할 필요가 없겠네요. 다만 재고가 적어지기 때문에 품절될 확률이 조금 높아질뿐이군요." 김 과장이 이해하는 듯이 말한다.

"정확한 표현은 제품 회전률이 약간 더 빨라지는 것이죠."

"그렇다면 재고를 자주 공급하고 있는 매장에서는 반품에 대한 보충이 필요없기 때문에, 따로 재고를 준비하지 않아도 되겠네요. 그런데 왜 공급업체들은 재고가 증가하죠?"

박 이사의 말에 백 실장은 아무 말도 하지 못한다. 이미 한 달 전부터 재고에 대한 고민이 계속되었다. 백 실장은 텔레코드에서 '평균 재고량'과 '재고의 분산'의 중요성에 대해 고민하면서부터 머릿속은 복잡하였는데, 오늘은 완전히 뒤죽박죽 된 듯하다. 다만 연관이 있을 거라는 막연한 생각뿐이다. 그리고 '생산자와 판매자, 제조업과 유통업' 각각의 입장에서 재고관리에 대한 차이가 있을 것이라는 막연한 생각들이 들었지만, 정리가 되지 못한 듯 백 실장은 괴로워한다.

오전 11시. 백 실장은 빨리 분당 회사로 들어가 밀린 일을 해야만 하는데, 일이 쉽게 풀릴 것 같지 않아 네오C&C에 연락하고는 점심을 조금 일찍 먹자고 요청한다.

***

생각하기

1. 재고 비용 함수가 현실에도 올바르게 적용할 수 있는가?
2. 공급망 상의 재고가 진짜 줄어들었는가?

점심 식사 후에 백 실장은 에덴금속 회의실에 혼자 앉아서 뭔가 끄적거리고 있다. 백 실장의 문제해결 방법이다. A4용지에 형식 없이 그림과 기호, 글자들이 마구 뒤섞여 있었다. 하지만 뭔가의 흐름은 있는 듯하였다.

대구공장 김 과장이 커피 한잔을 들고 들어온다.

"뭐하세요? 혹시 현상분석 나무를 그리시나요?"

현상분석나무(CRT :Current Reality Tree)는 TOC(제약이론)의 문제해결을 위한 한 방법이다[20-1].

CRT는 여러 현상들을 나열하여 상호 인과관계를 밝힘으로써 핵심원인을 찾는 도구이다. 이런 현상들을 UDE(UnDesirable Effect)라고 부른다. 즉, 이러한 UDE들의 인과관계를 구성한 모습이 나무 구조 모양으로 이루어져 있다.

"아… 네, 어서 오세요. 저는 TOC를 전문적으로 배우지 않았습니다. 오히려 김 과장님이 TOC 교육까지 받으셨으니 저보다 더 전문가겠네요. 저는 여기 저기 책에서 주워들은 것뿐입니다. 처음에 CRT를 접하였을 때는 새롭다기보다는 왠지 오래전부터 사용했던 느낌이 들더군요. 대부분의 사람들도 문제해결을 위한 나름대로의 방법이 있다고 생

각해요. 체계화가 안 되었을 뿐이죠. 그런 의미에서 TOC가 많은 도움을 주었습니다. 저만의 방법을 체계화하고 고민하게 되고 또한 기존 방법들을 적용하기도 하죠. 린(Lean)과 리엔지니어링(reengineering)도 마찬가지고요."

"그래도 요사이 너무 새로운 방법들과 이론들이 많이 나와서 혼란스러워요. 또 배워야 하는 것인지 망설여지기도 하고요."

"네, 저도 그런 생각을 많이 했습니다. 하지만, 업무에서 가장 전문가는 현장 담당자입니다. 김 과장님이 도어락 분야 전문가인 것 처럼요. 자신의 지식과 경험을 토대로 여러 가지 이론들과 방법들을 참고하여 나름대로 정리한다면 많은 지식들이 어딘가 공통점이 있다고 느끼게 될 것입니다. 솔직히 린이나 TOC나 그 뿌리는 매우 흡사한 것 같아요. 낭비 없앤다는 말에 재고를 줄이는 의미도 포함되고요, 부분이 아니라 전체를 생각한다거나, 원가 중심이 아닌 쓰루풋(Throughput) 중심의 사고라든지."

백 실장은 잠시 뜸을 들이다가 말한다.

"김 과장님, 저하고 같이 오전에 나왔던 문제를 짚어볼 시간이 있으신가요?"

"물론입니다. 본사에는 제 자리가 없어서 어디에다 엉덩이를 붙일까 방황하고 있는 중입니다."

"김 과장님은 대학교 때 전공이 뭐였나요?"

"대학 때 전공은 산업공학을 했지만 열심히 전공 공부를 하지는 않았습니다. 제가 IMF때 졸업을 했습니다. 그래서 저희 때는 전공보다는 취업을 위해 토익 공부에 열중했었죠."

"그래도 재고관리에 대해서는 아시겠죠? 재고비용 함수라든지, EOQ

라든지"

"물론이죠. 제 이름 다음으로 많이 들었던 단어가 '재고관리'일겁니다."

"그래요? 괴로우시겠군요."

딱딱한 이야기를 어떻게 꺼낼까 고민하던 백 실장은 김 과장의 농담에 부담이 줄어든다.

"김 과장님, 재고비용 곡선 아시죠?"

고개를 끄덕이는 김 과장을 보고 백 실장은 깨끗한 A4용지에 재고비용 곡선을 그린다.

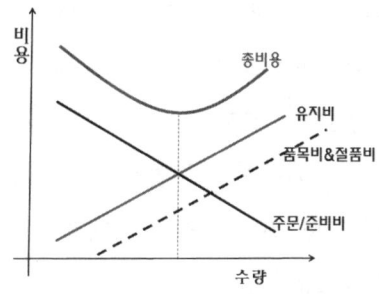

〈그림 20-1〉 전통적인 재고비용관련 함수

"보통 재고관련 비용을 크게 주문비와 재고 유지비로 구분되죠. 주문비는 신용장 개설비, 통관료, 상하역 포함 물류비 등이 포함되고, 유지비는 재고 감손비(감각상각비), 창고 임대료 및 제반 관리비 등이 포함되죠. 물론 재고가 부족하여 발생하는 기회비용도 있지만, 간단히 정리하면 총 재고비용은 구입비, 주문비와 재고 유지비를 합한 것으로 볼 수 있습니다."

"그렇죠. 복잡하게 하면 한없이 복잡하니까요."

김 과장은 학창시절에 느꼈던 두려움이 다시 몰려오는 듯하였다.

"그 동안 우리는 많은 재고비를 줄이기 위해 노력해왔습니다. 우리뿐만 아니라 모든 회사들이 마찬가지일겁니다. 그런데, 진짜 그 노력만큼 재고비가 절감되었는지 의심해 볼 필요가 있다고 생각합니다. 여전히 재고비는 높거든요."

"무슨 말씀이시죠? 저희는 재고비가 계속 줄어들었거든요. 아까도 말씀드렸듯이 다시 재고가 증가하기는 했지만, 작년에 비해 18%나 줄었는데요."

"네, 맞습니다. 줄어들었습니다. 하지만 우리가 생각지 못한 부분들도 있다는 것입니다. 만일 전체 공급망 상에서 총 재고비를 생각한다면, 많은 재고비가 줄어들기 보다는 다른 곳으로 이전 되었다고 생각합니다. 제조업들이 감당해야 할 재고가 물류·유통업체에게 넘어가고 재고비가 다른 비용 형태로 변화가 된 것이지요. 가령, 일정부분의 제조업체 재고유지비가 전이되어서 유통업체 물류 이용 수수료에 일부분이 포함되기도 한 것입니다. 또한 유통업체에게도 재고를 유지하기 위한 비용이 따로 발생하고요."

"음. 그럴 수 도 있죠."

"뿐만 아니라 고객에게도 재고를 부담시키고 있습니다."

"네? 재고를 고객에게 떠 넘기다뇨?"

"분명히 그러고 있습니다. 보통 대형할인마트에 가보시면 대부분의 제품들이 가격을 핑계로 묶음 판매 혹은 대용량 판매를 하고 있어요. 가령, 치약을 한 개 사고 싶어도 3개 혹은 5개씩 번들 판매를 하고 있고, 과자를 조금 먹고 싶어도 큰 봉지의 과자들만 팔잖아요."

"그러네요. 저희도 한번 대형할인마트에 갔다 오면 십 만원이 우습더군요. 이제는 소비단위가 만원 단위에서 10만원 단위로 변한 것 같아요. 하지만 많이 사더라도 집에 갖다놓고 필요할 때 쓰면 되잖아요. 고객에게 재고비가 발생한다는 것은 좀…."

김 과장이 동의하기 어렵다는 말에 백 실장은 말을 가로챈다.

"저희 집에도 찬장, 서랍, 창고 등을 보면 사다 놓은 제품들이 많아요. 그런데, 계속 공간이 부족하죠. 그래서 공간을 어떻게 활용할까 고민을 많이 하고 있고, 서랍 및 수납장 등 새로운 공간을 만들기도 하죠. 또한 냉장고는 계속 꽉 차있거든요."

"백 실장님은 꼭 저희 집에 가보신 것처럼 말씀하시네요. 제 아내도 냉장고가 작다고 큰 것으로 바꿔야 한다고 난리입니다. 2년 전에 샀는데도요."

"지금 많은 기업들이 수 %의 재고를 절감하였다고 발표하고 있지만, 전체 공급망상에서 실제로 우리가 생각하고 있는 것만큼 재고가 줄어들었나 생각해 볼 필요가 있다고 생각합니다. 물론 재고가 안 줄었다는 것은 아닙니다. 다만 우리가 생각한 것만큼은 아니라는 것입니다."

백 실장은 오해 할 것 같아 강조하며 말한다.

"그럴 수도 있겠네요. 기업의 입장에서는 재고비가 줄었다고 이야기하지만, 고객의 재고비는 늘어나고 있다…. 재미있네요."

백 실장은 마치 강의하듯이 김 과장의 반응을 살피며 계속 이야기한다.

"또한 지금 많은 시장 환경이 달라졌어요. 우선 재고 주문비 함수를 생각해 보죠. 그림을 보면 재고 주문비는 많이 주문할 수 록 제품 당 주문비는 적어짐을 알 수 있습니다."

"당연하죠. 이왕에 제품들을 보낼 거면, 한꺼번에 10개보다는 20개를 보내는 것이 운송비가 더 적게 들잖아요."

"좋아요. 우선 재고 주문비 중에 물류비만 고려해봅시다. 가급적 화물차에 빈 공간을 남기지 않고 가득 싣고 운반하는 것이 유리하죠. 어차피 서울에서 부산 한번 보내는데 30만원이니까요. 그런데, 환경이 달라졌다고 말씀드렸죠? 김 과장님 에덴금속이 B마트에 제품을 납품할 때 물류비는 어떻게 산정되는지 아세요?"

"그거야, 매월 납품 총액 대비 물류비를 5%정도 주잖아요. 물론 물류센터 사용 수수료를 포함한다면 더 많이 주지요."

"맞아요. B마트는 정기발주 방식을 통해서 매주 월, 수, 금 납품이 이루어지고 있습니다. 즉, 각 점포에 한 번에 보내든 열 번에 보내든 물류비는 동일합니다. 총 납품물량에 따라서 달라질 뿐이죠. 즉, 한 트럭에 10개를 보내든 20개를 보내든 상관없이 단위 제품 당 물류비는 동일하게 되죠. 물류비는 총 납품비용에 일정 비율이니까요."

"그러네요. 그러면 그림이 변하겠네요."

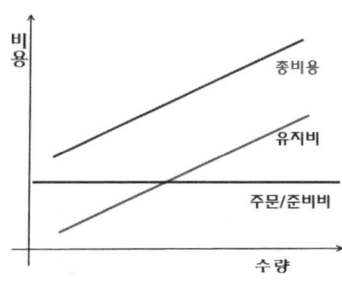

〈그림 20-2〉 재고비용관련 함수의 변화

"그렇죠. 주문비만 바뀌는 것이 아니라 총 비용도 바뀝니다. 즉, 대형할인마트 중심의 공급망에서는 재고비와 재고량의 관계는 비례합니다. 분명, 유통업 중심의 공급망에서의 재고비는 우리가 알고 있는 이전의 그림하고는 다릅니다."

"그러면, 무조건 재고를 줄이는 것이 바람직한 거네요?"

"맞아요. 총 재고비는 재고량과 직결된다고 볼 수 있죠. 그림이 더 단순하고 분명해졌다고 생각합니다."

이때 대구공장의 공장장인 임 이사는 볼 일이 끝나 대구로 돌아갈 듯이 가방을 들고 들어온다. 여전히 백 실장과 김 과장은 임 이사의 눈치를 살핀다.

"오늘은 회사차를 가지고 왔으니 걱정하지 말고 계속 이야기 나누세요. 김 과장의 목소리가 밖에서도 들리니 재미있는 이야기 같던데요."

임 이사의 말에 김 과장은 다시 대화에 집중한다.

"이왕이면 저는 오늘 뭔가 해결책을 가져갔으면 좋겠습니다. 우리의 문제에 대한."

"그럼 계속 이야기 할까요?"

21. 황소채찍 효과와 쓰나미 효과 (5월 13일)

에덴금속 대구공장 임 이사, 김 과장 / 네오C&C 백 실장
에덴금속 본사

생각하기
1. 미래의 수요가 불확실한가?
2. 개별예측, 통합예측, 시장별 예측의 장단점

"계속해서 우리가 사실로 알고 있는 것들을 파헤쳐 보기로 하죠."

"아까 수요예측을 통합해서 대구공장에서 한다고 하셨죠?"

"네, 저희 재고관리팀이 맡고 있습니다. 수요예측과 재고관리는 불가분의 관계이기 때문입니다."

"어때요 수요예측이 더 정확해졌나요?"

"백 실장님, 질문이 꼭 아니라는 것처럼 들리네요."

"잠시만요, 결코 제가 비판적인 시각만 가지고 있다고 오해하진 마세요. 건설적인 대안과 진짜 핵심문제를 찾기 위해 분석하고자 시도하는 것 뿐입니다. 요사이 많은 책들이 건설적인 비판을 부정적인 생각들로 너무나 매도하고 있는 것 같아요. 그래서 어떤 회의에 참석해보면 토론보다는 일방적인 전달사항과 '하면 된다'는 식의 모호한 구호로 끝나는 경우도 있더군요. 물론 매사에 부정적이고 불만인 사람들도 있습니다. 그런 차원하고는 다르죠. 역발상에서 창조적인 생각이 나올 수 있습니다."

백 실장이 왠지 모르게 흥분한 듯하여, 오히려 옆에 있던 임 이사가 찔리는 부분이 있는지 조용히 눈치만 살피다가 문 밖의 누군가에게 커피를 부탁한다.

"임 이사님, 좀 더 솔직하게 말하려고 했던 것인데, 혹시 불쾌하셨다면 사과드립니다."

"아… 아닙니다. 계속 이야기 하세요."

임 이사는 괜히 김 과장의 불똥이 자신한테 튄 것 같은 느낌이 들었다. 백 실장은 양해를 구하고 설명을 계속한다.

"수요예측을 개별적으로 하는 것 보다는 통합적으로 하는 것이 더 정확하겠죠. 왜냐하면 개별적으로 예측 하였을 때 보다는 통합적으로 예측할 때가 오차들이 서로 상쇄될 수 있기 때문입니다. 어떤 경우는 더 많이 예측되고 어떤 경우는 덜 예측되기 때문에 서로 종합해서 예측하면 그 만큼 오차는 줄어들 수 있게 되죠[21-1]. 이미 T2 프로젝트 때도 나왔던 사항입니다."

백 실장은 문득 핸드폰이 '진동모드'로 되었는지 확인한다. 회의 중에는 핸드폰의 입을 막거나 살짝 죽이는 것이 현대인의 당연한 에티켓이다.

"그런데, 통합예측을 할 경우에, 동종제품끼리 묶어서 하게 되는데, 대부분 동종제품들은 비슷한 수요 추세를 가지고 있습니다. 즉, 10평형 에어컨 판매가 증가하면 20평형 에어컨도 증가하죠. 즉 통합해서 수요량을 관리한다면, 수요 변동의 폭이 더 커지게 되죠. 물론 두 제품

사이의 판매량 차이는 있습니다. 이러한 수요의 변동을 관리하지 않으면, 생산의 변동은 더욱 커지고 많은 재고를 유발하게 됩니다."

"경우에 따라서 다를 수도 있지만, 특히 계절성 제품들은 더 두드러지게 나타나는 것 같습니다."

대구공장에 근무하는 김 과장이 더 잘 알고 있는 듯 답변하였다.

"물론 시장의 성질이 다른 경우, 가령 고가 제품 시장과 저가 제품 시장에서는 이러한 변동들이 상쇄되는 부분이 있을 수도 있습니다. 또한 발주 주기가 다른 시장에 따라서도요. 하지만 그런 경우일지라도 수백 개의 매장에서 동시에 수요가 증가한다면, 이러한 변동이 누적되어 어느 시점에서는 수요가 엄청나게 증가하는 현상이 발생합니다. 마치 쓰나미(tsunami) 현상처럼 파도와 파도가 모여서 큰 해일을 일으키듯."

"쓰나미 현상이요?"

몇 년 전에 동남아에서 발생한 끔직한 사건이기에 임 이사도 몹시 놀란다. 이때 따스한 커피를 들고 누군가 들어왔다. 백 실장도 먹다 남은 잔을 내밀자 조용히 커피가 채워진다.

"저는 이러한 현상을 '쓰나미 효과'라고 부릅니다. 쓰나미 효과는 황소채찍 효과와는 다릅니다. 황소채찍 효과는 데이터의 왜곡으로 인해 발생하는 것에 비해, 쓰나미 현상은 데이터들의 작은 변동들이 누적되어 갑자기 큰 변동을 일으키는 현상입니다. 이러한 누적 현상은 많은 곳에서 일어납니다. 가령, 데이터의 왜곡 정보들의 누적이라든지, 수요변동들이 누적된다든지, 자금의 변동들의 누적이라든지 등 다양한 곳에서 발생할 수 있습니다. 이러한 누적들로 인해 큰 원인 없이 수요가 급격히 증가 혹은 감소하여 기업들을 더욱 혼란케 합니다."

"음, 마치 한국이 IMF의 한파를 맞아야 했던 때가 생각이 나네요. 특별한 주요 원인 없이 여러 가지 요인들이 복합되어 세계 경제의 큰 여파를 몰고 왔던 IMF말입니다. 그때는 흑자임에도 망하는 기업들이 많았죠. 참 그런데 뭐라고 했더라? 황소 효과를 말씀하신 것 같은데… 데이터가 왜곡된다고…?"

임 이사는 처음 들은 용어에 대해 궁금해 하였다.

"네, 황소채찍 효과입니다."

백 실장은 웃으면서 자세히 설명을 한다.

"임 이사님은 소달구지를 보셨을 것 같은데요? 그때 채찍이 무엇으로 만들어졌나요?"

"본 것 뿐이겠습니까. 그것으로 맞기도 했는데요…"

백 실장과 김 과장은 나오는 웃음을 참으려고 애썼으나, 두 사람들의 눈가에는 웃음이 배어 있었다.

못 먹고 힘든 시기에 살던, 옛날 부모님들은 오직 자식농사에만 공을 들이다 보니, 몹시 엄격 했었던 것 같다. 가난을 벗어 날 수 있는 유일한 탈출구를 오직 자식 대학 보내는 것으로 생각했던 시절에, 임 이사는 자신의 옛 이야기를 담담히 이야기 한다.

"제 고향이 경북 안동입니다. 당시에는 전쟁놀이가 가장 재미있던 시절인데, 채찍으로 '나쁜 놈' 쳐부순다고 휘두르다가 동생 얼굴에 상처를 냈었습니다. 물론 엄청 채찍으로 맞았습니다. 채찍은 주로 소나 말을 모는데 사용되는데, 그때는 보통 나뭇가지 꺾어서 사용기도 했지만, 좀 가진 집에서는 오리가죽이나 소가죽으로 빌빌 꼬아서 만들었지요."

임 이사는 그런 시절을 모르고 자랐을 백 실장과 김 과장에게 '내가 그런 고생을 하고 여기까지 온 사람이야'라고 말하는 듯 이야기 하였다.

"저도 아버님께 한국전쟁 후의 어려운 시절을 많이 들었습니다. 추운 겨울에는 너무 추워서 나무 상자들을 주워와 상자 밑에 뜨거운 물그릇을 넣고 잔다고요. 따뜻한 수증기로 몸을 덥히기 위해서…"

왠지 분위기가 역사적으로 흘러가는 듯하여, 백 실장은 다시 본론으로 들어간다.

"예전에 '인디아나 존스'라는 영화에서 주인공이 채찍을 멋있게 휘두르는데, 그 채찍을 살펴보면, 손잡이 쪽은 폭이 좁지만, 채찍 끝 쪽은 폭이 더욱 커집니다. 마치 회오리 바람처럼요. 황소채찍 효과는 P&G에서 처음 사용되었는데, 정보의 왜곡(distortion)현상입니다[21-2]. 데이터가 단계를 거칠수록 변하는 현상입니다. 가령 A라는 판매업자가 하루에 10개 판매하다가 갑자기 20개가 판매되면, A는 만약을 대비해서 30개를 주문하죠. 그럼 도매상도 갑자기 30개가 주문되다보니 50개 정도를 생산업체에게 요구합니다. 생산업체도 갑자기 50개 공급이 되니까 100개를 생산하게 됩니다. 이렇게 실제 수요가 단계를 거치면서 부풀려 지는 것을 황소채찍 효과라고 합니다."

"이름이 재미있네요. 그런데 그런 경우라면 공급자들이 고객의 수요를 웹상에서 직접 파악하면 되잖아요. 그리고 이미 웹(Web)상에서 공급자들이 판매자의 매출을 파악 가능하잖아요. 대형할인마트의 VMI 시스템처럼요."

"김 과장님이 생각하시는 것처럼 그렇게 간단히 해결될 수 있는 문제는 아닙니다. 황소채찍 효과를 발생시키는 원인들이 다양하거든요. 가령 잘못된 수요예측이라든가, 일괄(一括)발주, 배치(batch) 크기, 리드 타임, 제품 부족, 작업자의 태도 등 여러 가지 이유가 있습니다[21-3]. 물론 VMI 시스템은 공급자가 최종 소비자들이 얼마나 구매했는지 확인할 수 있도록 해주기 때문에 매우 좋은 해결 방안 중에 하나입니다. 하지만 여전히 대형할인마트에서의 황소채찍 효과와 쓰나미 효과는 적지 않습니다."

"네? 이해가 안 가는데요? 그래도 대형할인마트의 공급망 구조가 단순하기 때문에, 중간에 거치는 단계가 적으니까 황소채찍 효과는 줄어들어야 되는 것이 아닌가요? 이 그림처럼요." 김 과장은 책상위의 이면지에 대략 황소채찍 효과 그림을 그린다.

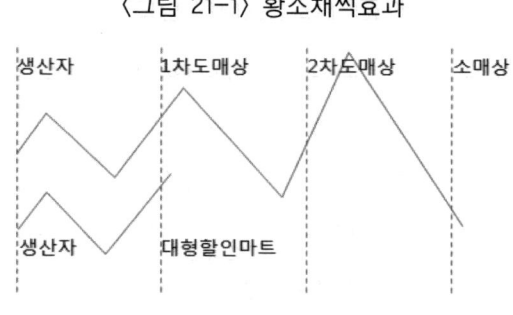

〈그림 21-1〉 황소채찍효과

"임 이사님도 그렇게 생각하시나요?"

갑자기 백 실장이 임 이사에게 질문을 한다. 임 이사가 약속이 있는지 자꾸 시계를 쳐다보는 듯해서.

"그러니까 과거 도매상 중심의 시장과 대형할인마트 중심의 시장 중 어느 것이 더 황소채찍 효과가 큰가 말씀하시는 거죠?"

백 실장의 질문에 대한 답이 아니라, 질문을 재정리한 것이었다.

"음… 생각해봅시다."

> ◑ 토론 :
> 과거 도매상 중심의 시장과 대형할인마트 중심의 시장 중 어느 쪽이 더 황소채찍 효과가 큰가?

***

이제는 5월의 날씨를 봄이라고 말하기는 힘든 듯하다. 몇 년 전만 해도 6월의 날씨가 봄인지 여름인지 구분하기 힘들었는데…

무덥지 않은 따끈한 날씨에 마땅히 마실 차들이 많지 않아, 백 실장, 임 이사, 김 과장은 입 안이 쓰지만 계속 커피를 마신다. 백 실장은 이야기가 길어질 것 같아서 커피를 마셨고, 임 이사와 김 과장은 쉽지 않은 이야기들이 나올 것 같아서 마셨다.

"일단 질문에 답을 말씀드리기 전에 먼저 불확실한 수요에 대해서 먼저 생각해 보았으면 좋겠습니다. 그리고 이와 관련된 쓰나미 효과와 황소채찍 효과에 대해서 고민을 하죠."

"어떻게 보면 우리는 예측 할 필요가 없는 부분을 예측하는 경우가 많습니다. 즉, 1년 365일 중 며칠 때문에 전체를 예측하는 경우도 있는 것 같습니다. 평상시는 경험과 또한 다양한 방법으로 충분히 대응할 수 있는 수요예측인데도, 몇 건의 예기치 못한 수요 발생 때문에 전체를 모두 예측하려고 합니다. 하지만 정작 우리가 관리해야 할 것은 쓰나미 현상처럼 예기치 못한 증감의 변동입니다. 또한 이러한 수요예측의 변동이 생산의 변동을 더욱 크게 만들게 되죠. 좀 전에 말씀드린 황소채찍 효과처럼요."

"갑작스런 수요의 변화에 대해서 생산현장에서는 더 민감하게 반응하는 것은 사실이고요, 이로 인해 생산 계획의 차질이 발생하곤 합니다. 생산 현장에는 백 실장님이 말씀하신 황소채찍 효과로 인한 데이터의 거품뿐만 아니라, 배치(batch) 생산과 공급, 인력 수급, 기계 고장, 파업, 부정확한 실제 수요 파악, 원자재 조달 등 여러 문제들 때문에 생산의 변동을 크게 만듭니다. 이로 인해 생산계획 자체가 무의미한 경우가 많습니다."

"김 과장님 말씀대로, 생산 프로세스의 안정은 매우 중요합니다. 그래야 품질도 일정하고 생산 계획도 차질 없이 진행될 수 있기 때문이죠. 불안정한 프로세스 상에서는 불안정한 제품이 생산될 수밖에 없습니다. 아무리 JIT(Just-in-time) 방식으로 재고를 줄이고, 품질을 향상시켜 프로세스를 안정시킨다고 해도, 판매 및 수요의 변동을 잘 대응하지 못하면 프로세스는 다시 불안정하게 될 수밖에 없습니다. 그러다 안정시키고, 또 다시 불안정하고. 그러다가 또 쓰나미 현상이 발생된다면 더욱 혼돈에 빠지게 되죠."

"그럼, 백 실장님은 우리 공장에서도 쓰나미 현상이 발생한다는 것인가요?"

임 이사가 걱정스럽게 묻는다.

"물론이죠. 재고를 적게 가져가면 가져갈수록 더 자주 쓰나미 효과가 발생하게 되고, 또한 통합 수요예측으로 재고를 평준화(smooth)한다고 해도 쓰나미 효과는 발생할 수 있습니다."

통합수요예측과 쓰나미가 어떤 관계가 있는지 궁금해 할 것 같아서, 백 실장은 임 이사와 김 과장의 눈치를 살피면서 그림을 그린다.

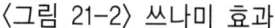

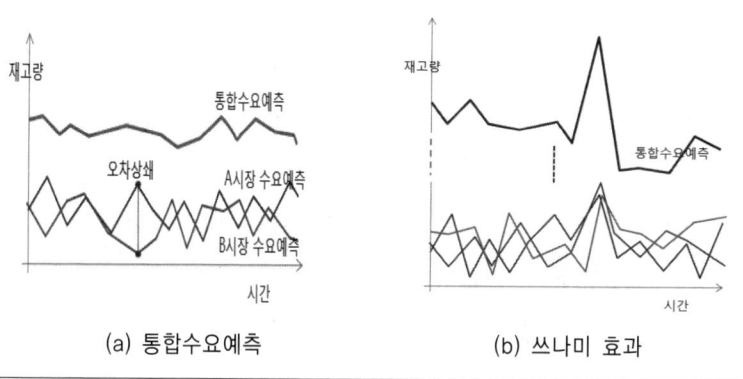

(a) 통합수요예측   (b) 쓰나미 효과

"통합 수요예측이란, 앞에서 김 과장님이 설명하셨는데 가령, 문에 달려 있는 도어락 제품들을 도매상, 대형할인마트, 시공사 등에 공급한다고 가정해보죠. 때로는 도매상에는 많이 팔리고, 대형할인마트에서는 조금 팔리거나, 도어락 A제품 많이 팔리고 B제품 조금 팔릴 때, 서로의 부족한 부분을 상충할 수 있도록 상위 레벨에서 통합적으로 예측하는 것이 좋다는 이야기입니다. 이를 '볼륨을 예측' 한다고 하죠[21-1]. 하지만 항상 변동들이 상쇄되는 것은 아닙니다. 오히려 그림 (b)처럼 변동이 상쇄가 되는 부분도 있지만 상쇄되지 못하고 더욱 큰 변동, 즉 쓰나미 현상이 발생되는 경우도 생길 수 있습니다. 평상시와 별 다른 수요의 변동이 없음에도 불구하고…"

임 이사와 김 과장은 실제 시장의 모습이 어느 그림과 비슷한가를 고민하다가 에덴금속 김 과장이 질문한다.

"백 실장님, 쓰나미 현상 때문에 프로세스가 불안정하게 되는 것은 이해가 되는데, 그런 현상이 많이 발생할까요? 에덴금속도 분명히 갑자기 주문이 증가하지만 자주 발생하는 것 같지는 않습니다. 물론 생산의 변동은 심하지만요."

"김 과장님의 질문에는 생각보다 많이 발생한다고 말씀드리고 싶습니다. 물론 쓰나미 현상을 자주 경험하지 못했을 수도 있습니다. 과거에 생산자들은 소수의 도매상들과 거래하였고, 이러한 도매상들이 재고의 버퍼 역할을 할 수 있었습니다. 하지만, 지금은 생산자들이 다수의 대형 할인마트와 거래를 해야 합니다. 물론 기존의 도매상하고도 계속 거래하고요." 백 실장은 갑자기 여러 개의 그림을 그리면서 설명한다.

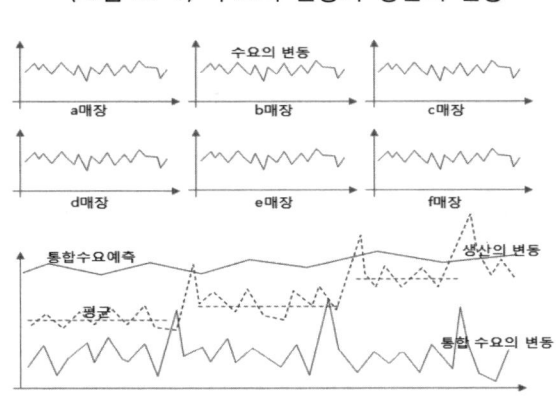

〈그림 21-3〉 수요의 변동과 생산의 변동

"그림을 보시면, 수백 개의 대형할인마트들의 수요의 변동으로 인해 쓰나미 효과들이 발생할 확률이 높습니다. 비록 개별 매장의 수요의 변동은 비록 크지 않을 지라도요. 모든 매장의 통합수요의 변동을 그려보면 쓰나미 효과처럼 갑자기 수요의 변동이 증가하는 경우가 생길 수 있습니다. 그림과 같이요. 즉, 갑자기 200개 매장에서 a제품 1박스씩 주문이 들어오면 200박스의 제품이 필요하게 되는 것입니다."

백 실장은 점선으로 그래프를 추가하고, 그 위에 통합수요예측 그래프를 그린다.

"또한 이러한 쓰나미 효과가 반복되다보면 생산자의 평균 재고량도 증가하게 됩니다. 갑작스런 수요에 대한 대응을 하여야 한다는 부담감이 누적됨으로 인해 그림과 같이 생산량이 점차 증가하게 되죠."

백 실장은 그림을 가리키며 다시 질문 겸 답변을 한다.

"김 과장님이 자주 쓰나미 현상이 발생하지 않는 것 같다고 하셨죠? 물론 우리는 쓰나미 효과들을 자주 경험하지 못할 수도 있습니다. 바로 재고의 변동량을 대처하기 위해 지나친 재고를 유지하게 되어서 재고의 변동을 아예 묻어버릴 수 있기 때문입니다."

"음… 결국, 재고에 군살이 많아서 이러한 현상들이 숨겨진다는 말씀이시군요."

임 이사가 백 실장의 주장에 동의하는 듯하다.

"이러한 재고의 변동을 고려하지 못한 채, 통합수요예측을 실시한다면 원래의 장점을 잘 발휘하지 못하게 될 것입니다. 그래서 재고의 변동을 잡아야 합니다."

임 이사와 김 과장은 눈빛으로 '어떻게…??' 묻는 듯하였다.

***

백 실장이 노트북을 켜는 잠시 동안 침묵이 흘렀다. 백 실장은 최근에 '윈도우 7' 운영체계를 깔아서 매우 빠르게 부팅된다고 생각했었는데, 지금은 유난히도 오랜 시간이 걸리는 느낌이었다.

"재고의 변동을 잡기 위해서는, 시장별로 구분하여 수요의 변동요인을 찾고, 매출 변동요인들을 따로 관리하는 것입니다."

"시장별로 구분하다니요?"

김 과장은 내심 또 다른 새로운 이야기가 나올 것 같은 기대로 다시 묻는다.

"아까 말씀드렸듯이, 도매상 중심의 시장, 기업중심의 시장, 대형할인마트 중심의 시장 등등이죠. 물론 너무 세분화 시키면 복잡성만 증가하기 때문에 바람직하지 않습니다. 그래서 시장들을 매출별로 ABC 중점관리 할 수도 있습니다."

"여기 모니터를 한번 봐 주세요. 이 그래프는 1년간 일일매출을 기록한 것입니다."

〈그림 21-4〉 실제 수요 추세

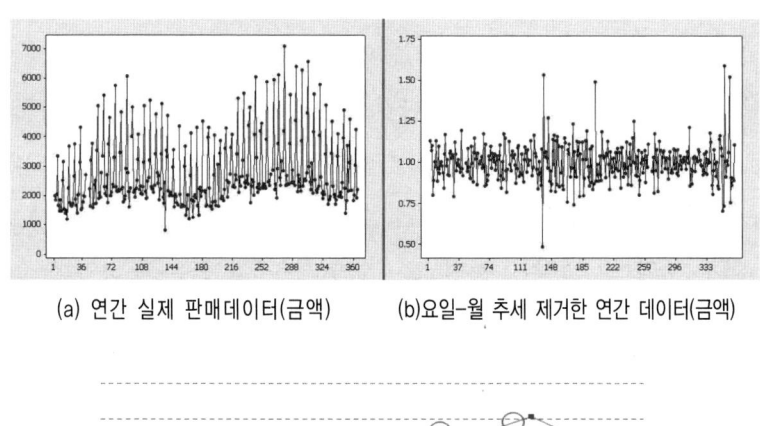

(a) 연간 실제 판매데이터(금액)   (b) 요일-월 추세 제거한 연간 데이터(금액)

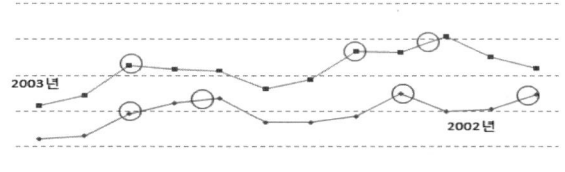

(c) 2002년 2003년 실제 데이터 추이

노트북의 화면에는 3개의 그래프가 보이고 있다[21-3].

"실제 수요의 변동이 어떤지 에덴금속의 사례를 살펴보죠. 왼쪽은 실제로 B마트에서의 1년 치 일일매출 기록이고요, 오른쪽 그림은 '요일'과 '월'의 추세를 제거해준 그림입니다. 즉, 월요일의 매출과 일요일의 매출은 다를 것이고, 봄의 매출과 여름의 매출이 다르므로 이런 요인들만 제거하여 준 것입니다. 제거하는 방법은 특별한 것이 아니라, 일반적인 재고관리 책에 많이 나와 있어서 설명하진 않겠습니다. 그림과 같이 왼쪽 그래프는 매우 불안정하게 흩어져 보이지만, 오른쪽 그래프는 수요가 어느 범위 안에 많이 놓여 있음을 알 수 있습니다."

임 이사와 김 과장은 어디서 본 듯한 그래프 같았다. 바로 에덴금속의 연간 매출 추이를 나타내는 그래프였다. 백 실장은 에덴금속의 매출 데이터를 가지고 분석하였던 것이다.

"오른쪽 그림에는 특별히 높고 낮은 매출데이터가 5개가 있지만, 모두 연휴에 따른 매출 증가입니다. 이를 제거하고 보면 우리는 수요를 예측하기 어렵다고 하지만, 시장의 수요는 그렇게 큰 변화를 나타내지 않고 있습니다. 이 데이터에서는 수요들이 $\pm 3\sigma$ 내에 약 96%안에 존재하고 있습니다. 다시 말씀드리면, 유통업에서 갑작스러운 수요의 증가는 별로 발생하지 않는다는 이야기입니다."

김 과장은 그림이 복잡한 듯 보였지만, 그래도 중심선에 집중되어 있음을 쉽게 알 수 있었다. 백 실장은 계속해서 설명한다. 이제는 완전히 대화수준이 아니라 강의수준이 되어 버렸다.

"그림 (c)는 에덴금속의 과거 2년 치의 월 총 판매액 데이터입니다. 우리가 당시에는 재고를 얼마나 준비해야 할까 많은 고민을 하고 '재고와의 전쟁'을 벌였지만 2년 동안의 데이터를 보면 비슷해 보임을 알 수 있습니다. 행사를 했던 시기는 원으로 표시했습니다. 가령 2003년에는 3월 달에는 1~15일까지 행사한 것이고, 9월 달에는 25일부터 10월 10일까지 행사한 것이다. 물론 (c) 그림에는 연휴 및 신제품 출시 등으로 인한 판매 향상 효과들은 제거하지 않았습니다. 물론 제품들마다 다르겠지만, 대형할인마트에서의 수요의 변동이 우리 생각처럼 혼돈상태는 아니라는 것입니다. 더 많은 데이터를 분석하여야 하겠지만, 분명한 것은 에덴금속과 같은 공산품 같은 하드웨어 제품들의 수요는 이런 종류의 추세를 따르고 있습니다."

"그렇군요. 가령 인위적인 매출 발생요인들을 관리해야 한다는 말씀이시군요."

"네, 관리 가능한 매출 발생요인들은, 연휴, 행사, 휴가, 유행 등이 이에 해당하죠. 어느 연구에도 식품 산업의 매출의 2/3가 행사 때 발생한다고 합니다[21-4]. 즉, 행사와 연휴로 인한 매출을 제외하면, 평상시에는 시장 수요가 그렇게 크게 변하지 않는다는 이야기입니다."

임 이사와 김 과장은 모두 놀란다. 그 동안 시장의 수요를 알지 못해 얼마나 애를 먹었는데, 생각처럼 수요의 변동이 크지 않다니.

"수요의 변동을 일으키는 요인들은 많이 있습니다. 그래서 수요의 변화를 일반화시키기는 어렵습니다. 다만, 제가 말씀 드리고 싶은 것은, 대형할인마트내의 실수요의 변화가 생각보다 크지 않고, 관리가 가능하다는 것입니다. 더군다나 수요의 변화가 발생되더라도 다른 시장보다는 쉽게 감지할 수 있습니다. 공급 리드타임이 짧거든요."

백 실장은 A4에 다시 메모한다. 마치 정리를 하듯이.

〈표 21-1〉 공급빈도에 따른 예측방식

소빈도 다량 공급	다빈도 소량 공급
• 생산자가 판매상에 제품을 한꺼번에 다량 공급하는 경우 : 월 혹은 수개월에 1회 공급 (과거 도매상의 경우) • 공급간 간격이 길기 때문에(발주간격이 김), 한꺼번에 많은 양의 재고를 공급해야 함을 의미 • 얼마나 제품이 팔릴지 예측해야 함	• 생산자가 판매상에 제품을 공급하는 경우 : 매주 수 회 공급(대형할인마트의 경우) • 자주 공급하기 때문(발주간격이 짧음)에, 재고를 적당히 공급해야 함을 의미 • 단위 공급량이 단위 수요량보다 큼. 즉 재고가 발생 • 예측하기 보다는 관리해야 됨

"표와 같이 대형할인마트로의 제품 공급은 빈번하게 발생되고 있고, 일정기간 동안 충분히 판매할 수 있는 물량을 공급하고 있으므로, 수요예측보다는 수요를 관리하면 됩니다."

"하지만 백 실장님, 현재 에덴금속에서는 대형할인마트에 제품을 자주 공급하고 있지만, 여전히 얼마나 공급할 것인가를 예측하고 있잖아요!"

"김 과장님, 왜 그런지 생각해 보세요. 자주 공급하고 1회 공급량이 수요량보다 큰데도 수요예측을 해야 하는 이유를… 김 과장님은 충분히 이해하실 수 있을 것이라 생각하고, 이야기가 길어질 것 같아서 저는 다음에 말씀드리겠습니다. 분명한 것은, 누가 이러한 변동을 잘 관리하느냐에 따라 공급망 관리의 성패가 달려있다고 생각합니다. 수요뿐만 아니라 공급 혹은 생산의 변동 모두 다요."

"아, 그러니까 저희 에덴금속의 재고가 다시 증가하는 이유가 이러한 쓰나미 효과 때문이겠군요. 더욱이 매장이 더 많이 개점되었으니까 그 효과도 점점 더 커지고요."

김 과장과 임 이사는 에덴금속의 재고가 왜 다시 증가하는지 이해가 되었다.

"맞습니다. 그래서 앞에서 말씀 드렸던 것처럼, 매출 변동요인들을 따로 관리해야 합니다. 가령 판촉행사, 판매망 변화(확대/축소), 신제품 출시, 대외적인 경제 영향 등 같은 것이죠. 하지만 너무 많은 요소들을 뽑아내기 보다는 중요한 변동 요인 몇 개를 선정하여 매출을 관리할 필요가 있습니다. 이를 통해서 수요를 예측하기보다는 관리하도록 노력해야 합니다. 또한 추가적으로 이러한 일들을 가능하게 하기 위해서 RFID 기술이 크게 도움이 될 수 있습니다."

"네? RFID 기술이요? 지금 B마트와 같이 하고 있는 프로젝트 말씀 하시는 거죠? 팔레트(pallet)에 붙이는 무선 태그(tag). 그런데 그것이 어떻게 도움이 되나요?"

김 과장이 말하고 있을 때, 갑자기 임 이사 뒷주머니에서 음악이 흘러나온다. 박 이사의 호출이었다. 임 이사는 못 내 아쉬운 표정으로 지금 나눈 이야기를 정리해 줄 것을 부탁한다. 그리고 꼭 대구공장에 적용해 볼 것이라고 약속하며 김 과장에게 지시하는 듯 눈짓 한다. 또 다시 백 실장과 김 과장만 회의실에 남겨져 있다.

"김 과장님, 이것은 좀 전에 김 과장님에게 말씀드렸던 문제와 관련이 깊습니다. 나중에 정리해서 설명하겠습니다. 그런데 우리도 좀 걸을까요? 오래 앉아있었더니 엉덩이가."

백 실장은 커피도 많이 마셔 입안이 텁텁하였고, 몸이 뻐근하여 분위기를 환기 시킨다. 김 과장은 뭔가 풀리는 듯해서 마무리 짓고 싶었지만, 머리에 쥐가 나는 듯해서 사무실 밖으로 안내한다.

"백 실장님, 혹시 회사 구경 해보셨나요?"

백 실장은 에덴금속과 10여년 가까이 거래하면서도 회사 내부를 자세히 다녀보지 못했다. 언제나 박 이사의 방과 회의실, 제품 개발실뿐이었다. 물론 신축 건물 지은 지 2년 밖에 안 되었지만.

백 실장은 김 과장의 안내로 제품 홍보실로 자리를 옮긴다.

"이곳은 올해 처음 만들었습니다."

홍보실은 유리로 도배된 듯이 투명하였고, 큼지막한 금고들과 잘 조화를 이루고 있었다. 백 실장은 에덴금속에서 이렇게 다양한 제품들을 만들고 있는지 몰랐다. 진열관 속에 가지런히 놓여 있는 다양한 자물쇠들과 공구들을 비치는 은은한 조명이 예술이었다. 물론 백 실장은 진열관속의 조명들이 LiW 제품임을 한 눈에 알아볼 수 있었다.

김 과장은 백 실장을 말없이 안내하면서, 공간 한쪽 끝에 있는 간이 의자에 앉는다. 제품 조립을 체험할 수 있는 시연장이었다. 백 실장은 아무 생각 없이 부속품들을 만지작거린다.

"예전에는 저희 제품들을 주로 전문가들이 가서 직접 설치하였지만, 최근에는 고객들이 직접 설치하는 경우가 많습니다."

김 과장이 제품을 둘러보면서 이야기 하였다.

"그래서 DIY(do-it-yourself) 제품이라고 하잖아요. 참, 반품들이 포장 불량이 많다고 하셨죠?"

분해되어 있는 도어락을 보다가 문득 백실장이 반품이야기를 꺼냈다.

"네, 이전에는 제품들이 금속이다 보니 무거워서 포장이 잘 뜯어져서 브리스타 포장으로 바꾸었는데도, 여전히 반품이 많더군요. 포장 뜯어진 채로."

"포장이 뜯어진 것은 제품 때문에 뜯어지는 경우도 있지만, 고객이 뜯는 경우도 있죠. 특히 DIY 제품처럼 스스로 설치하는 경우에는 더욱 그렇습니다."

백 실장은 포장된 도어락을 살펴본 후 이야기한다.

"이 제품은 설명서가 포장 안의 용지에 써져 있네요. 제가 고객이라고 해도 내가 설치할 수 있을까 하는 궁금증이 생기겠는데요."

"그래서 포장지 겉에도 이렇게 설명서가…"

김 과장은 말끝을 흐린다. 포장지에는 제품 설치 설명서가 개미 같은 글씨들로 적혀져 있었다. 김 과장이 보기에도 내용이 어려웠다.

"김 과장님, DIY제품의 경우는 설치 설명서가 쉽게 요약되어 있어야 하고, 포장을 뜯지 않고 밖에서도 설치 설명서가 보일 수 있도록 합니다. 그리고 좀 더 보기 쉬운 설명서가 필요합니다. 가령, 그림으로 된 설명이라든지요. 혹은 고객의 설치를 도울 수 있는 동영상이 있는 사이트를 만든다든지, 설치 도우미의 연락처 같은 정보를 제공하는 것도 좋을 듯합니다. 또한 전국 열쇠점 체인점을 구축하여 저렴한 가격으로 설치해주는 도우미 서비스도 제공할 필요가 있습니다."

"그렇군요. 그런 정보들은 이미 준비되어 있습니다. 최근에는 지문인식 도어락, 디지털 도어락 등의 설치는 반드시 전문가의 도움이 필요하기 때문에, 이를 대행하여 주는 도매상들의 네트워크가 구성되었습니다."

"그럼, 김 과장님이 고객들이 설치를 수월하게 할 수 있도록 설명서를 만들어보세요. 저도 계속해서 반품 문제들을 좀 더 조사해 보겠습니다."

이때 김 과장의 몸에서 요사이 유행하는 뽕짝이 흘러나온다. 임 이사의 전화였다. 이제 대구로 가자고.

> ◐ 토론하기:
> 대형할인마트의 공급망 상에서, 공급 리드타임이 수요율보다 짧은데 왜 수요예측을 하는가?

22. 무제(無題) (5월 13일)

에덴금속 대구 공장 김 과장, 임 이사 / 네오C&C 백 실장

김 과장 일행은 에덴금속 본사에서 뒤늦게 출발해 서울 도심을 빠져 나오고 있었다. 오늘은 교통 신호도 잘 걸리지 않고, 길이 잘 빠지는 것 같아서 기분이 좋았다. 녹색 신호에서 빨간 신호로 바뀌는 찰나에 교차로를 빠져나가기 위해 속도를 높이는 긴장감과 안도감을 여러 번 느꼈다. 물론 바로 뒤차의 운전자는 재수가 없다고 생각하겠지만. 옆 자리에 앉은 임 이사도 같은 느낌을 갖는 듯 자주 신호등에 눈길을 두었다. 김 과장은 양재 IC로 빠져 경부 고속도로로 진입하였다. 속도를 많이 내지는 못하지만, 도심보다는 한결 낫다.

한참을 막힘없이 달리던 에덴금속의 김 과장은 운전하는 동안 혼자 상념에 잠긴다. 임 이사는 너무나 피곤한 탓인지 어느새 잠이 들었다. 아예, 잠을 자려고 작정한 듯이 신발과 넥타이를 벗어놓았고, 허리띠도 느슨한 채 풀려져 있었다. 김 과장은 백 실장과 이야기 한 내용 중에 '수요를 예측하지 말고 관리하라' 말이 머릿속에서 맴돌고 있었다.

'수요의 변동을 주는 인위적인 요인만을 따로 관리한다. 판촉행사, 연휴철, 휴가철 등등. 물론 생산의 변동도 마찬가지이지만. 그러면 그

러한 요인들을 제거한 후의 수요의 변동은 어떻게 관리하나? 분명히 변동이 남아 있는데. 결국 또 다른 수요예측이 필요한 것이 아닌가? 원점대로?'

김 과장의 생각은 이미 머릿속에서 한 바퀴 돌고 있었다.

'변동 요인을 제거한 수요 혹은 생산 데이터안의 또 다른 변동은 어떻게 관리해야 하나? 또 그 변동 원인을 찾아서 관리해야 하는 것이 아닌가? 그리고 또 찾고 관리하고.'

김 과장은 수요예측을 관리한다는 것이 오히려 더 복잡할 것 같다는 결론에 이르렀을때, 이미 배가 고파오는 시간이 훨씬 지났음을 알게 되었다. 김 과장은 대전을 막 지난 어느 휴게소에서 잠시 정차한다. 임 이사는 먹을 생각이 없다며 계속 잠을 청한다. 김 과장은 혼자 식사를 하는 것이 어색해 커피 한잔과 호두과자 한 봉지를 산다. 신선한 야외 간이 의자에 앉아 담배를 피면서 먹고 마신다. 담배와 커피, 호두과자가 뒤 섞여 입 속에서 제 각각의 맛을 내지만, 맛으로 먹는 것은 아니었다. 그냥 집어넣는 것이다. 김 과장의 손도 머릿속처럼 복잡하게 움직이고 있다. 한 손은 담배와 커피, 한 손은 핸드폰과 호두과자를 번갈아 가며 다루고 있었다.

김 과장은 버릇처럼 핸드폰 폴더를 열고 누군가의 번호를 누른다. 백 실장의 번호였다.

"백 실장님, 전화 받으실 수 있으세요? 집이신가요?"

"아닙니다. 아직 사무실입니다."

"실은 오전에 말씀하신 것을 고민하고 있습니다. 뭔가 저희 현장에 적용은 해야 할 것 같은데……."

김 과장은 좀 전에 생각했던 자신의 의견을 이야기한다. 물론 정리가 안 된 생각이라 뒤죽박죽이었다. 하지만 백 실장은 김 과장의 고민을 이해하는 듯하였다.

"김 과장님, 왠지 철학자가 되신 것 같습니다. 저도 수요를 관리한다는 것을 획일적으로 설명하기는 어렵습니다. 처해있는 기업의 환경들이 다르기 때문입니다. 하지만 어느 정도 수요를 관리할 수 있다고 생각합니다. 이는 또한 공급과 연결이 되고요."

백 실장은 전화로 김 과장에게 말하고 있지만, 책상위의 빈 종이에 상대방이 보이지도 않는 그림을 그려가면서 설명하고 있다. 정확히 그림이라기보다는 낙서에 가깝다.

"김 과장님도 현상 분석에 익숙한 듯합니다. 제가 좀 추상적인 이야기를 하겠습니다. 물론 분석은 매우 중요합니다. 하지만 그러한 인과관계(因果關係)로 설명되지 못하는 것도 많이 있습니다."

"무슨 말씀이신가요? 백 실장님이 철학자 같은 말씀을 하시네요. 누구한테 들었는지는 모르지만, '설명할 수 없으면 해결할 수 없다'라는 말도 있잖아요. 분명히 알지 못하면 정답도 불분명하다는 이야기죠."

"김 과장님, 그 말이 맞을 수도 있지만 틀릴 수도 있습니다."

백 실장은 자신의 말이 모호한 것 같은 생각이 들어서 바로 부연설명을 한다.

"김 과장님, 지금 우리가 이야기하고 있는 당연하게 생각하는 분석과 현상을 설명하는 사고(思考)는 바로 18C에 생성된 것입니다. 바로 300년 정도밖에 안된 세계관입니다. 이를 계몽주의 혹은 기계론적 세계관이라고 합니다. 당시 과학혁명으로 인해서 모든 것을 알 수 있고, 해결할 수 있다는 자만심에 빠지게 되었죠. 물론 이러한 꿈은 두 번의 세계대전을 치르고 깨졌지만 말입니다."

두 사람 모두 커피를 들이키는 소리를 전화기를 통해서 듣는다.

"계몽주의는 우리 인간의 지식을 발전시키는데 큰 공헌을 했습니다. 하지만 계몽주의의 영향을 받은 우리들은 모든 것을 설명하려고만 합니다. 지구를 넘어 알지 못하는 우주의 현상에서부터, 보이지도 않는 물질의 가장 작은 입자인 원자, 전자, 쿼크(quark)에 이르기까지! 모든 것을 계량화하고 분석하려고 합니다. 그래서 보이지 않고 설명되지 않는 것은 인정하지 않으려고 합니다. 결국 물질론적 세계관이 팽배해지고, 사랑, 진리, 행복 등의 용어들은 종교적인 용어로 간주하게 되었습니다. 불과 300여 년 전에 형성된 세계관이 과거 수천 년의 세계관을 무시하게 되었죠."

"그래도 아까 말씀드렸듯이, 설명될 수 없다면 어떻게 문제를 해결할 수 있죠? 또 설명될 수 없는 현상에서 해결책을 찾아도 어떻게 좋은 것인지 객관적으로 판단할 수 있죠?"

김 과장도 자신의 철학적인 답변에 놀란다.

"아니요. 너무 극단적으로 생각하지 말아주세요. 저는 모든 요인들이 설명될 수 없다고 말하지 않았습니다. 논리적으로 핵심 문제를 찾는 것은 매우 중요합니다. 다만 때로는 현상을 있는 그냥 받아들일 수도 있다는 이야기입니다. 가령 '수요가 자연 증가했다. 감소했다' 하는 식으로요. 마치 한방 처방처럼!"

"한방 처방이라니?"

"김 과장님도 양방(洋方)과 한방(韓方)의 차이를 많이 들으셨을 겁니다. 양방은 암의 원인들을 분석하여 암세포를 찾고 암세포를 제거하는 치료방법이지만, 한방은 암세포를 제거하기보다는 항체의 면역력을 높여 암세포를 이길 수 있도록 처방하는 방법이죠. 일반적으로 우리는 양

방처럼 핵심 문제를 찾고 있고 이를 제거하기 위해 노력을 합니다. 이러한 동서양의 사고방식을 복합성(complication)과 복잡성(complexity)이라고 설명하기도 합니다[22-1]."

김 과장은 조용히 있었다.

"자동차는 많은 부품들로 구성되어 있으므로 복합적이고, 까페모카(커피의 종류)는 복잡한 것입니다. 즉, 여러 가지 구성요소로 나눌 수 있고 합칠 수 있는 것을 복합적이라고 하고, 까페모카처럼 원래의 성분으로 나눌 수도 없는 것을 복잡하다고 말합니다. 전자가 서양식 방식이고, 후자가 동양식 방식입니다."

김 과장은 아무 말 없이 계속 들으려고만 하였다.

"실제적으로 우리의 많은 환경들이 분해될 수 없는 복잡성을 가지고 있습니다. 부분은 알 수 있지만 전체를 안다고 할 수 없죠. 기업들은 다양한 원자재와 기술들을 이용하여 다양한 제품들을 다양한 판매채널을 통해 다양한 협력사들의 도움을 받아 다양한 요구를 가진 다양한 고객들에게 전달해야만 합니다. 물론 우리는 분석할 수 있습니다. 어떤 원자재와 어떤 기술이 사용되었고, 제품 종류가 얼마나 되고, 협력사가 몇 곳이고, 어느 고객에 판매를 하였다는 것을 알 수 있습니다. 하지만, 이러한 요소들의 상호작용과 이해관계와 영향 등을 모두 고려한다는 것은 불가능합니다."

아무 답변 없는 전화기에서는 김 과장의 숨소리와 고민의 흔적을 알리는 짧은 신음만이 들려왔다.

"좀 전에 김 과장님이 현상들을 분석하여야 한다고 했을 때, 현상들에 영향을 주는 요소들이 진짜 핵심 요소인지 어떻게 알고, 또한 영향을 주는 모든 요소들을 찾았다고 어떻게 장담할 수 있습니까? 이를 확인하기 위해서 또 분석하고 연구하고, 또 세부적으로 나누고 분석하고…. 오히려 현상을 인정하고 이를 대응할 수 있는 준비를 하는 것이 더 좋을 듯합니다."

"음… 그 동안 우리가 서양식 세계관에서 벗어나서 동양식 세계관을 가져야 된다는 건가요?"

"저는 동양적 사고방식을 주장하는 것이 아닙니다. 다만 원인을 분석할 수 있는 적정 수준까지 분석한 후, 그 다음에 발생되는 현상에 대해 지나치게 분석하기 보다는 어느 정도의 변화는 자연현상으로 인정하고 주요 원인들을 대처하며 융통성 있게 현상들을 관리해 나가는 것이 좋다고 생각합니다. 수요예측도 많은 요소들에 의해서 영향을 받지만, 요소들(모르고 있는 요소들을 포함)의 상호작용도 존재하기 때문에, 수요에 크게 영향을 주는 몇 가지 요소들은 찾고(복합적), 나머지는 복잡성으로 인정해주자는 것입니다. 즉, 두 가지 처방을 모두 이용하는 것입니다. 양방과 한방을!"

아이(愛) 이야기 (가출한 딸)

남편을 일찍 여의고 혼자 생계를 꾸려나가는 엄마가 있었다. 그 엄마에게는 예쁜 딸이 있었지만, 장사가 바빠서 언제나 딸은 혼자서 집에서 놀곤 하였다. 딸에게는 미안한 마음이 들었지만, '조금만 더 고생하자. 우리도 곧 좋은 날이 오겠지.' 하며 딸로 인한 미안한 마음을 스스로 위로하였다. '내 딸만큼은 못난 엄마처럼 되지 않게 잘 키워야지.'

어느덧 세월은 흘러 딸은 고등학생이 되었다. 딸은 엄마의 생각처럼 올바르게 자라지만은 않았다. 엄마에게 반항도 많이 하고 싸우는 날도 많아졌다. 그러던 어느 날 딸이 가출을 한 것이었다.

엄마는 너무 미안하여 가게에 문을 닫고 딸을 찾으러 돌아다녔다. 경찰서에 신고도 하고, 혹시나 하며 산을 뒤지기도 했다.

한 달이 다가도록 찾지 못하고 있었는데, 누군가가 딸을 강남의 어느 술집에서 보았다는 것이다. 엄마는 강남의 술집을 모두 뒤지기 시작하였다.

'여긴 없어요', 이러시면 장사 안 돼요', 아줌마! 여기가 어디라고. 저리가.'

엄마는 때로는 자식 같은 사람에게 반말도 듣고, 밀치기도 당하지만 포기할 수 없었다. 하지만, 깡패 같은 장정들을 뚫고 그 많은 술집들을 찾아다니는 것은 너무나 역부족이었다. 결국 엄마는 벽보를 붙이기 시작했다. 딸이 볼 수 있도록.

물론 딸은 그 벽보를 보았다. 그리고는 집으로 돌아갔다.

벽보에는 이렇게 적혀 있었다.

'사랑하는 딸아 엄마가 미안하다. 내가 너를 너무 신경 쓰지 못했구나. 엄마를 용서해다오 ….' 그리고는 벽보에는 엄마의 사진이 크게 붙어 있었다.

딸의 사진이나 이름을 붙이면 딸이 부끄러워 할까봐 엄마 자신의 사진을 붙인 것이었다. 엄마 자신은 부끄럽던 말든 상관하지 않고 … …

22. 무제(無題) (5월 13일)

23. LiW의 블루오션 (6월 9일)

네오C&C 백 실장, 원 팀장, 황 대리 / LiW 문 차장, 박 대리
네오C&C 사무실

> **생각하기**
> 세분화되어진 제품들을 찾아보고, 특정 제품을 대상으로 시장을 세분화 해보시오.

 현충일이 지난 6월초 어느 날, 네오C&C에게는 좀 한가한 듯하다. 오직 경리부서만 정산(定算)업무에 바쁘다. 대형할인마트들의 한 달 공급물량에 대한 결산업무를 하여야 한다. 에덴금속의 경우는 네오C&C의 도움을 받아, 월 마감 후 5일까지 결산업무를 대형할인마트의 모든 점포별로 마감(각각의 대형할인마트에 제품을 얼마나 공급했는지 세금계산서를 작성)해야 하고, 마감 후 15일이 지나면 현금 혹은 전자어음으로 결제된다. 대형할인마트는 같은 B마트라고 해도 점포별로 따로 마감업무를 해야만 한다. 가령 같은 B마트 일지라도, 서울 B마트와 수원 B마트는 별개의 회사로 생각해야 한다.
 네오C&C도 한 달 동안 공급한 에덴금속의 물량을 집계하여 세금계산서 및 부가세를 작성하여 에덴금속에게 보내면 해당 월말에 수수료

가 지급된다. 물론 공급업체들마다 다르다. LiW와 같은 다국적 회사들은 전 세계가 동일한 시간에 정산업무를 마감하는데, 시차의 차이가 있기 때문에 넷째 주 금요일에 동시에 마감한다.

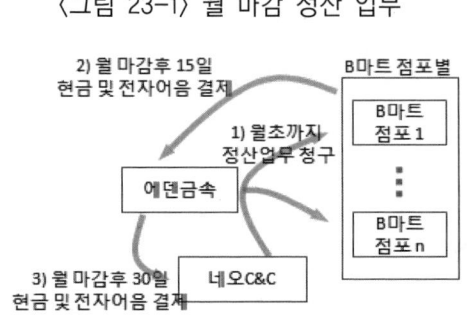

〈그림 23-1〉 월 마감 정산 업무

네오C&C의 원 팀장도 마감업무를 돕고 있는 중에, 동수원 Y마트에 나가있는 황 종철 대리에게서 전화가 왔다. 주 팀장을 찾지만 부재중이라 원 팀장이 대신 받는다.

"그럼, 원 팀장님이 접수해 주세요. 두 가지입니다. EA 회사가 콤팩트 20W 번들 제품을 200원 할인한 16,700원에 판매하고 있습니다. 우리도 조치를 취해야 할 듯합니다. 그리고 L&L 신 사장이 임의로 LiW의 제품을 EA 제품 진열공간에 걸어두어서 EA가 강력히 항의하고 있습니다."

원 팀장은 하던 일을 놓고, 급히 자신만이 알아볼 수 있는 글씨로 메모를 한다.

매장 내에서의 가격 변동은 시장 점유율의 변화를 가져온다. 대형할인마트에서는 이미 최저가 정책을 실시하고 있기에 경쟁사들의 가격 변동에 매우 민감하게 반응하고 있다. 이러한 가격 할인은 EA가 매출을 높이기 위해서 임의적으로 시행할 수도 있지만, 대형할인마트의 심술에 의해서 실시되는 경우도 있다. 즉, 대형할인마트는 경쟁사에게 가격 인하 혹은 행사를 요구하여 실시하게 되면, 동종업체들도 따라서 가격 인하 및 행사를 할 수 밖에 없게 된다. 이것이 '벤더(vendor) 길들이기'이다.

"아니, L&L은 자꾸 왜 사고를 쳐. LiW에게는 판매 진열공간이 늘어나서 매출 향상에 도움이 되지만, 자꾸 질서를 지키지 않으면 오히려 공급업체들에게도 피해가 되는데…"

원 팀장은 다른 매장들의 판매 가격 추이도 알아봐 달라고 부탁하고 전화를 끊는다. 백 실장도 옆에서 두 사람의 대화내용을 듣고 있다가 질문한다.

"왜? L&L이 또 진열공간을 침범했나?"

"네, 그 사람들 왜 그러는지 모르겠습니다. 결국은 공급업체들만 피곤해지는데."

"공급업체들도 피곤해지지만 더 큰 피해를 입는 곳은 대형할인마트들이야."

"엥? 대형할인마트들이 무슨 피해를 입나요? 매장이야 어느 제품이 팔리든 상관없이 많이 팔기만 하면 되는 거잖아요?"

"그럴 수도 있지만, 관리상의 어려움이 생기지. 만일 제품이 다 팔려서 공간이 비어 있다면, 매장 관리자들은 해당제품이 다 팔렸다는 것을 알 수가 있어서 신속히 공급업체에게 주문을 내릴 수 있지만, 그 자리에 다른 제품들을 마구 진열시킨다면 관리자들이 무슨 제품이 다 팔렸는지 알 수가 없게 되지. 결국 나중에는 무질서하게 제품들이 진열

되어 관리가 어렵게 되는 거야."

"아, 그렇군요. 매장 관리자들이 수많은 제품들을 관리해야 하기 때문에 일일이 제품의 재고 상태를 기억할 수 없으니 제품 진열의 질서가 필요하겠네요."

원 팀장은 계속 대화를 나누고 싶었지만, LiW 박 영 대리에게 전화를 걸어 현재 상황을 설명해야 할 것 같아 전화기를 든다.

***

전화를 받은 LiW 박 대리는 문 차장에게 보고를 한다.

"EA가 또 사고 쳤습니다. 동수원 Y마트 매장에서 가격인하를 했다고 합니다."

문 차장은 얼굴을 찡그리며, "알 만한 사람들이 자꾸 왜 그러지. 제 살 깎아먹기 식인데."

문 차장은 아무 대책 없이 네오C&C의 백 실장에게 전화를 건다.

"방금 저희가 알아보았는데, EA가 계속 한국 시장에서 LiW에게 밀리다 보니, 위에서 어떻게 하든지 점유율을 올리라고 지시했다고 하는군요."

결국 다국적 기업들의 자존심 싸움이다. 시장에서 1위의 위치는 마케팅 차원에서 고객에게 어필할 수 있는 좋은 근거가 될 수 있기 때문이다. 돈의 문제가 아니라 자존심의 문제이기 때문에 결국, 출혈경쟁으로 이어진다.

"백 실장님, 어떻게 했으면 좋겠습니까? 그쪽에서 자존심으로 나온다면 우리도 얼마든지 대응할 수 있습니다."

문 차장의 비장한 각오라기보다는 화가 나서 한 말이었다.

"문 차장님, 하나 정도는 양보하죠. 부정적인 피드백 고리는 끊는 것이 좋습니다."

백 실장은 부정적 피드백에 대해 예전에 네오C&C의 주 반석 팀장에게 설명한 적이 있었기에 문 차장에게 간략히 설명하였지만, 문 차장 쪽에서 계속 전화기 울리는 소리와 박 영 대리의 목소리가 섞여서 들려와 문 차장이 제대로 이해를 했는지 파악하기 힘들었다. 백 실장은 계속 이야기를 한다.

"괜한 자존심 싸움 때문에 수익률이 악화될 수 도 있고 또한 무리한 매출 올리기를 하다보면 생산계획에도 차질을 가져올 수 있습니다. 이로 인해 불량과 재고도 높아지게 됩니다. 오히려 우리는 시장을 세분화하여 전체 매출을 올리는 것이 좋을 듯합니다."

"시장을 세분화요? 어떻게요?"

"가령, 현재 조명시장은 너무나 다양한 제품들이 있습니다. 특히 조명제품들이 백색(형광등색), 전구색, 주광색 등 3가지 색깔로 구성되어 있는데요, 고객들은 무슨 차이가 있는지 어디에 쓰는지 잘 모릅니다."

"그건 저도 답답하게 생각하던 문제입니다. 유럽 같은 곳에서는 주로 가정에 전구색과 주광색을 많이 쓰고, 직장에서는 백색을 많이 쓰는데, 우리나라는 무조건 백색을 선호하거든요. 가정에서는 따뜻한 전구색이 더 효과적인데도 말입니다."

"아마 우리나라가 어려웠던 시절에 가난한 집은 전구(bulb)를 사용하였고, 부자들만 형광등을 사용했기 때문에 그런 것 같습니다. 그래서 고객들에게 전구의 용도를 알려 줄 필요가 있습니다. 즉 기존에는 등이 공간을 밝히는데 사용했다면, 이제는 용도별로 사용되도록 하는 것입니다."

"용도별로 사용된다니요?"

"쉽게 설명하면, 지금 대부분 거실에 등이 있고, 보조등이 있습니다. 저녁에는 형광등색의 등을 사용하지만, 늦은 저녁이나 새벽에는 보조등을 사용하고 있죠. 이렇게 용도를 좀 더 세분화 하는 것입니다. 주방에도 조명이 있지만 식사 할 때 사용하는 부차적인 조명을 설치하도록, 화장실에도 조명이 있지만, 전신욕 혹은 반신욕을 위한 은은한 전구색의 보조등을 설치하도록 유도하는 겁니다. 또한 공부할 때 사용되는 조명, 잠 잘 때의 조명, TV 볼 때의 조명, 손님 오셨을 때의 조명 등과 같이 용도별로 세분화하는 것입니다."

"좋은 생각이네요. 방 하나에 한 개의 조명이 아니라 2개, 3개의 등이 설치되도록 유도한다는 거죠?"

"네, 그러기 위해서는 먼저 홍보를 위해 할인마트에 조명의 사용 용도에 대한 브로슈어(홍보물)를 만들 필요가 있습니다. 제품 설명서는 물론, 제품 홍보물에 가정의 공간들을 세분화하고, 용도별에 따른 조명을 설명하는 것입니다."

"마치 블루오션(blue ocean)을 만들어 내는 것 같습니다."

좀 전에 화가 난 문 차장의 목소리는 웃음으로 가득하였다. 문 차장은 백 실장과는 나중에 좀 더 구체적으로 이야기하기로 약속하고 전화를 끊는다.

옆에서 듣던 원 진수 팀장은 다소 긴장 풀린 목소리로 이야기 한다.

"문 차장님의 흥분이 가라 앉았나보죠? 저도 용도에 따른 시장의 세분화라는 말은 별로 들어보지 못했습니다."

"일반적으로 시장을 세분화 한다는 말이 고객을 나누는 경우로 생각하는 경향이 있는데, 고객뿐만 아니라, 공간별, 용도별, 시간별로도 나눌 수 있지. 블루오션을 창출하는 방법이기도 하고. 참, 시장 창출하니까 생각이 나는데 예전에 어느 책에서 읽었는지 혹은 잡지에서 읽었는지 잘 생각이 나진 않지만 재미있었던 이야기가 하나 생각나는데 [23-1]. 어느 사장이 3명의 신입사원들에게 1주일 동안 사찰에 가서 스님들에게 빗을 팔라는 과제를 내 주었어. 처음에는 모두들 난감하였지만, 일주일 후의 결과는 A는 1개 B는 10개 C는 수백 개를 팔게 되었지. 원 팀장, 어떻게 팔았는지 알아?"

"음. 머리카락 없는 중에게 빗이라……. 좀 어려운데요."

"하하하, 한번 들어봐. A는 스님들을 따라다니면서 빗을 팔려고 했지만 결국 헛수고했어, 하지만 어느 스님이 A의 열정에 감동해서 1개를 사주었다고 하지. 나는 처음에 'A가 열정적이구나 뭔가 해도 되겠는데' 하고 생각했었는데, B는 더 기발했지. B는 사람들에게 빗을 판 것이 아니라 공간에게 빗을 팔았지. 산에는 바람이 많이 불어 절하러 온 사람들의 머리카락이 엉클어지는 것을 보고, 방마다 빗을 두어 용모 단정하게 한 후 절하도록 권했던 거야. 그러자 스님들이 10개의 빗을 샀다고 하더군. 그런데 C는 더 놀라워. C는 절을 방문하는 사람들에게 머리를 빗을 때마다 부처님 생각하게 하면 좋지 않겠느냐고 설명하고 기념품 용도로 빗을 팔았지. 사찰 이름까지 새겨서 더 비싼 값으로."

"하하하 절은 안 가봐서 잘 모르겠지만, 같은 시장인데도 어떻게 접근하느냐에 따라서 시장 크기가 달라지네요. 진짜 신기하네요. 하지만 왠지 시장이 점점 혼란스러워지는 것 같아요. 요사이 가격들이 안정되지 못하고 계속 바뀌는 것을 보면… 고객들은 잘 모르겠지만, 경쟁사가 가격인하하면 따라서 10원, 20원씩 슬그머니 우리도 가격을 내리는 경우도 많잖아요. 할인했다고 행사를 하기에는 너무 적은 금액이다 보니 그냥 가격 인하를 하니까요. 또한 잦은 할인 행사로 인해 매장들마다 가격도 달라요. 같은 제품인데도 말입니다."

"그게 문제야. 동일한 제품인데도 매장마다 가격이 달라지는 것. 의도적으로 했던 모르고 했던 간에…"

백 실장이 한숨을 쉬며 말하지만, 원 팀장은 매장들마다 가격이 다른 것이 문제임은 알았지만, 그냥 대수롭지 않게 생각하고 있었다. 백 실장은 원 팀장이 제대로 이해하지 못하고 있음을 알고 설명한다.

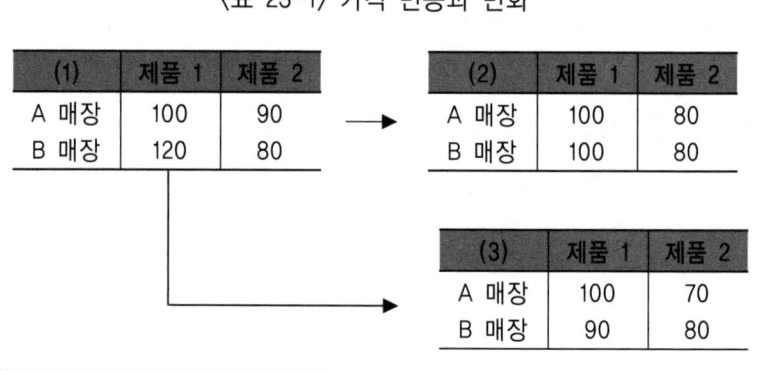

〈표 23-1〉 가격 변동과 변화

"원 팀장, 표와 같이 제품 1과 제품 2가 두 매장에서 판매가 된다고 가정해봐. 그냥 상식적으로 생각한다면, 제품1은 A 매장이 싸고, 제품 2는 B매장이 싸다고 생각할 수 도 있지만, 가격이 조절된다면 시장가격의 조절은 내려가게 되어있지. 즉, 제품 1의 가격이 100원과 120원 사이인 110원에 책정되는 것이 아니라 100원으로 내려가게 되지. 옆의 표 (2)처럼 말이야. 하지만, 실제로는 B매장은 A매장이 제품 1의 가격을 100원 팔고 있는 것을 알고 있기에, 더 낮은 가격을 제시하게 되지. 마찬가지로, A매장도 제품 2의 가격을 경쟁사보다 더 낮추어 판매하게 되는 경우가 많지. 표 (3)처럼 말이야. 이러한 악순환이 계속 되기 때문에 최저가 제도를 실시한 것이지. 이 밑으로는 내리지 말라고. 즉, 가격이 달라진다는 것은 가격이 더욱 인하된다는 의미이지."

"아, 그렇군요. 알고는 있었지만, 표를 보니 더욱 분명해지네요. 하지만 최근에는 9의 법칙이라고 해서 가격을 임의로 조절하는 경우가 많잖아요."

"그렇지. 예전에는 가격을 책정할 때 9의 법칙이라는 것이 있었는데, 곧 9도 식상하다고 8의 법칙이 나오는가 하면, 지금은 마구잡이로 책정되고 있는 것 같은 느낌이야. 물론 임의로 매장에서 가격을 조절할 수는 없지만."

"네, 저도 9의 법칙은 알고 있습니다. 어느 책에 읽어보니까, A와 B가 4,900원과 5,000원 짜리 음식을 각각 먹은 후, 시간이 지난 후에 음식 가격을 물어 보았더니 A는 사천 얼마로 기억하고 B는 오천 얼마로 기억한다는 결과가 있더군요[23-2]."

"맞아, 분명히 9로 끝나는 가격이 구매행동에 영향을 주지. 그런데 원 팀장, 9의 법칙이 처음에 어떻게 생겼는지 알아?"

"글쎄요. 잘은 모르겠지만, 고객 구매 심리를 연구하는 학자가 만든 것이 아닌가요?"

"틀렸어, 또 재미있는 이야기인데…. 그냥 가르쳐주기에는 아까운데…. 처음에는 미국의 어느 가게 주인이 고안한 방법이라고 하더군. 판매원들이 돈을 횡령하는 것을 막기 위해서. 만일 990원이라고 하면 고객들은 1,000원을 내게 되므로, 판매원들이 잔돈을 거슬러 주기 위해 계산대로 와야 되니까 횡령하지 못하게 되는 것이지."

"이야, 점포 주인의 머리가 참 좋네요. 아마도 돈 좀 벌었을 것 같은데요."

잔머리가 뛰어난 원 팀장 역시 점포 주인의 비상함에 감탄한다.

"지금 바로 그런 지혜가 필요한 것 같아. 지나친 가격 경쟁을 막기 위한 방법."

백 실장은 또 뭔가를 혼자 끄적거리다 문득 책상위의 시침이 눈에 띄었다. 작은 바늘은 이미 '6'을 지나고 있었다. 백 실장은 서둘러 노트북을 가방에 넣고 오래간만에 일찍 집으로 나선다. 오늘 아침에 네 살인 둘째 아이 예정이가 아빠 얼굴을 잊어버릴 것 같다는 백 실장 아내의 일침(一針)이 있었다. 백 실장도 매일같이 밤늦게 들어가 새벽에 출근하니 아이들이 아빠의 얼굴을 보기 힘든 것은 당연하였다. 백 실장은 이 땅에서 월급쟁이 아빠를 둔 아이들이 얼마나 자주 아빠의 얼굴을 보면서 잘 수 있을까 생각하며 치열한 생존의 현실이 안타깝다는 생각을 한다.

***

퇴근길은 정체가 심하고 또한 몸이 너무 피곤한 백 실장은 오래간만에 홀가분하게 좌석버스를 탄다. 다행히 자리를 하나 찾아 몸을 푹 담근다. 마치 욕조에 몸을 맡긴 것처럼. 백 실장은 유리창을 통해 바라본 도시 풍경이 마치 한 폭의 영화와 같은 느낌을 받았다. 아니 느꼈다기보다는 그냥 신선함이 몰려왔다. 버스 기사는 가다서다 반복함으로 인해 짜증을 냈지만, 백 실장에게는 달콤한 여유의 시간이 늘어날 뿐이었고, 그저 모든 것이 평화롭게 느껴졌다.

'아차, 이번 정류장에서 내려야 되는데.' 백 실장은 잠들었던 건지 알 수는 없었지만, 순간적으로 무의식을 의식으로 되돌리면서 버스를 내린 곳은 한 정거장이 지난 후였다. 밖은 아직 어둡지는 않지만 밝지도 않았다. 오히려 건물의 찌든 때들이 분간되지 않아 상쾌한 기분이 들었다. 백 실장은 아이들을 위해 무엇을 살까 고민하다가, 문득 호떡을 굽는 포장마차를 본다. 아이들이야 제과점 빵을 더 좋아하지만, 호떡을 보는 순간 가난했던 옛날 생각이 났다.

'호떡은 참으로 아버지께서 좋아하셨는데.' 백 실장은 대학 시절에 아버지에게 드린 첫 선물이 호떡이었던 것이다.

백실장의 아버지는 지금 칠십 세가 되셨지만, 나이에 맞지 않게 좋은 대학까지 나오시고 고향에서도 수재라고 불릴 만큼 똑똑하셨던 분이셨지만, 사업에 실패하시고는 하는 일 없이 10여년을 방황하고 계셨었다. 그래서 중학교 때 부터 어머니는 삼 남매를 공부시키기 위해 새벽같이 공장을 다니시며 모든 생계를 책임지셨다. 당연히 백 실장과 아버지와의 관계는 불편하였다. 그러던 어느 날, 백 실장이 대학을 다니면서 신앙생활을 시작하게 되었는데, 그의 아버지는 몹시 반대하였던 것이다. 이미 높은 담을 쌓고 있던 부자(父子)간은 상종을 하지 않은 터였고, 그는 아버지답지 않은 아버지를 아버지라 인정하고 싶지 않았었다. 하지만 아버지의 계속된 성화에 백 실장은 화가나 소리쳤다. '아버지는 나의 일에 왈가왈부 관여하지 마세요. 지금까지 나에게 해준 것이 하나도 없으니까요.'

그런데 이 말이 그의 아버지에게 큰 상처를 준 것이었다. 가뜩이나

무기력감에 빠져 있던 분이었기에 그 상처는 더 컸었던 것이다. 다음 날 백 실장의 어머니는 조용히 이야기하였다.

"아버지에게 용서를 빌어라. 너 때문에 아버지가 많이 힘들어 하신다. 아버지는 고생하고 싶어서 고생하니, 가난하고 싶어서 가난한 것도 아니잖니. 세상 부모의 마음은 다 똑같단다. 자식들만큼은 최고로 해주고 싶지만 그렇지 못할 경우가 많단다. 아버지는 우리들 보다 더 많이 답답해하신다. 얼마나 답답하셨으면 어제 아버지가 할아버지 산소에 가서 눈물을 흘리셨겠니…"

백 실장은 아무 말 못하고 집을 뛰쳐나왔다. 갈 곳은 없고 어느덧 발걸음은 늘 가던 곳인 도서관으로 향했던 것이다. 그리고는 조용한 자리에 앉아 울었다. 그냥 눈물이 쏟아졌다. 부모에 대한 원망이 아니라, 답답한 자신에 대한 회개의 눈물이었다. 백 실장도 부모님들이 고생하시는 줄 잘 알고 있었지만 표현이 되지 않았다. 몇 번은 감사하다고 말하고 싶었지만, 아버지를 볼 때면 말이 나오질 않는 것이었다. 백 실장은 조용히 기도하였다. 부모님조차도 사랑하지 못하는 자신을 용서해 달라고…….

밤 10시가 지나서, 백 실장은 퉁퉁 부은 두 눈을 애써 감추며 집으로 향했다. 아버지께 용서를 구해야겠다고 생각하니 마음이 한결 가벼워졌다. 집으로 가는 길에 유난히도 불빛이 밝은 어느 집이 보였다. 불빛 앞에서 나방이 몰리듯, 고등학생들이 이리저리 돌아다니며 떡볶이, 순대, 튀김 등을 먹으면서 해방감을 느끼고 있었다. 백 실장은 식욕은 없었지만 그들의 웃는 모습들이 눈에 들어왔다. 그때 문득 호떡이 보였다. 솔직히 백 실장은 아버지께서 호떡을 좋아하시는지 알지 못했지만, 이전에 아버지의 어린 시절에 작은 아버지들과 맛있게 호떡을 먹던 추억들을 들었던 이야기가 생각이 났기 때문이다. 백 실장은 천원에 다섯 개 하는 호떡 한 봉지를 집어 들고 집으로 갔다. 이미 그의 아버지는 잠이 드셨는지 누워계셨다. 백 실장은 아버지 머리맡에 호떡 한 봉지를 놓고 슬그머니 나왔다. 아무 말 못하고.

　다음날 백 실장은 어머니에게 들었다. '어제 저녁에 아버지께서 무척 행복해 하셨다. 세상에서 이렇게 맛있는 꿀 호떡은 처음이라고 하시면서 혼자서 모두 드시더라.'

　백 실장은 학교를 가는 길에 마음속으로 고백했다.
"아버지, 사랑합니다."

24. 미흡한 Win-Win (6월 18일)

LiW 문 차장, 김 대리 / 네오C&C 백 실장, 주 팀장 / L&L 신 사장
LiW의 서울 본사 / 네오C&C 사무실

생각하기

1. 3자물류의 특징을 살펴보고 3자물류가 앞으로 나아가야 할 방향인지 생각해 보시오.
2. 물류의 발전과정을 생각해 보시오.

"이게 뭡니까? 일을 제대로 하는 건가요?"

LiW 문 영희 차장은 L&L 신 광수 사장에게 언성을 높이고 있는 중이다. B마트의 오배송과 미납이 수차례 발생하였기 때문이다.

"신 사장님을 믿고 일을 맡겼더니, 너무 형편없네요. 이전에 네오C&C는 미납 한번 없었는데요. 자꾸 이런 식으로 일을 하면 저희도 다른 방법을 찾겠습니다."

"죄송합니다. 일이 많다보니. 죄송합니다."

신 사장은 할 말이 없었다. 가지고 온 선물세트를 조용히 놓고는 연신 굽실거리며 되돌아갔다.

"문 차장님, 아무래도 다른 업체를 찾는 것이 좋을 듯합니다."

김 영 대리도 몹시 화가 난 상태였다.

"김 대리! 어디서 저런 업체를 데리고 왔어? 참 말도 안 나오네."

"물류수수료도 싸고, 보증보험 및 그들이 말한 서비스 내용들이 우리와 적합한 것 같아서…."

김 대리는 하고 싶은 말을 아꼈다. 늘 위에서는 원가 절감만 외치고, 물류업체들을 수시로 바꾸고 경쟁 시키려고 하니 보니 도리가 없었다. 문 차장도 협력업체들의 경쟁을 유도하여 좀 더 좋은 조건으로 서비스를 받고자 하는 전략을 써 왔고, 이런 방식이 대기업들이 협력업체들에게 행하는 전형적인 원가절감 방법이기도하다.

이때 네오C&C 주 반석 팀장도 LiW에 업무보고를 위해 방문하였고, LiW 김 영 대리를 찾는다. 네오C&C는 매월 최소 1회 LiW에게 정기보고서를 제출하기 때문이다. 김 대리는 얼굴이 상기된 채로 주 팀장을 회의실로 안내한다.

"김 대리님, 무슨 일 있나요? 좀 전에 L&L 신사장도 방문한 것 같던데요?"

"L&L 때문에 Y마트 매출이 반 토막 났습니다. 매장과 잡음도 많고요. 더군다나 저희 회사 사장님이 집 근처 Y마트를 방문하였다가, 저희 제품이 품절(제품이 모두 팔려 재고가 없는 상태)된 것을 보시고 난리를 치셨죠. 6개월간 벌써 12%의 제품들이 주문이 안 들어오고 있어요."

"음, 제 생각에는 L&L 사람들이 자주 바뀌고 임시직 사람들이 많아서 그런 것 같습니다."

주 팀장은 이전에 백실장이 회사의 효율과 업무의 효과는 별개라고 이야기한 것이 생각났다.

"신 사장은 지나치게 로비에만 신경 쓰지 업무는 제대로 관리하지 않는 것 같아요. 아무튼 이번에 또 업체를 바꾸어야 할 듯 합니다."
 주 팀장은 은근히 다시 네오C&C에게 맡기라고 말하고 싶었지만, 김 대리의 무표정한 얼굴이 부담되어 그만둔다.

***

 이미 날씨가 뜨거워져 네오C&C 사람들은 모두 반팔을 입었지만 에어컨을 틀기에는 너무 이른 때였다. 하지만 아직 백 실장은 긴 팔을 입은 채로 선풍기를 켜 놓고 있었다. 뜨거운 날씨에 긴팔을 입는 사람들은 두 부류일 것이다. 차가운 냉기와 같은 악조건 가운데에서 일하는 냉장창고 관련 사람들이거나, 에어컨을 빵빵하게 틀어놓고 운전하면서 시원함이 가득한 사무실에서 기름 걱정 안하면서 살아가는 특권층일 것이다.
 물론 백 실장은 다른 고충이 있었다. 유독 팔목이 여성처럼 얇아서 여간하면 반팔을 잘 입지 않는 백 실장을 어떤 사람들은 오해를 사기도 하였다. '돈 많이 벌었구나!'

 월말이 다가와서 그런지 백 실장과 주 팀장은 뭔가를 바쁘게 상의하고 있던 중, 원 팀장이 웃음을 머금은 얼굴로 들어온다.
 "백 실장님, LiW가 L&L 신 사장과 거래를 끊고 성공물류와 거래하기로 했다고 합니다."
 "원 팀장? 성공물류라니? 그런 회사도 있나?"
 "예전에 LiW에 있던 강 부장이라는 사람이 회사를 그만두고 창업을 했다고 하던데요."

"아이고, 저는 우리에게 다시 LiW를 맡길 줄 알고 내심 기대를 했는데."

주 반석 팀장이 아쉬워하며 말했다. 원 팀장도 아쉬움이 많았지만, 또 하나의 경쟁회사의 출현으로 걱정이 앞선다.

"그런데 또 빅뉴스가 있습니다. LiW의 김 영 대리도 다른 곳으로 옮겼다고 합니다."

"뭐? 무슨 소리야? 지난주에 내가 LiW 본사에서 보고 왔는데?"

원 진수 팀장의 보고에 주 반석 팀장이 놀란다.

"진짜야 벌써 신임이 왔다고 하는데."

"우와 LiW도 난리가 났군. 문 차장도 작년에 왔는데."

"연봉제 회사들의 문제이기도 한 것 같군. 너무 돈만 가지고 사람들의 능력을 평가하고 경쟁을 시키니. 사람들이 애사심(愛社心)이 부족하고, 더군다나 요사이 헤드헌터들을 통해 얼마나 자주 이직(移職) 유혹을 받는지 몰라."

백실장도 몇 번 헤드헌터들의 연락을 받은 적이 있었다. 회사 사장인줄도 모르고.

"LiW 김 대리는 의류업체 다국적 기업으로 갔다고 하는데요."

"김 대리가 의류 쪽 일을 아나?"

"글쎄, 영문과 나온 걸로 아는데…"

원 팀장과 주 팀장이 왠지 신이 난 듯 이야기한다.

"아무튼 자발적으로 나간건지, 아니면 문 차장이 나가도록 압력을 넣었는지 알 수 없지만, 우리에게도 좋은 건 별로 없지."

백 실장이 두 팀장들의 웃음 섞인 표정을 보며 이야기한다.

"그래도 백 실장님, 새로 온 사람들이 업무를 잘 모르니 우리를 더 많이 의지할 것 같은데요. 그러면 우리도 더 수월하게 일할 수 있지 않을까요?"

"그럴 수도 있겠지. 하지만, 혹시 신입자들이 자신이 아는 사람들에게 거래의 기회를 주려고 하거나, 자신의 스타일대로 업무를 하기를 원한다면 우리에게도 큰 어려움이 생기잖아. 더군다나 LiW마저 끊긴다면 우리 회사도…"

"그러고 보니 외주업체들에게 선의의 경쟁을 시키는 것이 반드시 좋은 것만은 아닌 것 같네요. 서로의 경쟁을 통해 능력들을 더욱 배양시키는 것은 바람직하지만, 상급회사와의 신뢰가 쌓이지 않아 언제 정리가 될지 불안하고, 자꾸 더 좋은 조건들을 따라 갈아타니 말이에요."

"선의의 경쟁은 필요하겠지만 이는 협력이 전제되어야만 하지. 한쪽 이익만을 강조한 채 지나치게 경쟁만을 강조하면 상생(相生) 할 수 없지. 이 역시 전체 공급망(SCM)상에서 보면 부분 최적화지. 적은 비용으로 너무 좋은 서비스만을 바라고 있으니 말이야. 그래서 물류 아웃소싱에 대한 기대치가 만족되지 못해서 물류업체를 M&A하거나 2자회사에게 맡기는 경우가 있지. 물론 물류의 중요성을 인식해 도로 가져오는 경우도 있지만, 또 언젠가는 물류업무가 과다해져 다시 아웃소싱으로 되돌아가는 악순환 구조로 가게 되지. 그래서 기업 환경들이 진화(進化)된다고 하지[24-1]."

"진화요? 갑자기 무슨 진화를?"

주 팀장은 진화라는 말에 거부감이 있는 듯하다. 아마 신실한 크리스천인지라 '진화'라는 용어를 안 좋아하는 것 같다.

"흔히들 많은 사람들이 3자 물류가 진보된 물류이고 그런 방향으로 나아가야 한다고 말하고 있는데, 나는 그렇지 않다고 생각해. 기업의 환경에 따라 물류 방식도 달라질 수 있지. 이미 지금 시장에는 1자, 2자, 3자물류 모두 각각의 필요성들이 존재하고 있어."

"그래도 전문적인 물류업체에게 맡기는 것이 좋지 않나요? 우리의 사업 영역 중에 하나도 3자물류인데요."

주 팀장도 그 동안 여러 프로젝트를 참석해서 물류에 대한 전반적인 지식들을 가지고 있었다.

"하지만 3자물류만 전문적인 것은 아니야. 가령 A전자회사가 제품을 판매할 때 제품만을 고객에게 전달하는데서 끝나는 것이 아니지. 지금은 제품의 설치는 물론 사용방법들도 설명해 주어야 되거든. 그런데 3자물류 회사들이 다양한 전자제품들을 설명하는 데에는 한계가 있지. 또한 A전자회사와 B전자회사의 제품들도 다르기 때문에. 그래서 지금은 제품(products)을 판다고 하지 않고 솔루션(solutions)을 판다고 하지."

"솔루션이요? 무슨 소프트웨어 같은 것을 의미하는 건가요?"

주 팀장은 무슨 게임 프로그램 같은 것으로 오해하는 듯하였다.

"아니야, 주 팀장, 음… TV를 한번 예를 들어볼까? 고객이 TV를 사지만, 고객이 원하는 것은 TV 전자제품이 아니라 TV 프로그램 시청(視聽)이야. 즉, 이제는 TV만을 팔아서는 안 되고, 고객이 TV를 볼 수 있도록 설치 및 사용방법 등 모든 서비스를 제공해야 하는 것이지. 이를 솔루션이라고 해."

"음. 그래서 S전자회사가 물류회사를 자회사(子會社)로 인수하였군요. 고객 서비스를 강화하기 위해서요?"

"맞아, 주 팀장. 그러한 자회사를 2자물류 회사라고 이야기 있지. 물론 2자물류 회사를 부정적으로 보는 시각도 많이 있지. 모회사의 물량을 독점하고 영세 물류업체들이 도산하기 때문에… 하지만 효과적인 공급망의 구성은 기업의 성공을 위해 필수적이기 때문에 공급망의 가장 약한 부분을 보강해야 하는 것은 기업의 어쩔 수 없는 선택이야. 또한 유통환경에서 예기치 못한 많은 사건들이 발생하는데, 이를 능동적으로 해결하기에는 3자물류 회사가 좀 경직되어 있는 것도 사실이지. 자기 할 일만 하는 경우가 많거든."

백 실장은 기업이 시장의 환경과 시장 구성요소들의 상호적인 관계에 따라 변화된다고 믿고 있었다. 이를 '기업진화론'이라고도 한다 [24-2].

"물론 2자 혹은 3자물류 뿐만 아니라 1자물류도 우수한 모델이 많이 있어. 가령 정수기와 비데 회사처럼 고객들을 직접관리하고 있지. 오히려 1자물류와 2자물류는 기업과 소비자를 연결시켜주고 있지."

"그리고 보니 옛날에 화장품 아주머니가 저희 집에 방문해서 어머니에게 화장품을 발라주면서 팔던데. 그것도 1자물류에 속하겠네요."

"우와, 주 팀장은 옛날에 잘 살았나봐? 화장품 아주머니는 부잣집만 다니는데. 우리 엄마가 화장품 아주머니였거든." 하며 농담하지만 원 팀장이 씁쓸하게 웃는다. 원 팀장의 어머니는 일찍 돌아가셨기 때문이다.

백 실장도 문득 생각해본다. 화장을 하시는 어머니에 대한 기억이 별로 없었다. 어린 시절의 백 실장의 어머니는 늘 새벽같이 공장에 나가시고 저녁 늦게야 들어오시는 분이었다. 교회를 다니고 있는 백 실장은 예수님의 사랑을 어머니를 통해서 많이 느낄 수 있었기에 부모님들에 대한 생각이 더욱 절실하다. 자식들에게는 따뜻한 밥을 먹이시면서 정작 부엌에서 남은 찬밥이 아까워 남은 반찬으로 대충 식사를 하시는 어머니. 자신은 새파란 젊은 사람에게 머리 숙이며 창고정리 및 뒤치다꺼리 일(잡일)을 하시지만, 아들이 석박사라고 자랑하시는 아버지… 우리의 공통된 아버지 어머니의 모습이 아닌가 생각한다. 오직 자식들이 빨리 장성하여 잘 되기만을…. 그리고 마음 한 구석인가에는 자식들이 잘되면 자신들도 호강하겠지 하는 기대감도 가지셨을 거라 생각된다.

하지만 자식들이야 처자식이 생겨 분가하면 어느덧 잊혀지는 것이 부모님이 아닌가 생각한다. 아니 부모님에 대한 감사하는 마음만 있을 뿐 같이 살기가 쉽지 않는 것이 요즘 세상인 것 같다. 명절날에 용돈이나 몇 푼 쥐어주고 자식 된 도리를 다 한 양 생각하는 현실. 그래도 자식들이 용돈 줬다고 친구들에게 자랑하시는 부모님들의 모습이 선하다. 당장 부모님과 함께 살고 싶어도, 우리들의 환경이 그렇지 못함이 답답할 뿐이다. 백 실장은 문득 부모님이 보고 싶어져서, 전화라도 한 통화하리라 생각한다.

25. 에덴금속의 성장과 EPFR (6월 30일)

에덴금속 사람들과 네오C&C 사람들
네오C&C 분당 사무실

생각하기

제품을 낱개 단위로 주문(개별 발주 방식) 할 수 있다면 어떤 장단점이 있을지 생각해 보시오.

에덴금속의 박 예찬 이사, 이 명호 대리, 대구공장의 임 이사와 김 과장이 네오C&C에 방문하였다. 네오C&C의 사무실은 특별한 장식 하나 없었고, 화분 몇 개와 큰 푯말이 하나 걸려 있었다.

'하나님이 그들에게 복을 주시며 그들에게 이르시되 생육하고 번성하여 땅에 충만 하라, 땅을 정복하라, 바다의 고기와 공중의 새와 땅에 움직이는 모든 생물들을 다스리라 하시니라.(창1:28)'

교회에서 장로인 에덴금속 박 이사는, 성경말씀이 시장을 관리하는 네오C&C에게 잘 어울리는 것 같은 생각이 들었다. 박 이사는 열심히 일하고 있는 사람들의 모습이 보기 좋았는지, 웃으면서 조금 큰 목소리로 이야기한다.

"역시 젊은 회사는 뭔가 다른 것 같습니다. 꽉 찬 느낌. 뜨거운 느낌. 정말로 생동감이 확 느껴지네요."

백 실장은 도착한다는 연락도 없이 불쑥 들어온 에덴금속 일행을 보며 미안함과 당황함이 교차한다.

"도착할 때 쯤 연락을 주시죠…"

백 실장은 급히 회의실로 안내하며, 무슨 차(嗪)를 내 놓을까 안절부절 못하고 있다.

"백 박사님, 그만 앉으세요. 저희는 마치 에덴금속에 온 기분입니다. 전혀 낯설지 않아요."

대구공장의 임 이사도 자신들의 방문에 부담주지 않기 위해 거들었다.

네오C&C쪽도 주 반석 팀장, 우 종수 팀장, 황 종철 대리를 비롯해 몇몇이 더 참석하였다. 오늘 회의의 이슈는 지난번에 발생한 재고증가 때문이었고, 백실장이 에덴금속에 회의를 제안한 것이었다. 황 종철 대리는 종이를 한 장씩 나누어 주었다.

"항상 네오C&C에서는 잘 짜인 두툼한 보고서를 주셨는데, 오늘은 달랑 종이 한 장이네요."

에덴금속 김 과장이 의미 있는 농담을 한다. 김 과장은 이전에 백 실장이 던진 질문에 대한 답을 아는 듯하였다.

"네, 달랑 종이 한 장이지만, 문제 해결을 위한 방법도 달랑 한 가지입니다."

"우리야 간단할수록 좋죠."

임 이사는 뭔가를 기대하며 말한다.

"먼저 지난번에 임 이사님과 김 과장님에게 드린 질문을 기억하시나요?"

백 실장의 말에 임 이사가 깜짝 놀라며 망설인다.

"그런게 있었나요? 뭐였더라… 질문이… 수요예측에 관해서인데…"

"제가 답변을 하죠. 지난번 백 실장님이 던지신 과제는 '대형할인마트는 빈번하게 공급하고 있어서 공급율이 수요율보다 높은데 왜 수요예측을 하는가?'입니다. 물론 그 대답은 공급량 사이즈 때문입니다."

김 과장의 정확한 답변에 백 실장도 미소로 답한다.

"김 과장님 많이 고민하셨나보네요. 맞습니다. 이전에 저희 거래업체인 텔레코드에서 제품의 종류를 줄이면서 많은 재고절감을 시도하였습니다. 하지만 재고량의 분산에 대해 큰 문제가 있음을 발견하게 되었고, 가장 큰 이유는 박스 내의 입수(入首)였습니다."

"입수라니요? 한 박스 속에 담긴 제품 개수를 말하는 건가요?" 에덴금속의 이 대리가 말하였다.

"맞습니다. 현재 에덴금속의 도어락은 한 박스에 10개가 들어있죠. 그러면 한 박스의 물량이 며칠의 재고분량으로 생각하시나요?"

"음, 많아야 일주일 정도 밖에 안 될 것 같은데요?"

마치 한 번씩 돌아가면서 말하기로 약속한 듯이 이번에는 대구 공장 임 이사가 답변한다.

"아닙니다. 많은 사람들이 그렇게 오해하고 있습니다. 마치 대형할인마트에서는 많은 수량의 제품들을 팔고 있는 것처럼. 물론 100개가 넘는 할인마트 전체로 보면 많은 물량이 팔리지만, 한 점포에서 한 종류의 제품들이 팔리는 개수는 매우 적습니다. 다음 자료를 보세요."

황 대리가 백 실장 대신에 노트북의 키보드를 누르자, 연결된 빔 프로젝터를 통해 작은 숫자가 가득한 자료가 보인다.

〈표 25-1〉1년 치 주문분석

Report Options
Report Columns :Item Nbr, Item Desc 1, Unit Retail, Unit Cost, MU %, Item Status, Item Type
UPC, POS Sales, POS Qty,   Units per Store per Week (w/o zeros)
PosDate.(mm/dd/yyyy)TimeRange1IsBetween 01-01-2006 and 12-31-2006
Selections Include:Store Type Breakdown —〉 All Stores

Item Nbr	POS Sales	POS Qty	Units per Store per Week	Lot Size	# weeks
057	1,476	56	3.1	5	1.61
078	39,600	44	4.9	20	4.09
414	5,708	91	1.4	12	8.70
421	2,324	71	1.7	12	7.27
428	13,800	110	1.3	10	7.82
435	42,100	359	2.2	10	4.51
442	12,480	624	3.1	10	3.24
449	8,423	386	2.2	10	4.53
456	3,120	156	1.3	10	7.44
463	2,815	129	1.3	10	7.75
470	16,292	512	2.5	5	1.97
477	19,686	367	2.1	5	2.41
484	11,770	121	1.3	5	3.88
491	11,180	86	1.1	10	8.84
498	9,237	127	1.3	5	3.78
505	3,477	239	1.6	10	6.07
512	7,419	170	1.5	10	6.53
519	20,498	451	2.5	10	4.04
526	6,504	135	1.6	5	3.22
533	9,900	165	1.5	5	3.36
540	15,010	209	1.6	5	3.09
547	14,077	163	1.4	5	3.47
554	10,513	118	1.3	5	3.77
561	6,120	99	1.3	5	3.79

Item Nbr	POS Sales	POS Qty	Units per Store per Week	Lot Size	# weeks
568	9,891	160	1.4	5	3.59
575	4,667	87	1.2	5	4.14
582	11,806	111	1.4	10	7.39
002	4,140	23	1.0	1	1.04
009	2,111	9	1.0	1	1.00
016	8,640	96	1.3	1	0.77
023	27,023	205	1.7	1	0.59
030	6,137	50	1.2	1	0.86
205	91,890	266	2.1	5	2.35
212	26,282	59	1.3	5	3.73
982	8,063	245	2.1	10	4.82
150	54,360	453	4.2	12	2.86
157	11,571	86	1.3	12	9.35
164	44,232	306	3.0	12	4.00
171	26,117	171	2.0	12	5.96
178	29,392	274	2.5	12	4.77
185	12,980	121	1.7	12	7.14
192	44,409	354	3.0	12	4.03
199	12,169	97	1.4	12	8.54
206	53,474	1,478	8.1	6	0.74
213	116,602	2,036	11.2	6	0.54
220	6,849	279	2.4	6	2.45
227	12,209	395	2.9	6	2.10
234	28,923	707	4.1	6	1.45
241	8,273	260	2.1	6	2.88
248	12,771	281	2.2	6	2.75
255	38,300	766	5.0	6	1.20
262	20,392	377	2.9	10	3.47
269	5,212	98	2.3	10	4.39
		AVERAGE	2.3		4.0

Item Nbr	POS Sales	POS Qty	Units per Store per Week	Lot Size	# weeks
276	175,887	2,449	14.4	10	0.69
283	8,403	117	1.6	10	6.24
290	22,876	233	2.3	10	4.42
297	7,941	208	2.1	10	4.86
304	15,120	756	4.8	20	4.18
780	18,524	205	2.2	4	1.80
787	10,377	232	2.3	10	4.35
214	4,550	143	1.6	5	3.22
221	5,891	36	1.3	5	3.89
228	3,073	65	1.3	5	3.92
235	4,126	51	1.3	5	3.82
242	5,193	84	1.6	5	3.04
249	8,118	95	1.4	5	3.58
256	8,018	196	1.9	10	5.31
263	5,250	105	1.5	10	6.86
270	3,240	66	1.4	10	7.27
277	10,599	201	1.9	10	5.17
284	1,860	31	1.2	10	8.06
291	2,196	35	1.3	10	8.00
298	4,704	26	1.0	10	9.62
305	12,551	117	1.4	10	6.92
312	11,582	26	1.2	4	3.38
319	2,826	21	1.1	5	4.76
326	19,783	403	2.7	5	1.86
333	2,649	94	1.4	5	3.51
340	4,245	203	2.0	10	4.93
347	14,274	628	4.2	12	2.87
354	95,393	1,179	9.1	12	1.31
361	40,096	298	3.3	12	3.58
368	70,732	782	4.9	6	1.24
375	16,683	248	3.0	6	2.03
382	33,810	483	4.2	6	1.44

Item Nbr	POS Sales	POS Qty	Units per Store per Week	Lot Size	# weeks
389	6,660	333	2.6	6	2.31
396	20,090	260	2.2	6	2.72
403	9,578	301	2.7	6	2.21
410	3,073	130	2.0	5	2.46
417	2,269	96	2.1	5	2.34
424	29,790	331	2.4	5	2.05
431	13,410	92	1.4	10	7.39
438	4,896	57	1.2	10	8.42
445	6,220	66	1.2	10	8.33
452	10,500	154	1.7	10	5.91
459	8,220	137	1.6	10	6.42
466	6,021	37	1.1	10	9.46
146	10,437	89	7.4	20	2.70
153	4,574	39	3.9	20	5.13
160	1,050	35	4.4	20	4.57
167	930	31	4.4	20	4.52
174	26,650	349	18.4	20	1.09
181	22,221	291	15.3	20	1.31
286	1,283	84	4.9	20	4.05
293	1,230	34	3.4	20	5.88
		AVERAGE	3.3		4.33

"이 자료는 2006년도 실제 판매되고 있는 임의의 제품들의 현황입니다. 제품들에 따라서 다르지만, 어떤 제품(#213)은 한 박스 소진하는데 0.5주일 걸리는 경우도 있고, 어떤 제품(#298)은 무려 10주나 걸리는 제품들도 있습니다. 평균 한 박스는 약 한달 이상의 재고량을 가지고 있습니다. 하지만 우리가 제품을 공급하다보면 한 매장에 동일 제품을

한 박스 이상을 공급하는 경우도 많이 있습니다. 즉, 보통 한번 공급하면 1달 이상의 재고를 매장에 보내고 있는 셈입니다."

백 실장은 잠시 생각할 시간을 준 후 다시 설명한다.

"그런데 가만히 생각해보세요. B마트만 하더라도 100개 점포가 넘습니다. Y마트도 100개 넘고요. 현재 에덴금속이 납품하는 대형할인마트의 매장들은 400여개나 됩니다. 즉 하루에 1개씩 팔린다고 가정해도 400개를 팔기위해서 40,000개의 제품을 공급해야 하는 것입니다. 그런데 제품의 종류가 수십~수백 가지가 된다면 그 숫자는 엄청나게 늘어나죠. 이로 인한 재고의 낭비가 매우 큼을 알 수 있습니다. 그래서 주문의 사이즈를 줄인다면, 엄청난 재고의 절감을 가지고 올 수 있습니다."

백 실장은 다음의 그림을 보여 준다.

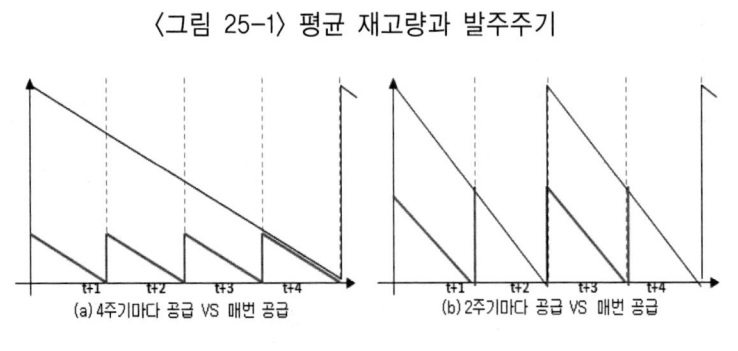

〈그림 25-1〉 평균 재고량과 발주주기

"그림과 같이 소비자의 수요율이 일정하다고 가정하면, 4주기 마다 공급할 때와 1주기 마다 공급할 때의 재고량의 차이는 4:1입니다. 즉,

매달 재고를 4만큼 공급하지만, 1주일에 한 번씩 공급한다면 재고가 1개면 충분하다는 이야기입니다. 물론 평균재고도 1/4 수준으로 줄어들게 됩니다. 만일 보름(2주)에 한 번씩 공급한다면 재고가 2개씩 공급하면 충분하기 때문에 평균 재고량은 1/2 수준으로 줄어듭니다. 즉, 한 달 치 물량을 공급하는 것보다, 매주 한 번만 공급한다면 이론상으로 재고량은 3/4이 줄어들 수 있습니다. 현재 대형할인마트에서는 일주일에 1~4회 공급하고 있으니, 더욱 많은 재고를 줄일 수 있겠죠. 이는 한 가지 제품만을 고려한 것이고, 제품들이 수십 종류가 된다면 엄청난 재고를 줄일 수 있겠죠."

에덴금속의 박 이사는 개별 매장의 일일 매출이 생각보다 적음에 놀라고, 그렇게 많은 재고가 매장에 쌓여있음에 더욱 놀란다. 박 이사는 심각한 표정으로 대형할인마트에 공급되는 제품의 종류 수를 묻자, 이명호 대리가 B마트는 45종류, Y마트는 53종류, 기타 마트는 30여 종류라고 답변한다.

"저희가 취급하고 있는 에덴금속 제품 종류수도 거의 100여종이나 됩니다. 아무리 생산 리드타임이 줄어들고, 수요예측을 잘 한다고 해도 매장에 깔려있는 재고량이 너무 많습니다. 또한 재고의 분산을 줄이려고 노력해도 한 박스의 크기가 실제수요에 비해 지나치게 크면 소용이 없게 됩니다. 특히 대형할인마트 시장에서는 그렇습니다."

"백 실장님, 하지만 대형할인마트에서 직매입하고 있지 않나요? 즉, 우리의 매출은 고객이 몇 개 사갔느냐에 상관없이, 대형할인마트에 공급한 개수이잖아요?"

이 명호 대리는 에덴금속의 할인마트 담당이라 실물시장을 잘 알고 있었다.

"이 대리님이 말이 맞습니다. 고객이 400개 구매하였어도 대형할인마트에 40,000개를 공급했다면 40,000개 제품을 결제 받게 되어 있습니다. 물론 초기 주문만 40,000개를 깔지만 그 다음부터는 팔린 것을 기초로 하여 주문이 들어오죠. 하지만, 그때부터는 주문량에 대해 쓰나미 효과가 발생되는 것입니다. 이는 공급업체의 문제뿐만 아니라, 대형할인마트 즉 판매업체들에게도 동일한 문제입니다. 수백 개의 매장에서는 필요이상의 제품들을 주문하게 되고, 그로 인해 분실 및 관리의 어려움도 생기게 됩니다. 또한 이로 인해 공급업체들은 실제 수요에 대한 무관심을 유발하게 됩니다. 고객 수요와 대형할인마트의 납품량이 동일한 것처럼 착각하게 되죠. 즉, 리얼타임(real time) 수요와 배치타임(batch time) 수요의 차이죠."

"네, 실시간 작업과 배치방식 작업은 생산현장에서 많이 비교하는 용어임을 잘 압니다." 에덴금속 김 과장은 생산현장에서 근무하다보니, 두 용어가 매우 친숙하였다.

"낱개로 제품을 공급하는 것이 가장 이상적임을 잘 알고 있습니다. 그렇다고 한 개씩 낱개로 공급할 수는 없는 것 아닌가요. 현실적으로."

김 과장의 이야기에 이 명호 대리도 고개를 끄덕였다.

"네, 이상적인 모델이죠. 재고관리 교과서에서도 언급이 되어 있죠. 그런데 이상적 모델이 실현 불가능한 것은 아닙니다. 마치 과거에 이상적 모델은 영원히 미제(未濟)로 남을 것이라는 고정관념에 빠지는 경우가 있는 것 같습니다."

"무슨 말씀이시죠. 낱개로 공급이 가능하다는 건가요?"

"네, 그렇습니다. 낱개 단위로 공급하기 어려운 제품들도 있겠지만 에덴금속과 같은 DIY제품은 충분히 가능합니다. 대형할인마트에서 협조만 해준다면."

"백 실장님, 괜찮으시면 제가 낱개 단위로 공급이 어려운 이유를 몇 가지 말씀드리고 싶습니다."

백 실장은 에덴금속 이 대리에게 기꺼이 발언할 기회를 허락하였다.

"첫째, 제품 안전의 문제입니다. 모든 제품들을 낱개를 취급하다보면 운반이 용이하지 않고, 빈번이 검수(檢數)하다 보면 파손될 우려가 높습니다.

둘째, 제품 분실의 우려가 있습니다. 낱개로 운반되면 중간에 제품을 흘릴 우려가 높고, 흘리더라도 해당 제품이 어떤 제품인지 인식하기가 쉽지 않습니다.

셋째, 제품 검수 시간이 많이 소요됩니다. 생산업체는 물류업체에게, 물류업체는 판매자에게 제품들을 인수할 때 일일이 개별 제품들을 검수하는 것은 매우 힘들고 많은 시간들이 소요됩니다.

넷째, 발주 준비도 많은 시간이 소요됩니다. 기존에는 발주 단위(박스 단위)가 있었지만 낱개 주문이 되면 일일이 개수를 파악하여 포장해야 하므로 시간이 많이 소요됩니다.

다섯째, 품절 발생확률이 높습니다. 소량의 제품만을 주문하다보니 매장 내에서 갑작스런 수요 증가에 대처하기 힘듭니다."

할인마트를 담당하고 있는 에덴금속의 이 명호 대리는 주문의 프로세스를 잘 이해하는 듯하였다. 백 실장은 열심히 메모하고 있었다.

"한 가지 또 있습니다. 6개를 주문해야 할지 7개를 주문해야 할지 결정하기가 어렵습니다."

네오C&C의 황 대리도 이 대리의 의견을 거들었다.

"또 여러 가지가 있을 수도 있죠."

백 실장이 메모를 보면서 천천히 이야기를 하기 시작했다.

"음, 납품 시 운반상의 문제, 검수 및 주문 소요시간, 분실, 주문 방법, 품절 등으로 정리할 수가 있네요. 낱개로 공급한다고 해서 박스 포장을 하지 말라는 이야기는 아닙니다. 처음부터 여러 종류의 제품들을 혼합 포장할 수도 있지만, 우선적으로 실현가능한 첫 번째 단계는 동일 종류의 제품끼리 포장하는 것입니다. 가령, 도어락은 도어락끼리, 망치는 망치끼리, 실린더는 실린더끼리 포장하는 것입니다. 비록 10개 들어갈 수 있는 박스에 5개만 들어있어도 포장하는 것입니다. 다만 중간에 열어보지 못하도록 테이핑(taping)작업을 합니다. 물론 내용물에 대한 검수는 박스의 무게로 체크합니다. 즉, 발신자와 수신자만 내용물을 확인하면 되기 때문에 중간에 검수할 필요가 없습니다. 또한 주문 방법도 달라져야 합니다."

"백 실장님, 그래도 낱개 단위로 공급한다면 공급업체에게는 인원이 더 필요하고 시간도 오래 걸릴 것 같은데요. 더욱이 수백 개의 점포인 경우라면 더욱 많은 시간과 비용이 소요될 것 같습니다."

임 이사는 여전히 이해가 안 되는 부분들이 많이 있는 듯하였다.

"어느 정도는 비용이 추가 될 수도 있습니다. 하지만 절감되는 재고 비용에 비하면 미미합니다. 또한 발주준비 시간이 늘어나게 되어서 큰 비용 증가 없이 실행할 수 있습니다."

"발주 준비시간이 늘어나다니요? 주문 방법이 달라져야 한다고 하셨는데 무슨 새로운 방법이 있는 건가요?"

김 과장의 질문이었지만 에덴금속 모두의 궁금증이었다.

"주문 방법을 달리해야 합니다. 정확히 말하면, 주문이 필요 없게 됩니다."

"주문이 필요 없다니요?"

백 실장은 모두들 눈을 깜박거리고 있다는 것을 느낄 수 있었다.

"개념은 간단합니다. 보충하는 것입니다. 매일 매일의 매출데이터를 파악하여 팔린 수량을 기초로 하여 보충을 하는 것입니다. 즉, 주문 접수를 받지 않더라도 매 주기마다 보충하는 것입니다."

"이해가 갑니다. 즉, 팔린 것만큼 공급한다는 의미이군요. 가령, B마트가 일주일에 3번 공급하고 있으므로, 공급할 때마다 매출데이터를 파악하여 한 박스가 아니더라도 팔린 것만큼 공급한다는 것이죠?"

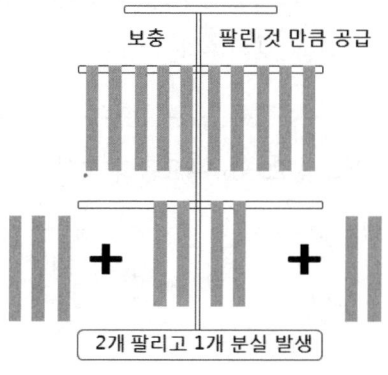

〈그림 25-2〉 보충방식과 분실량 파악

"이 대리님이 담당자라 그런지 이해가 빠르시군요. 하지만 '팔린 것만큼 공급하는 것'과 '팔린 것만큼 보충하는 것'과는 엄청난 차이가 있습니다. 저는 '공급'이 아니라 '보충'한다는 이야기입니다. 가령, 매장에서 분실된 제품이 생기면 팔리지 않았지만 진열대의 자리는 비게 됩니다. 즉, 로스도 반드시 파악하여 대응을 해야 합니다. 또한 마케팅 측면에서도 비록 제품이 하루에 한개 팔린다고 하더라도 한개만 걸어두는 것 보다는 두둑이 걸어두는 것이 좋습니다. 다행스럽게도 제품들의 진열대에는 충분한 양을 걸어둘 수 있는 공간이 배정되어 있습니다. 그래서 도어락의 경우에 모든 제품들은 항상 5개로 채워 넣는 것입니다. 보충하는 것이죠. 만일 2개 팔려서 2개 보충했는데 총 개수가 4개 밖에 없다면 1개는 로스임을 알 수 있죠."

"그렇게 되면 매장 내에서 가장 큰 문제 중에 하나인 로스(loss)도 파악이 가능하다는 건가요?"

에덴금속 이 대리의 놀란 반응이었다.

"그렇습니다. 저는 이것을 EPFR(every periods full replenishment)라고 부르죠. 지난번에 말씀 드렸던 재고의 변동도 잡을 수 있습니다."

백 실장은 간단한 그림을 보여준다.

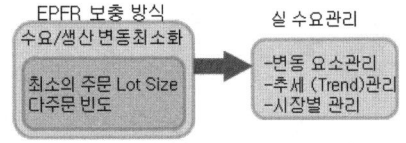

〈그림 25-3〉 수요관리 방식

"그림과 같이 발주크기를 최소화하고, 행사와 같은 특별한 요소들로 인한 수요를 따로 관리하고, 일반적인 실수요 관리를 통해 매장내 안전재고도 주문 빈도에 따라 조절할 수 있습니다. 이로 인해, 공급자는 적어도 50%이상의 재고를 절감할 수 있을 것이고, 매장은 로스를 찾기 위해 노력했던 어마어마한 비용을 절감할 수 있게 됩니다. 뿐만 아니라 박스단위에서 개별단위로 공급 단위가 바뀌어 진다면, 재고가 평준화(平準化)되어서 재고량의 변동도 줄어들어 많은 부차적인 이익이 발생할 수 있습니다."

"너무 간단해서 오히려 이상하다는 느낌이 드는군요. 만일 그런 방법이 효과가 뛰어나다면 당장에 대형할인마트와 협력해서 진행해야 되겠는걸요."

박 이사의 웃음과 기대가 담긴 목소리였다.

"저도 어려운 내용이 아니어서 그런지 효과가 눈에 보이는 듯합니다."

이 대리도 담당자 입장에서 화답하여 주었다.

"물론 지금 당장 개별단위로 공급이 어려운 제품들도 있습니다. 하지만 우선 박스의 입수를 줄이면 줄일수록 많은 재고 절감비를 가져올 수 있습니다. 현재 한 박스에 들어있는 10개의 제품들을 5개만으로 줄여도 많은 재고가 감축될 수 있고, 저는 2개씩 번들(bundle) 포장도 가능하다고 봅니다. 물론 RFID 신기술을 이용하면 개별 발주도 가능하지만 오늘 내용에 벗어나는 것 같아서 나중에…."

모두들 RFID 신기술이라는 말에 놀라지만, 백 실장은 이런 상황을 즐기는 듯이 아무 말 않고 미소만을 지었다.

아이(愛) 이야기 (테레사 수녀)

노벨평화상을 탄 마더 테레사 수녀님을 잘 알고 있을 것이다. 그 분이 돌아가신지 10년이 넘었지만, 주름 가득한 그분의 얼굴은 여전히 생생하다. 가난한 자의 성녀(聖女)로 살다간 그는, 수백만의 생명을 돌보아 주었고 수억의 사람들에게 선(善)한 영향력을 끼쳤다.

그런 마더 테레사에게 인터뷰를 하러 간 기자가 이렇게 질문을 하였다.
"당신은 어떻게 이렇게 많은 아픈 사람들과 빈민들을 돌 볼 수 있었나요?"
그런 질문을 받은 테레사 수녀는 미소 띤 얼굴로 고개를 숙이며 겸손하게 말한다.
"저는 한 번도 많은 사람들을 생각하지 않았습니다. 단지 내 옆에 있는 한 사람, 한 사람에게 사랑을 줄 뿐입니다."

많은 사람들은 누군가를 돕고 싶어 하지만 너무나 작은 물질이기에, 너무나 작은 힘이기에 망설여지는 경우가 종종 있다. 하지만 테레사 수녀님처럼 바로 우리 옆에 있는 힘없는 한 사람을 돕는 것이 놀라운 사랑의 시발점이 아닌가 생각한다.
"우리가 하는 일은 넓은 바닷물의 한 방울에 지나지 않습니다. 그러나 우리가 그 일을 하지 않을 때 바닷물은 한 방울의 물이 부족할 것입니다." 테레사 수녀님의 어느 인터뷰 내용이다.

26. RFID 프로젝트 (7월 2일)

B마트 이 회장 및 관계자 / 네오 C&C 백 실장
B마트 삼성동 본사 중역회의실

> **생각하기**
> 1. RFID 기술의 문제점을 생각해 보시오.
> 2. 공급망 상에서 RFID 기술을 적용할 수 있는 분야는 무엇인지 생각해 보시오.

그 동안 연구되었던 RFID 컨소시움 프로젝트 최종발표를 한 달 전에 하기로 했었지만, 결과가 부진하여 최종발표를 미루고 있던 차에, 에덴금속의 박 예찬 이사가 고교동창인 B마트 대표에게 전화를 걸어 우선 백 실장의 세미나를 들은 후에 RFID 관련 전략 발표를 하는 것이 좋을 것 같다고 적극적으로 권유하였다. 물론 백 실장의 부탁도 있었고, 박 이사도 꽌씨(친분 관계) 자랑하고 싶은 속마음도 가지고 있었다.

B마트 본사에서 오전 9시에 만나기로 해서 에덴금속의 박 이사와 김 부장, 네오C&C의 백 실장과 주 팀장은 삼성동으로 갔다. 삼성동 본사 빌딩에 도착하자, 로비에서 대기하고 있는 젊은 여성의 안내로 중역회의실로 안내되었다. B마트의 이 회장까지 합쳐 20여명의 관계자들이

합석하였다.

"이 사람이 회장 되더니 만나기도 힘들군."

"하하. 바쁜 것은 자네도 나 못지 않잖아."

에덴금속 박 이사와 B마트 이 회장은 고등학교 절친(아주 친한) 사이인 것은 알고 있었으나, 사회 초년생 시절에 같은 대기업에 입사했다가, 박 이사는 창업을 한 것이고, 이 회장은 지금의 회사로 옮겼다고 박 이사가 자랑하듯 이야기 한다. 하긴 회장이 된 친구를 알고 있는 것도 큰 자랑일 법도 하다.

"아무튼 오늘 세미나를 핑계로 만나게 되어서 기쁘네. 지난번에 잠깐 소개했지만 다시 한 번 소개하지. 여기 젊은 친구는 네오C&C의 백명기 사장이야. 매우 성실하고 믿을만한 사람이지."

박 이사는 백 실장을 비롯해 함께 온 사람들을 간단히 소개한 후에 B마트에서도 소개를 하였다.

"오늘 이 회장을 만나자고 한 것은, 현재 진행 중인 RFID 프로젝트는 기술 차원을 넘어 전략적인 관점에서 같이 생각해 보는 것이 좋을 것 같아서 자네에게 요청을 한 것이야. 미리 백 박사가 보내 준 자료를 보면 알 수 있듯이 공급자-판매자간의 컨소시엄(consortium)이 시급하다고 생각하네."

에덴금속 박 이사가 세미나를 주도하기 시작하였다.

"우선 백 박사의 보고 내용을 들어보지."

백 실장은 많은 회의 및 강연을 해보았지만, 오늘 만큼은 몹시 긴장되는 듯 발표 자료의 글씨들이 눈에 들어오질 않았다.

'유통에서의 RFID 재조명' 이라는 발표 제목만으로는 흥미를 끌기에 부족한 듯하였고, B마트의 일부 사람들은 RFID라는 주제 자체가 식상

한 탓인지 흥미를 보이지 않았다. 이미 B마트는 RFID 관련 세미나를 거의 매월 한번씩 하고 있었기 때문이다.

백 실장은 미리 부탁한 커피를 한 모금 마시며 입술을 연다.

"우선 저의 내용을 들으시면서 자유롭게 질문을 던지셔도 됩니다. 항의는 하지 마시고요." 백 실장은 가볍게 이야기를 시작해 나간다.

"흔히 RFID 세미나 하면, RFID의 동작 원리 및 특징, 적용사례와 같은 내용으로 시간을 축내는데 그런 이론적인 것들은 책에도 많이 나와 있어 생략하겠습니다. 다만 여러분들을 고민케 하고, 고정관념의 껍질만 벗길 수 있다면 개인적으로는 성공적인 세미나라고 생각합니다."

백 실장은 긴 터널과 같은 구강(口腔)기관에 시커먼 기름을 붓듯 커피를 또 한 모금을 들이키며 시동을 걸기 시작한다.

"B마트를 포함해 전 세계적으로 RFID 관련 연구가 많이 시행되어 왔고, 대중매체나 전문지(專門誌)를 통해 많은 성과들을 쉽게 접할 수 있게 되었습니다. 이제는 RFID의 흐름은 거부할 수 없는 시대적인 흐름인 것 같습니다. 그런데 여러분들의 반응 및 성과는 어떻습니까? 연구 성과만을 본다면 당장 중단하는 것이 당연하지만, 여전히 RFID 관련 기술이 중요하기에 계속 연구해야 된다는 생각은 공통된 것 같습니다. 어쩌면 우리들은 다른 나라와 선진 회사들은 좋은 성과를 거두었지만, 우리는 후발주자라 미흡한 연구 성과들이 당연한 것이라고 스스로 위로할 수도 있습니다. 충분히 그런 생각을 갖게끔 많은 매스컴들이 긍정적으로 보도하고 있고, 더욱 많은 투자를 재촉하고 있기도 합니다. 하지만 여러분들이 잘 알고 있듯이, 고가의 RFID 태그(tag) 비용과 낮은 태그 인식률로 인해 실용화하기에는 많은 어려움이 있습니다."

백 실장도 개인적으로 RFID 기술 표준화에 대한 연구를 한 적이 있어서 잘 알고 있었다.

"얼마 전에 한국에 온 월마트의 '린다 딜만'(Linda Dillman) 부사장은 '월마트는 품절(제품이 모두 팔려서 진열이 안 됨) 15~20%, 결품(창고에 제품이 있는데 진열이 안 됨) 30%, 과잉주문 10~15%, 상품공급시간 60% 감소'되었다고 발표하였습니다. 세계적으로 RFID 연구를 촉발시킨 월마트의 발표는 RFID 관심자들에게는 큰 뉴스거리임이 사실입니다. 또한 우리들이 거둔 성과들에 비해 놀라운 결과이기도 하지요. 그런데, 이러한 결과보고는 충분치 못한 설명과 대중매체들의 번역의 오해가 있습니다. 가령 '상품공급시간 60% 감소'라는 의미는 매장의 창고에서 제품 진열공간까지의 공급시간이지, 생산자에서 판매자에게 공급하는 시간을 의미하는 것이 아니고, 품절과 결품의 개선 효과도 매일 수십 개 팔리는 제품이나 며칠에 1개 팔리는 제품이나 동일하게 취급하여 단순 평균한 값입니다. 하지만 매일 수십 개 팔리는 제품들은 전체의 10% 정도 밖에 안 되거든요. 더욱이 놀라운 것은 '린다' 부사장이 발표한 내용은, 2년 전의 성과보고와 별 차이가 없다는 것입니다[26-1]."

백 실장은 월마트가 2년 전의 결과를 또 발표하였다는 것은, 그 동안의 연구 결과가 진전이 별로 없음을 말하고 싶었던 것이었다.

"솔직히 지금까지 RFID 성공적인 보고를 보면, 대부분 제조업체나 단독 혹은 대형 프로젝트에서 성과를 얻었지 아직까지 유통 쪽에서는 이렇다할만한 성과가 없습니다. 오히려 국내의 많은 기업들은 좀 더 지켜보자며 소극적인 투자가 이루어지고 있음을 쉽게 찾아 볼 수 있습니다."

다음 자료를 넘기자 'RFID 도입의 목적'이라는 큰 글씨가 투박하게 뜬다.

"여러분들은 왜 RFID 기술 도입을 하려고 하나요? RFID 기술의 실용화인가요 아니면, 기업의 이익 실현인가요? 물론 기술의 실용화를 통한 특허 관련 수입으로 기업의 이익도 실현될 수 있지만, 분명한 것은 기업에 유·무형의 긍정적인 효과가 있어야 된다는 것입니다. 유·무형이라고 말씀 드린 이유는 최근에 기업의 사회적 기여와 역할에 대한 기대가 높아졌기 때문입니다. 전 세계적으로 RFID에 관심을 갖게 하는 기폭제 역할을 했던 한 월마트는 왜 RFID를 도입하려고 하였을까요?"

잠시 뜸을 들이다가 백 실장은 계속 설명한다.

"여러 자료를 유추해본다면, 2003~2004년에 월마트는 RFID의 ROI에 대한 보고서를 미국 어느 대학으로부터 받은 적이 있었습니다. 그 보고서에는 매년 인건비(67억불), 품절비용(6억불), 분실비(5.75억불), 재고비(1.8억불) 등을 통해 84억불의 비용절감을 가지고 올 수 있다고 적혀 있었습니다[26-2]. 지금은 월마트의 매출이 4000억불 가량 되지만, 당시 84억불이라는 금액은 2002년 기준 월마트 매출의 3%가 넘는 금액이고 전체 순이익보다 많은 금액입니다. 비용절감은 순이익에 직결되니, 아마 저라도 이러한 보고서를 받았다면 흥분했을 것입니다."

세미나실 안은 백 실장 목소리만 들렸다. 핸드폰도 전혀 울리지 않았다. 백 실장의 강의 때문인지, 아니면 B마트의 이 회장의 참석 때문인지 모두들 자리를 지키고 있었다.

"지난번 발표 자료에 있었던 것처럼, 월마트는 2005년에 매출 순위 100대 공급업체를 시작하여, 2006년 300대, 2007년 700대까지, 그리고 2009년 초는 전 미국 월마트 점포로 확대하여 왔습니다. 물론 발표와 현실은 다르죠. 그리고 월마트가 실시하고 있는 RFID 적용 영역은 대부분 물류센터에 한정되어 있습니다. 컨테이너, 팔레트와 박스 단위에 적용하고 있는 것이죠. 하지만 그 대학 보고서의 전제조건은 개별 아이템에 RFID 태그가 붙어야 된다는 것이죠. 물론 아직까지 월마트는 개별 아이템에 태그 부착은 실행되고 있지 못하고 있습니다."

B마트 이 회장을 비롯해 관계자들도 모두들 이상하다는 표정으로 백실장을 노려보듯이 집중하고 있었다.

"즉, RFID 태그가 붙여진 제품들의 개별 인식이 되지 않는다면, 큰 기대효과는 얻기 힘들다는 이야기입니다. 다음의 자료는 많은 책과 논문들에 나와 있는 RFID를 도입 시 효과에 대해서 정리한 것입니다."

모두의 시선들이 백실장의 얼굴에서 전면(前面)의 파워포인트 자료로 옮겨진다.

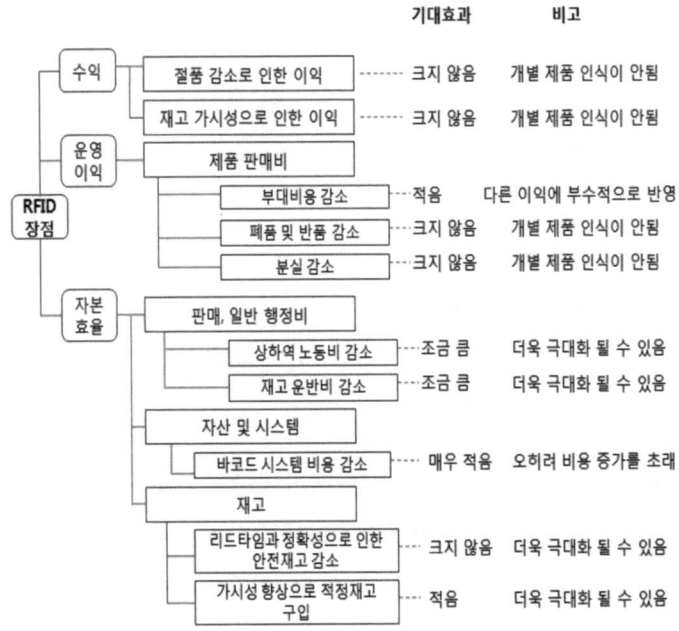

〈그림 26-1〉 RFID 기대효과 [26-1]

"많은 자료들이 RFID 도입 효과의 설명을 할 때면 흥분되지만, 그러한 효과들의 대부분은 개별인식이 가능할 때 얻을 수 있는 효과들이죠."

백 실장은 또 다시 자료를 읽을 수 있는 시간을 주기 위해 잠시 뜸을 들이면서 청중의 반응을 살핀다.

"백 박사님, 보여주시는 자료는 우리가 기대하고 있던 RFID의 효과와 다르지 않은 것 같습니다만, 발표내용의 흐름상 백 박사님은 RFID의 회의적 생각을 말씀하시는 것 같습니다. 하지만, 조만간 RFID 태그의 가격이 더욱 낮아지면 문제가 되지 않는다는 보고는 이미 발표되었습니다. 그러면 개별 제품에 태그를 부착하는 것도 시간문제인 것 같은데요."

B마트 쪽에서 백실장의 발표가 강의 분위기에서 회의 분위기로 바꾸는데 도움이 되는 질문을 했다.

"네, 시간문제일 수도 있죠. 하지만 개별 부착이 실행되지 못하는 이유가 비용의 문제 때문이라고 착각하는 경우도 있는 것 같습니다. 좀 전에 말씀드렸듯이, 태그의 보급은 비용 때문이 아니라 인식률 때문에 막혀 있습니다. 물론 개인정보 보호와 막대한 양의 데이터 처리도 문제이기도 하지만요."

"그렇다면, 인식률은 기술적으로 해결이 불가능한 것인가요?"
에덴금속 쪽에서 질문이 흘러 나왔다.

"지금은 장담할 수 없습니다. 좀 전에 말씀드렸듯이, RF 인식률은 기술적인 문제라기보다는 RF(주파수)의 고유한 속성 때문이거든요. 물론 많은 연구자들이 연구하고 있기 때문에 좋은 성과가 있겠지만, 짧은 시간 안에 RF 기술만으로는 인식률을 높이는 데에는 한계가 있다고 생각합니다."

"무슨 말씀이시죠?"

"RF의 속성을 쉽게 바꿀 수는 없습니다. 가령, 물과 같은 액체는 RF가 흡수되고 금속과 알루미늄 같은 경우에는 RF가 반사되어 간섭으로 인해 인식에 에러가 생기게 되죠. 그래서 현재는 복수개의 태그를 붙이거나, 태그 위치에 대한 연구를 시행하여 왔고, 앞으로는 포장 개선을 위한 많은 연구들이 계속될 것으로 생각합니다."

"그럼 RFID 시스템을 매장 내에서 활용한다는 것은 불가능하다는 말인가요? 100% 인식이 안 된다면 적용하기 어려울 텐데 …."

직원들이 많이 있는 곳임에도 불구하고 박 이사도 회의에 열정적으로 참여한다. 이것이 박 이사의 장점이기도 하다. 체면과 형식에 얽매이지 않은 스타일!

"저도 100%의 인식이 필요하다고 생각하는 사람이지만, 혹자는 90% 정도만 인식되어도 충분히 투자할 가치가 있다고 말하는 사람도 있습니다. 물론 월마트의 RFID 프로젝트 관련 사람이지만요.[26-2]"

"저는 적용이 불가능하다고 말하지는 않았습니다. 다른 대안들도 발견할 수 있으니까요. 분명한 것은, 현재 유통업에서 RFID 보급의 가장 큰 어려움은 인식률의 문제입니다."

백 실장은 조용히 고개를 돌리며 커피를 한 모금을 뜬다. 아직도 긴장이 된 탓이지만 처음보다는 한결 나았다. 커피도 여전히 따끈하였다.

"그럼 RFID의 근본적인 문제를 되짚어 보겠습니다. 우선 RFID의 기술을 인식기술로 제한한 것에 큰 문제가 있습니다. 마치 이름에 IDentification(인식)이라고 쓰여 있듯이 말입니다. 초기에 RFID의 응용은 2차 세계대전에 연합군들이 자국 비행기 식별을 위해 적용이 되었습니다[26-3]. 그러다가 2000년대 초부터 월마트와 미 국방성이 주요 공급자들에게 RFID 기술을 적용하도록 권고함에 따라, 연구가 활발히 진행되기 시작하였습니다. 그리고 RFID 기술을 인식 기술로 자연스럽게 생각하게 되었고, 바코드의 대용으로써 바코드의 존재 유무도 이슈가 되기도 했었습니다."

"백 실장님! 그러면 RFID 기술을 다르게 활용할 수 있다는 이야기인가요?"

B마트 쪽에서 '기대 반 회의 반' 심정으로 묻는 듯하였다.

"네, RF기술은 인식 기술보다는 정보(information)기술로 활용하는 것입니다."

"정보기술? 좀 막연하군요. RFID도 정보기술인데요."

B마트 쪽에서의 회의적인 질문이었다.

"제가 말씀드리는 정보 기술이란 것은, RF로 정보를 구성한다는 것이죠. 물론 제품을 인식하기 위해서 제품번호, 제품생산자 번호, 제품 일련번호 등의 정보가 포함되어 있지만, 제가 말하는 것은 제품 인식의 정보가 아닙니다. 가령 제품 공급을 위한 납품의 정보, 혹은 박스 안의 제품의 정보, 혹은 작업자의 작업 지시 정보 등을 의미합니다. 인식과는 상관없는!"

모두들 인식과 정보의 개념 차이를 생각하는 듯하다. 백 실장은 아무런 반응이 없는 이 회장의 눈치를 살피며 계속 이야기를 진행한다.

"이러한 기술을 개별발주 시스템에 사용할 수 있죠. 즉 박스 단위가 아닌 낱개로 제품들을 공급하는 것입니다. 박스에 포장하여 박스 내부에 어떤 제품들이 들어 있는지 RF 태그에 정보를 담는 것입니다. 물론 RF 태그의 메모리는 기존보다 큰 256bit 혹은 512bit 이상으로 커야 되겠죠. 결국 이러한 RF태그가 납품증의 역할을 하고, 판매자는 RF태그와 내용물을 최종 확인하고 이상이 없으면 RF태그를 반환하는 것입니다. RF태그가 납품증 혹은 영수증의 역할을 하는 것입니다. 저는 이를 'RF 간반'이라고 부릅니다. 마치 도요타 자동차의 간반 방식처럼요. 대략 주문 프로세스는 다음 그림과 같습니다."

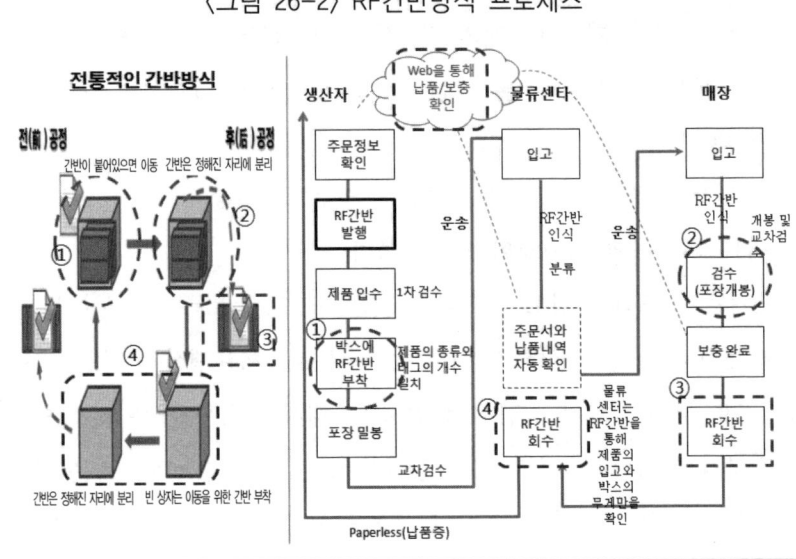

〈그림 26-2〉 RF간반방식 프로세스

"위의 그림처럼 중간 검수가 없고 최종 수령자가 검수를 하면 됩니다. 또한 제품이 중간에 유실될 수 도 있지만, 박스에 부착한 RF간반은 박스가 개봉될 경우에만 분리되도록 밀봉하면 되고, 또한 박스의 무게 정보를 통해 확인할 수도 있습니다[26-1]. 즉, RF간반을 사용하여 혼합 포장이 가능하게 되고, 이는 개별 발주가 가능하다는 이야기입니다."

"그런 정도의 정보를 담는 것이라면, 바코드 시스템으로도 가능하지 않나요?"

"물론입니다. 홍 팀장님 말씀처럼 바코드 시스템으로도 충분히 가능하다고 생각합니다. 저도 오히려 바코드 시스템으로 먼저 실행되고, 좀 더 유비쿼터스 환경이 갖추어진 후에 RFID 시스템으로 전환될 것으로 생각합니다. 다만 특허 등을 생각한다면 빨리 RF기술을 활용하는 것이 중요하겠죠."

"백 박사님 말씀처럼 이상적인 개별발주가 가능하다면 엄청난 재고를 줄일 수 있는데요. 가능할까요?"

홍 팀장은 마음이 움직이는 듯하였다.

"바로 그 가능을 이루기 위해 RF기술을 이용하는 것입니다. 또 필요한 것이 '보충'의 개념입니다."

백 실장은 이전에 에덴금속에서 설명한 팔린 만큼 보충한다는 EPFR 개념을 20분간 설명하는 동안 질문은 하나도 나오지 않았지만, 개별발주에 대한 효과를 에덴금속 박 이사가 묻는다.

"만일 RF간반을 이용해 주문 없이 개별발주를 한다면 얼마나 비용절감이 되겠습니까?"

"개별발주가 가능하다면 또한 주문 없이 보충방식으로 공급한다면 엄청난 재고 절감을 가지고 올 수 있습니다. 제품에 따라 다르지만 공산품인 경우는 평균 재고를 수 십%나 줄일 수 있고, 품절로 인한 고객 기회 손실비용도 줄일 수 있습니다. 또한 분실량을 파악할 수 있다는 것 자체만으로 매장에서 주기적으로 행하는 재고조사의 필요성도 줄어듭니다. 아마 재고조사 한 번만 줄여도, 점포당 수천 만원 이상의 비용을 절감할 수 있게 됩니다. 음…. 그리고 백룸(back room)도 줄어들 수 있습니다. 매장내의 창고 말입니다."

백 실장은 이해를 돕기 위해 화이트보드에 적어가면서 설명한다. 백 실장의 글씨는 특이한 네모체였다.

---

* 년 1000억의 매출을 올리는 점포 한 개 당 연간 절감액
 1) 품절 8% - 이중 70%정도 해결 가능 [26-4]
    --〉대략 56억
 2) 리뉴얼 비용(2~4회/yr)
   ① 공급업체 파견인력 최소 100명(공급업체마다 파견)
     --〉15만원×200명 = 3000만원
   ② 매장인력 50명 (잔업수당)×10만원 = 500만원
     ==〉년 2회 절감하는 경우 약 3500×2회 = 7000만원
 3) 재고 절감 비용 ==〉많은 비용 (+α)
       약 56,7천만원 +α

"아마 대략 점포당 연간 57억여 원 이상의 비용이 절감됩니다. 재고 유지비와 제품구입비에서 얻을 수 있는 큰 비용 절감을 제외한다고 해도."

모두들 의외의 숫자에 놀라는 눈치이다.

"만일 B마트처럼 100개의 점포라고 하면 총 5000천억 이상의 비용 절감을 가지고 올 수 있습니다. 이는 5개 점포의 1년 매출에 해당되는 것입니다."

"뭐라고요? 5개 점포의 1년 매출액에 해당되는 비용이 절감된다고요?"

B마트에서 나온 소리인지, 에덴금속에서 나온 소리인지는 모르지만 모두들 놀라워한다.

"네, 물론 이 비용은 공급자와 판매자의 비용절감액이 포함된 것입니다."

"그래도 엄청나군요. 지금 계산 방식이라면 재고 절감비용도 결코 적은 액수는 아니겠는걸요."

이 회장의 관심 섞인 첫 발언이었다.

"백 박사님, 진짜 그만큼의 비용이 절감이 되나요?"

에덴금속의 박 이사도 의심스러운 듯 재차 확인한다.

"박 이사님, 솔직히 저의 생각은 그 이상의 비용이 절감될 수 있다고 확신합니다. 이 정도의 예측은 약한 것입니다. 월마트가 RFID 도입의 기대 효과에서도 추정된 금액도 84억불이나 됩니다[26-4]."

"음… 더 많은 비용을 절감할 수 있다니 놀라운 걸요. 아무튼 백 박사님, 이 회장이 좋은 선물을 줄 것 같습니다. 기다려 보십시오."

백 실장은 마치 방금 대입시험을 치르고 나온 그런 기분이었다. 87년 12월 23일에 느꼈던 그 기분……

27. 휴식(休息) (7월 5일)

네오C&C 백 실장, 원 팀장
네오C&C 분당 사무실

장마가 와서 그런지 비가 연일 퍼붓고 있었다. 그래도 찜통 같은 더위에 시원한 빗줄기는 여유를 가질 수 있는 약간의 시간을 허락하여 주었다. 백 실장은 오늘은 책을 읽기로 작정한 듯, 노트북을 멀찌감치 놓아두고 독서에 집중하고 있었다. 점심시간이 다가왔는데도 전혀 요동하지 않았다. 아마 커피 잔을 들고 있지 않았다면, 책을 보고 있는 것인지 졸고 있는 것인지 분간하기가 힘들었을 것이다.

이때 점심시간임을 알리려는 양 조용히 원 팀장이 들어온다.

"실장님, 재미있는 책 읽으시나 봐요?"

"어? 아… 원 팀장 어서와. 나는 원래 책 한번 붙잡으면 내려놓질 못하잖아."

"하긴, 책벌레께서 어련하시겠어요? 백 실장님은 책 읽는 모습이 무척이나 행복해 보이시던걸요."

"그래. 행복한 시간이지. 아마 다른 사람들이 나의 인생에서 가장 큰 영향을 주고 깨우쳐준 사람이 누구냐고 질문한다면, 나는 '책'이라고 말하고 싶어. 비록 사람은 아니지만, 책 속의 지혜가 나에게 많은 교훈을 주었거든. 원 팀장은 책 좀 읽어보나?"

"바쁜데 책 읽을 시간이 어디 있어요? 저는 몸으로 때우는 성격입니다. 그리고 요사이는 점점 눈이 침침해지는 것 같아요."

"하하하. 원 팀장이 벌써 눈이 침침해지면 어떻게 해? 그래도 독서는 꼭 해. 분주할 때 우리의 인생이 의도치 않은 방향으로 마구 흘러갈 수도 있지만, 책은 현재의 나를 돌아보게 하고 미래를 계획하는데 도움을 주지."

"맞아요. 자신을 관리하는 것이 중요하죠. 관리하지 않으면 발전할 수 없으니까요? 전에 백실장님이 말씀하신 독수리와 닭처럼요."

"엉? 무슨 말이지? 독수리와 닭이라니?"

"지난겨울에 회사 MT를 갔을 때 말씀하셨잖아요. 새 중에 왕인 독수리는 멸종위기에 놓여있지만, 힘없는 닭은 멸종한다는 이야기가 없다고요."

"아… 독수리는 관리되지 않아서 멸종위기에 처했고, 닭은 더 많이 생산할 수 있도록 사람들이 관리하기 때문에 계속 번식한다고…"

백 실장은 작년에 직원들 단합을 위해 스키를 타러 MT를 갔었는데, 직원들에게 교훈을 줄 만한 이야기를 찾다가 인용한 것이다. 아무리 성공하였다고 해도 자만하거나 노력하지 않으면 도태된다는 이야기였다.

"원 팀장, 기억력이 좋은데. 맞아, 우리들의 삶에도 관리와 절제가 필요하지."

"하지만, 요사이는 독수리 같은 대기업들이 워낙 관리를 잘 하고 있어서, 닭 같은 조그만 기업들이 살아남기 힘든 것 같아요."

"원 팀장 말이 맞는 것도 같아. 하지만 언젠가는 성공할 기회가 있을 거라고 생각해. 꾸준히만 노력한다면 말이야. 장기판의 졸(卒)처럼."

원 팀장이 장기판 졸의 의미를 당연히 모를 거라 생각하고, 백 실장이 계속 설명한다.

"졸(卒)은 언제나 한 칸씩 앞으로 가지. 다른 말(piece)을 건너뛰지도 않고, 짓밟고 건너가지도 않고 오직 한 칸씩 앞으로만 가잖아. 그리고 결코 뒤로 물러서지도 않고. 다만 언젠가는 왕과 맞닥뜨릴 순간을 기대하면서…"

"이야! 졸이 참 멋있네요. 저는 항상 장기판에서 차(車)나 포(砲)가 가장 멋있다고 생각했는데…"

"나도 장기판의 졸은 항상 남을 위해 희생하는 역할로 많이 사용했는데, 우리의 인생이 차와 포처럼 화려하지 않더라도, 꿈을 가지고 꾸준히 나간다면 언젠가는 멋진 인생을 살 수 있을 것이라고 기대해. 우리의 본연의 자리에서 꾸준하게 최선을 다한다면!"

백 실장과 원 팀장이 서로 대화를 나누고 있는데, 주 팀장이 약간 상기된 표정으로 들어온다.

"원 팀장, 뭐해? 밖에서 사람들 기다리잖아! 백 실장님한테 식사하러 가자고 말하러 들어간 사람이…."

28. 할마의 물통 혁신 I : 공급 프로세스 리엔지니어링 (7월 12일)

B마트 홍 팀장, 네오C&C 백 실장, 주 팀장 / 에덴금속 임 이사
/ 텔레코드 김 이사 외 B마트 관련자 다수

B마트 이 회장으로부터의 연락은 그리 오랜 시간이 걸리지 않았다. 세미나가 있은 지 일 주일 후, B마트 운영전략팀에서 연락이 온 것이다. B마트의 미래 전략에 대한 프로젝트였다. B마트의 팀장은 홍 대숙 부장으로 47세의 순수 국내 토종 박사다. 몇 번 관련 세미나에서 안면(顔面)이 있었지만 알고 지내는 사이는 아니었다. B마트 팀의 구성은 홍 부장이 우선적으로 선별하기로 했고, 백 실장이 최종 검토하기로 했다. 물론 외부 인력은 백실장이 초빙하는 것으로 합의했다.

프로젝트의 이름도 '할마의 물통 혁신'(대형할인마트의 물류·유통 혁신)이라고 명명(命名)하였다. 물론 백 실장의 아이디어다. 백 실장은 팀 내에서 앞으로 대형할인마트를 줄여서 '할마'라고 부르기로 약속했다.

첫 번째 팀의 모임은 백 실장의 강의로 시작되었다. 또한 금요일이었다. 보통 세미나가 금요일에 있으면 왠지 연휴와 같은 기분이 들고, 듣는 사람들도 홀가분하게 임할 수 있기 때문이다.

이미 테이블 위에는 물과 컵들이 나란히 놓여 있었다. 백 실장은 텔레코드의 김 이사와 에덴금속의 대구공장의 임 이사, LiW의 문 차장,

네오C&C의 주 팀장도 같이 참석시켰다. 협력업체들을 위한 배려도 있지만 프로젝트가 할마의 입장에서만 진행되는 것을 막기 위함이다.

현재 회사의 성공 유무는 한 회사만의 역량만으로는 부족하다. 협력을 이루고 있는 공급망의 구성 멤버들이 효과적으로 협조하여 움직여야 하기 때문이다.

"먼저 양해의 말씀을… 제가 발표할 때는 항상 커피를 입에 물어야만 조금 발동이 걸립니다. 습관이 되어서요. 여러분들도 자유롭게 커피를 드시면서 이야기 했으면 좋겠습니다."

백실장의 습관에 모두들 미소를 지으며, 누군가가 재빨리 자판기에서 커피를 몇 잔 뽑아와 나누어 주었다. 세미나실의 안은 조금 활기를 띤 '소리모드'였으나, 곧 '진동모드'로 바뀐다.

"우리의 기존 공급 프로세스를 먼저 살펴볼 필요가 있습니다. 아무리 우리가 잘 협력하려고 해도 기존의 프로세스가 불안정하거나 낭비가 많다면 소용이 없기 때문입니다."

백 실장은 미리 준비한 발표 자료를 보인다.

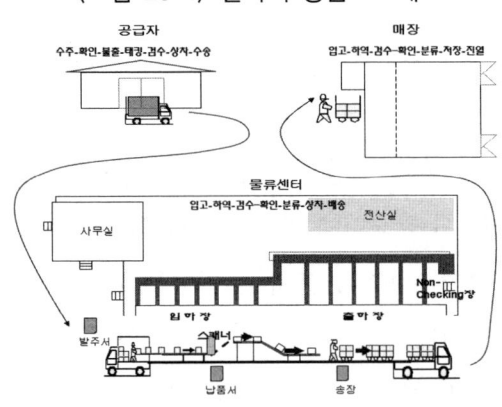

〈그림 28-1〉 할마의 공급프로세스

"보시는 바와 같이, 현재 공급업체들이 할마에 납품하고 있는 공급망을 대략적으로 그려 보았습니다. 공급업체들이 오후 늦게 주문을 받으면 다음날 오전까지 물류센터로 제품들을 공급하고, 제품들은 분류되어 오후에 각각 매장으로 배송됩니다. 매우 단순하고 효율적인 프로세스라는 생각이 듭니다. 하지만 이 안에 많은 문제들이 있습니다. 한번 누가 무슨 문제가 있는지 말씀해 보시겠습니까?"

"그 문제는 이전에 저희 회사에서도 분석하고 조사한 자료가 있습니다. 그림을 보니까 기억이 좀 나는데요, 납기가 매우 짧아 공급업체들이 힘들어 한다는 점과 이로 인해 미납(未納) 및 오납(誤納)이 발생한다는 점, 물류센터가 협소하여 입하(入荷)장에서 공급업체들이 많이 기다리고 있는 점, 바코드 태그 불량으로 잘못 분류되고 태그가 잘 스캔되지 않는다는 점 등입니다."

B마트의 홍 팀장이 차근차근 답변하였다.

"음… 답이 너무 쉽게 나와 좀 싱겁네요. 여러분들의 수준이 꽤 높다는 것을 제가 잊은 것 같습니다."

백 실장은 좀 더 긴장되었지만, 이런 사람들과 함께 일한다면, 프로젝트가 성공적으로 이루어질 것 같은 느낌이 들었다.

"네, 맞습니다. 공급자들의 발주 준비 시간이 짧다보니, 오납(誤納)과 미납(未納)이 발생하게 됩니다. 잘 아시겠지만, 오납은 잘못된 제품을 공급하는 것을 의미하고, 미납은 제품을 공급하지 못한 것을 의미합니다."

백 실장은 용어 설명을 할까 말까 망설이다 그냥 해버렸다.

"보통 할마의 발주 마감시간은 4시 혹은 5시에 합니다. 즉, 대형할인마트에서 공급자에게 주문서를 오후 4시 이후에 VMI 시스템 혹은 EDI 시스템을 통해서 보냅니다. 그래서 공급자들은 6시 경에 주문서들이 모두 도착하면 취합하여 납품 준비를 합니다. 밤늦게까지! 왜냐하면 다음날 아침 11시까지는 할마의 물류센터에 제품들을 납품해야 되기 때문이죠. 용인은 물론 대구와 광주, 옥천 물류센터도 마찬가지이죠. 그래서 대구와 광주, 옥천 물류센터에 다음날 오전에 도착하기 위해서는 새벽 일찍 발차(發車)를 하든지, 전날 저녁에 미리 출발을 해야만 합니다."

네오C&C의 주 팀장이 '맞습니다' 하고 말하려고 하다가 분위기를 살피며 입을 닫는다.

"이를 시간대별로 정리하면 다음과 같습니다."

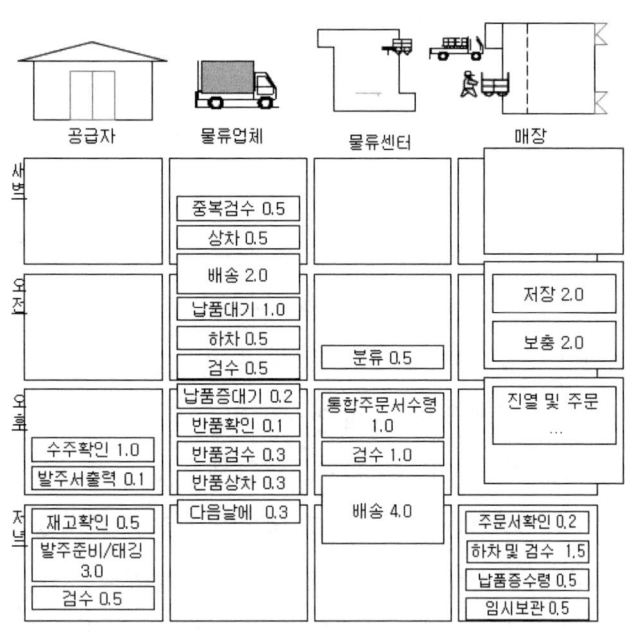

〈그림 28-2〉 할마 중심의 공급망의 현행 프로세스

"그림속의 숫자는 작업시간을 대략적으로 적어놓은 것입니다. 이 그림을 보고 혹시 무슨 문제점을 찾을 수 있나요?"

백 실장은 같이 생각하면서 세미나를 진행하기 위해서 의도적으로 질문을 던졌다.

"공급자의 일이 저녁에 많이 몰려 있네요. 맞아요! 그럴 수밖에 없겠군요. 주문 마감 시간이 오후 4시 이후이니 저녁에 작업을 할 수 밖에 없겠네요."

B마트의 홍 팀장이 자문자답(自問自答)하고 있다. 네오C&C 주 팀장도 백 실장에게 발언권을 허락받고 추가 설명을 한다.

"좀 전에 백 실장님이 말씀하신 것처럼, 현재 공급업체들은 수많은 할마에서 보내오는 주문서들을 취합하여 납품을 준비하느라 밤늦게까지 일하고 있고, 다음날 오전에 물류센터로 납품하기 위해 아침 일찍 출근하고 있습니다. 운전자를 제외한 다른 작업자들은 정규 근무시간인 오전과 오후에는 좀 한가한 경우가 자주 있습니다. 그리고 창고에 완제품을 보충하는 시간도 주로 오후에 하고 있습니다. 만일 완제품의 보충이 발주 준비와 겹친다면 아주 죽는 거죠."

주 팀장의 말에 만족스러운 표정을 지으며 백 실장이 다시 설명한다.

"결국, 원자재 생산업체, 조달업체, 생산자, 공급자, 물류업체, 매장 등 공급망을 구성하고 있는 모든 멤버들의 업무 시간이 동일하다보니, 힘센 멤버들의 시간에 맞추어 나머지 멤버들은 잔업을 할 수 밖에 없는 현실입니다."

"네, 충분히 그럴 수 있습니다. 그러면 주문 마감을 오전에 하면 되는데, 왜 오후 늦게 마감을 하죠?"

홍 팀장이 묻는다.

"그것은 제가 여쭤보고 싶은 질문인데요?"

백 실장이 오히려 B마트 관계자에게 묻는다. 홍 팀장이 누군가를 바라보니 B마트의 참석한 사람 중에 담당자가 있는 듯하다.

"글쎄요? 아마 저희 전산실에서 퇴근 전에 주문관련 업무를 끝내야 되기 때문에…"

머뭇거리며 B마트의 40대 초반정도의 남자가 말하는 것을 듣고, 다른 몇몇 사람들의 표정은 놀라는 것인지 어이없는 표정인지 분간하기 어려웠다.

'말이 안 되는군! 전산실에 근무하는 사람들 퇴근 시간 때문에 관련 모든 업체들의 업무가 엉망이 되다니…' 특히 에덴금속의 임 이사의 표정이 많이 일그러졌다. 창고에서 밤늦게까지 밝은 전등을 켜 놓고 작업하는 모습들을 여러 번 보았기 때문이다. 또한 이러한 문제들로 인해 노조들이 처우 개선을 요구하고, 파업도 여러 번 한 적이 있기 때문이다.

"네, 오후 4시 마감이 어떤 이유에서인지는 저도 정확히 모르겠지만, 할마에서는 저녁에 매출이 많이 발생하기 때문에 저녁 매출을 지켜본 후에 발주를 마감하는 것이 바람직합니다."

"그렇군요. 발주 마감시간만을 변경해도 프로세스의 효율이 달라지겠는데요. 일단 발주 마감 시간을 없애거나 오전에 할 경우 프로세스의 변화가 생기겠군요."

홍 팀장은 누군가에게 검토해보라고 지시 하는 듯 쳐다보며 이야기한다. 좀 전에 B마트 전산실 관련자를 보고 있는 것이다. 하지만 백실장이 이미 변경된 프로세스에 대한 그림을 준비했다.

"제가 대략 그린 그림을 보면 다음과 같습니다."

백 실장은 '엔터키'를 누르며 동시에 말한다.

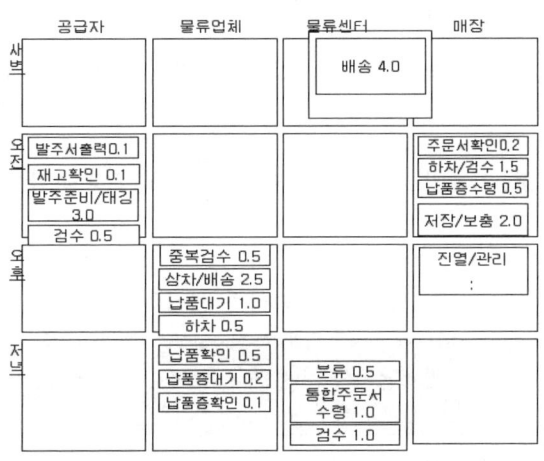

〈그림 28-3〉 할마 중심의 공급망의 개선 프로세스

"만일 발주준비를 오전부터 한다면 공급자는 잔업이 필요 없게 되고, 작업시간도 대기가 줄어들어 21%나 감소되고, 판매자도 특별히 작업시간이 늘어나지 않습니다[28-1]. 다만 물류센터에서 각 매장으로의 배송을 야간에 하여야 합니다. 솔직하게 차량 이동은 낮에 하는 것 보다는 밤에 하는 것이 더욱 시간이 절감되고 효율적입니다. 더욱이 물류센터가 24시간 운영되는 곳도 많이 있으니…"

"네, 그림만 보아도 깔끔하네요." 홍 팀장과의 이야기가 계속 진행된다.

"즉, 발주 마감시간만을 변경하더라도 많은 개선 효과가 일어날 수 있습니다. 하지만, 더 나아가서 EPFR 방식을 사용한다면 발주 마감시간도 필요 없게 됩니다. 당일 날 아침에 몇 개 팔렸는지 웹상으로 확인하고 주문을 준비하면 되니까요."

에덴금속 임 이사는 EPFR 보충방식에 대해 10여일 전에 백 실장에게 들은 바 있었고, 홍 팀장에게도 EPFR에 대한 자료를 이미 보냈다. 백 실장은 다시 '보충'과 '공급'의 차이점을 분명히 하면서 EPFR 방식을 한참동안 설명한다.

"정리하면, EPFR 보충방식의 효과를 기존방식과 비교해보면 다음과 같습니다."

백 실장은 청중들의 시선을 파워포인트로 옮겨놓는다.

〈표 28-1〉 보충방식의 정성적 평가

	기존방식 vs. 보충방식	근 거	비 고
배송비	동일	물동량 대비 산정	-
재고 유지비	감소	백룸(back room) 불필요	-공산품의 경우 평균 50% 이상 감소
재고량	감소	주문 사이즈 감소[28-2, 28-3]	-공산품의 경우 평균 50% 이상 감소
품절비/ 결품비	감소	상시 보충	Hardgrave,et al.[28-4] 판매자 3.4% 공급자 2.6% 손실
분실비	동일	분실량을 수시로 파악 가능	책임소재 분명함(품절은 공급자 책임, 분실은 매장 책임)
관리비	증가	개별 발송으로 인한 매장의 검수비 증가	진열공간 효율 향상(매출증가)
리뉴얼비	감소	분실량을 알 수 있기에 리뉴얼 필요성 감소	업체당 인력 지원 절감
변동비	감소	Lot 사이즈가 작으면 작업이 평준화(平準化)	재고의 변동도 줄어들고, 작업량의 변동의 감소됨

"발주 마감시간이 없다보니, 미 발주가 발생하지 않습니다. 즉, 분실로 인해 매장에 제품이 없지만, 전산재고에 숫자상으로 많이 남아 있는 경우는 주문이 발생하지 않게 되지만, 항상 보충이 된다면 이러한 문제는 생기지 않게 됩니다. 또한 제품이 부족하여 못 파는 경우도 줄어들게 됩니다. 이러한 쓸데없는 비용들은 엄청난 이익으로 전환될 수 있습니다. 월마트는 2007년도 기준으로 약 매년 2.8 billion을 절약할 수 있다고 추정하고 있습니다[28-4]."

"하지만 상시 보충을 한다면 물류비가 증가하지 않을까요?"

홍 팀장이 질문을 한다.

"이전에 그러한 질문이 제기된 적이 있었습니다. 홍 팀장님, 업체들이 B마트는 주 몇 회 배송을 하죠?"

"식품류는 매일 배송하는 업체도 있고, 대부분은 업체들이 주 3회 공급을 하고 있습니다."

"혹시 공산품의 경우 재고 회전률이 얼마나 되는지 아세요?"

"물론이죠. 주로 1일 5개 이하로 팔리는 제품이 80% 정도 되는 것으로 집계되었지만, 평균 하루에 1개도 안 되는 제품이 꽤 됩니다."

"그러면 만일 어느 공급업체의 한 박스 안에 20개의 제품들이 들어 있다고 하고, 하루에 2개씩 팔린다고 가정합시다. 그러면 얼마나 자주 공급하게 될까요?"

"아, 백 실장님이 무슨 말씀하시는지 알겠습니다. 산술적으로는 10일에 한번만 공급하게 되겠지만, 실제로 보통 한 업체들이 취급하는 제품들이 수십에서 수백 종류에 이르기 때문에 거의 매번 공급이 이루어지고 있습니다."

〈그림 28-4〉 발주 시기와 주문

	화	목	토	화	목	토	화	목	토	화	목	토	화
제품 a				D			D			D			D
제품 b	D		D		D		D		D		D		
제품 c			D	D		D		D					
제품 d	D		D			D		D					
제품 e	D		D			D			D	D			
제품 f			D										
제품 h	D			D			D			D			

 "맞습니다. 다음 그림과 같이요. 매번 상시보충을 한다고 해서 공급 횟수가 늘어나는 것은 아닙니다. 이미 매번 공급하고 있기 때문입니다. 즉, 물류비는 크게 증가하지 않습니다. 바로 이러한 물류 모델을 해상과 항공운송에도 적용해야 하는 것입니다. 수송량 혹은 수송액 대비 일정 수수료를 주고 정기 배송할 수 있는 시스템으로."

 백 실장은 무심코 LiW 문 차장을 보고 있었다. 문 차장도 자신을 보고 이야기하고 있는 것이라 짐작하고 있었다. LiW는 해외 생산이고 1년에 2~4번 선박을 통해서 제품들을 가져오기에 수요예측과 재고관리에 많은 어려움이 있었기 때문이다. 다른 모두 사람들도 백 실장에 말에 동의하는 듯 긍정적인 제스처(gesture)를 보여주고 있었다.

 "또한 많은 제품들의 일일(一日) 판매량이 소량이기에 진열된 재고량은 충분히 수일(數日)의 수요를 대처할 수 있고, 이로 인해 따로 수요예측도 할 필요가 없게 됩니다. 이미 충분히 갖다놓고 팔고 있기 때문에. 즉 다음의 주문 프로세스로 정리할 수 있습니다."

 백 실장은 다시 자료를 넘기며 설명을 한다.

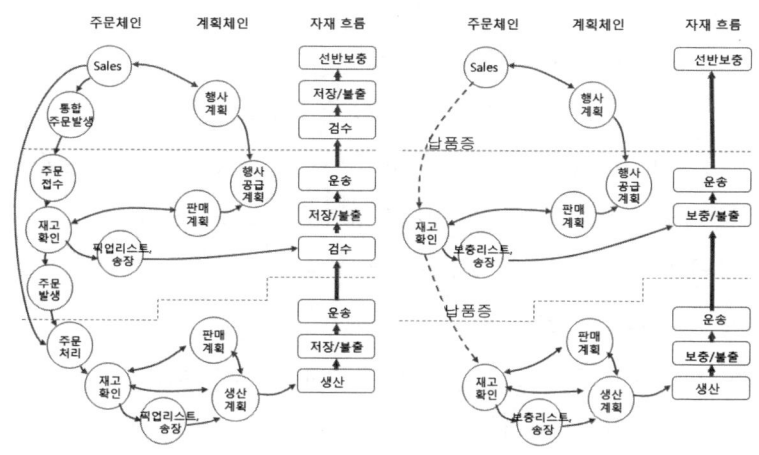

〈그림 28-5〉 보충 프로세스

(a) AS IS : 공급체인 프로세스   (b) BE TO : 보충체인 프로세스

"그림과 같이 기존의 방식(a)처럼 공급자는 주문을 기다릴 필요가 없이 당일 아침에 판매데이터를 웹상에서 확인하여 공급하면 됩니다. 프로세스가 매우 단순해졌죠?"

"하지만, 갑자기 수요가 증가하는 경우는 어떻게 합니까? 갑자기 20개 이상 판매가 될 경우 말입니다."

B마트의 작업복을 입은 누군가가 질문을 던진다.

"네. 그런 경우도 생기겠죠. 하지만 그런 경우는 EPFR 보충방식을 실행할 때만이 발생되는 경우가 아니라, 이미 지금도 발생하고 있습니다. 하지만, 오히려 EPFR 방식은 제품 공급 주기가 짧기 때문에 더 효율적으로 대처할 수 있습니다."

"그래도 낱개로 공급하면 공급자가 포장하는데 어려움이 있지 않을까요?"

좀 전에 질문하던 사람이 계속 질문을 한다.

"물론 낱개로 포장하고 공급하는 것과 검수를 하는 것이 쉬운 일은 아닙니다. 하지만 검수(檢數)의 경우는 밀봉된 포장 무게로 검수하면 될 것입니다. 무엇보다도 낱개 공급을 통해 얻을 수 있는 재고 절감 효과에 비하면 이러한 수고는 아무것도 아니라고 생각합니다. 심지어는 재고가 50%이상 줄어 들 수 있다고 생각 하거든요[28-2, 28-3]. 또한 처음부터 낱개 공급이 번거롭다면 번들 포장이라든지 한 박스가 아닌 소량의 단위로 포장하면 됩니다."

"하지만, 이런 문제도 생길 수 있겠는데요. 만일 공급업체가 아침에 판매데이터를 확인해보니 5개 팔렸다고 가정해보죠. 하지만 5개를 공급하여 매장에 도착하는 동안 어느 고객이 제품을 구매 할 수 있을 것입니다. 가령 1개를 구매하였다고 하면, 5개를 보충하더라도 1개가 부족하게 됩니다. 그러면 보충을 통해서 분실량을 파악하기 어렵지 않습니까?"

"날카로운 지적입니다. 오히려 여러분들이 EPFR 방식을 잘 이해하고 있다는 증거입니다. 맞습니다. 분명 공급하는 리드타임 동안 수요가 발생하기 때문에, 보충하더라도 부족하게 될 수 있습니다. 이런 부분은 결국 IT 기술의 도움을 받아야 하고, 이미 그런 기술은 지원받고 있습니다. 가령 PDA 같은 단말기를 통해서 보충기간동안 팔린 개수를 확인하는 것이죠. 물론 고객의 수요가 주로 오후에 발생되고 일일 수요량이 크지 않으므로 큰 문제는 없을 거라 생각합니다. 만일 IT 기술의 도움을 받지 못한다면, 주 1회 혹은 월 2회 정도 리드타임 동안 판매된 수량을 조사하여 보충하는 방법도 있습니다."

"네, 백 실장님이 말씀하신 기술 지원은 큰 문제는 아닙니다. 이미 웬만한 대형할인마트에서는 그런 정도의 데이터를 알려주는 시스템들이 있습니다. 오히려 재고량이 50%까지 줄어 들 수 있다는 이야기가 놀랐습니다."

홍 팀장은 백 실장을 지원하기보다는 '왜 50%의 재고를 줄어들 수 있는지'를 설명해 보이라는 말인 듯 했다. 백 실장은 이러한 질문도 이미 에덴금속에서 재고의 평균과 분산에서 설명한 적이 있어 당황하지 않고 설명하였다.(책 26장 참고)

어느 덧 식사시간이 얼마 남지 않은 듯하였다. 백 실장의 파워포인트 자료도 마지막 한 장이 남았다.

"만일 EPFR 보충 방식을 전개한다면, 자동발주시스템도 단순해 질 수 있습니다. 가령 수요예측 모듈이 필요 없게 되고, 자동으로 주문을 발생시키지 않아도 되니까요."

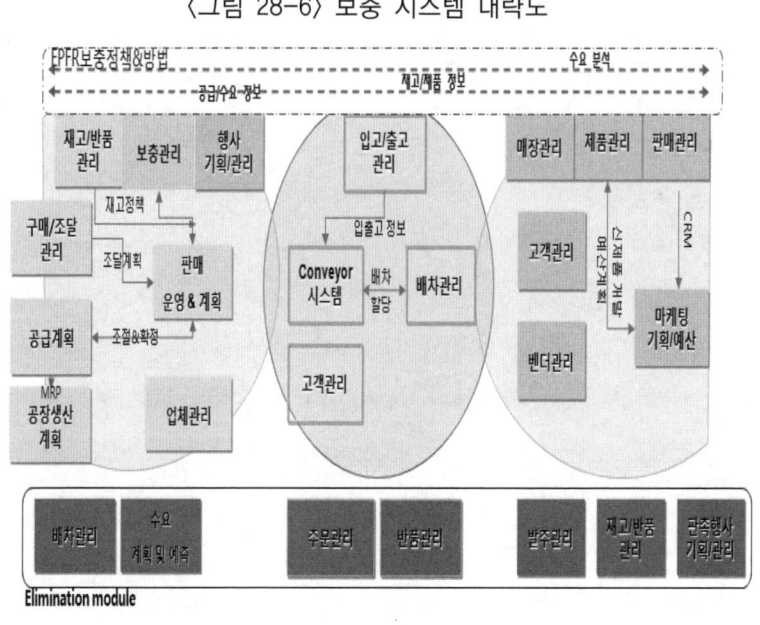

〈그림 28-6〉 보충 시스템 대략도

"아웃소싱과 기업 합병으로 인해 기업환경이 자주 바뀌는 경우에 복잡한 시스템의 변경 및 재설계는 큰 부담으로 다가오고 있습니다. 하지만 다음 그림과 같이 많은 모듈이 생략되어 시스템이 단순하게 되고, 프로세스의 수가 줄어 들 수 있습니다. 이는 관련 IT 비용 감소에도 큰 영향을 줄 수 있습니다. 물론 발주시스템 자체도 필요 없을 수도 있습니다."

식사 시간이 다가 왔는데도 모두들 깊은 사색이 빠진 듯, 요동하지 않고 있음을 발견하게 된다. 백 실장은 모두들의 반응을 즐기는 듯 미소를 짓다가, 문득 '설마 모두 자고 있는 것은 아니겠지!' 하는 생각에 정적을 깨어버린다.

"자! 모두 식사하러 갑시다."

29. 할마의 물통 혁신 Ⅱ: 긍정적 피드백 (7월 12일)

 백 실장과 문 차장, 홍 팀장은 구내식당에서 같은 테이블에 앉아 식사를 한다. 아니 오히려 문 차장이 백 실장을 찾았다.
 "백 실장님, 아까 말씀하신 '선박과 항공의 물류 모델' 있잖아요. 좀 더 설명해 줄 수 있나요?"
 "아, 저도 아까 설명을 하고 넘어갈까 잠시 주춤하며 망설였었는데, 주제가 벗어나는 것 같아서 그냥 지나쳤습니다만…"
 백 실장은 올드미스의 문 차장이 오늘따라 낮은 자세를 보이는 것 같아서 한편으로 기분이 좋았다. 반찬으로 나온 고기도 참 연하였다. 옆에 앉은 홍 팀장도 고기가 맛있는지, 두 사람의 대화에는 별로 신경을 쓰지 않았다.
 "문 차장님, LiW가 완제품 물량을 얼마나 자주 공급을 받습니까?"
 "자주 들어오면 분기마다 한 번씩 받고, 어떤 제품들은 6개월마다 한 번씩 공급받고 있어요. 워낙 제품이 딸리다보니 싱가포르 아시아 본부에서 제품들을 분배하고 있습니다."
 "제품이 부족하다니요? 재고가 남아서 할인행사도 많이 하고 있잖아요?"
 "그것은 행사 물량으로 따로 계획된 것이고요. 재고가 많이 남지는 않아요."

문 차장은 재고관리가 잘 안되고 있다는 것을 인정하고 싶지 않은 듯 하였지만, 직접 LiW 제품을 취급하고 있는 백 실장은 실상(實狀)을 잘 알고 있었다. 더욱이 매년 가을마다 다음 해 일 년 동안 판매 할 LiW 제품물량을 예측해 달라는 요청에 백 실장은 여러 번 보고서를 작성한 경험이 있었기 때문이다. 물론 예측 데이터의 신빙성이 없어 내키지 않았지만 상급회사가 원하니 어쩔 수 없었다.

"문 차장님, 자주 제품을 공급 받으면 안 될까요?"

"물론, 그럴 수도 있지만 너무 비용이 많이 들거든요. 선주에게 배 한 척을 임대하거나, 혹은 컨테이너를 임대하는 비용이 만만치 않거든요. 그런데 컨테이너에 몇 개 안되는 물량만 가지고 올 수는 없잖아요."

"바로 그것이 과거의 낙후된 운송모델입니다. 예전에 차로 운송을 하시던 분들도 물량과는 무관하게 거리에 따라서 운임료를 받았거든요. 하지만, 택배와 같은 서비스가 생기면서 박스 당 수수료를 지급하잖아요. 보내는 물량에 따라 운임이 달라지죠. 즉, 현재는 공동 수배송을 하고 있습니다. 선박이나 항공물류도 이와 같이 할 필요가 있습니다."

문 차장은 별로 숟가락을 들지 않고 있었다. 홍 팀장은 왠지 두 사람이 무안해 할까봐, 가끔 얼굴만 쳐다보며 계속 밥을 먹었다.

"선주(船主)나 해상 운송사들도 자신들의 배에 물량이 얼마나 채울 수 있을까를 수요예측하고 화주들을 모집하러 돌아다니는 것 보다는, 고정 고객들을 확보하여 정기적으로 운항하는 것이 더 불확실성을 줄일 수 있습니다. 물론 경제성 있는 운임료를 재조정해야 되겠지요. 화주(貨主)들도 선주나 운송사들을 찾아 협상하기 보다는, 공동 수배송을 하는 선주들을 찾아 정기적으로 소량 물량들을 보낼 수 있도록 하는 것입니다. 또한 화주들도 비용이 조금 더 들더라도, 이전에 재고를 부담해야 하는 비용을 고려한다면 더 경제적일 것입니다."

"이해가 되네요. 마치 대형할인마트 물류시스템과 같은 것이네요. 주 3회 배송처럼. 수수료는 물동량 혹은 매출액 대비로요. 그렇게 되면 자주 제품을 공급받을 수 있고 좀 더 신뢰성 있는 수요예측도 할 수 있고요. 1년 치 예측이 아니라 6개월 치 혹은 더 짧은 기간을 예측하면 되니까요. 결국 그러한 마인드를 가진 선주를 찾는 것이 문제이겠군요."

"LiW같은 대기업이라면 직접 선사(船社)와 계약하는 것이 좋을 듯합니다. 작은 회사들은 포워딩업체를 찾아야 되겠지만요."

이때 누군가가 홍 팀장에게 다가와 아는 체 한다.

"야! 대숙이 아니야? 오래간만이다. 이렇게 같은 회사에 있으면서도 보기 힘드냐?"

홍 팀장의 입사동기로써, 대전 B마트 점장을 맡다가 1년 전에 본사로 온, 강 민선 부장이었다.

"민선아! 오래간만이다. 이제 밥 먹냐? 나는 거의 다 먹었는데…"

"식당에 사람이 많아서…"

백 실장은 문 차장과 대화를 하고 있지만, 홍 팀장이 혹시나 소개를 시킬지 몰라 힐끔힐끔 쳐다본다.

"구내식당을 넓히든지 해야지, 너무 사람들이 많아서 밥 먹기 힘들다. 오늘은 일부러 늦게 왔는데도 사람이 더 많이 기다리는 것 같더라."

"그래? 우리는 점심시간이 시작하자마자 왔는데 오늘은 별로 사람들이 없더라."

홍 팀장의 대화에 방해가 될 것 같아서, 백 실장은 잠시 문 차장과의 대화를 멈추고 홍 팀장의 대화를 듣고 있다.

"밥 먹는 것도 운이 좋아야 돼. 난 운이 없어서 로또 복권 만원짜리 한번 당첨되지 못했으니 말이야. 식사시간 초에는 사람들이 많이 몰려 나올 것 같아서 일부러 늦게 왔는데, 나처럼 생각하는 사람들이 많아서 그런지 모두들 늦게 나오는 것 같아."

"하하하, 잘 찍어야지."

두 사람의 대화를 듣고 백 실장은 뭔가를 생각한다. LiW 문 차장도 사색에 잠겨 있다가 대화를 마무리 한다.

"백 실장님, 만일 백 실장님이 말씀하신 것이 가능하다면 저희 LiW는 네오C&C와 더 긴밀한 관계를 유지하게 될 것입니다."

***

오후 세미나는 팀별간의 팀워크와 재고와 물류, 시스템과 재고라는 주제로 세미나가 계속 진행되고 있다. 백 실장과 홍 팀장은 세미나에 참석하지 않고 휴게실에서 담소를 나눈다. 임 이사도 이야기에 동참한다.

"홍 팀장님은 담배 피운지 오래되셨나요?"

임 이사가 말을 건다.

"아! 제 입에서 담배 냄새가 나나요? 제가 담배를 피우는지 어떻게 아시고… 살짝 피고 왔는데."

겸연적스러운 표정으로 안절부절 못한다.

"아닙니다. 아까 식사 후 급히 나가시는 것을 보고 눈치를 챘습니다. 저도 한 때는 엄청 골초였거든요. 하루에 담배 2갑 정도. 하지만 3년 전에 끊었습니다. 3년 전에 폐 수술을 받았거든요."

"그러시군요. 저도 몇 번 끊으려고 시도는 했지만 잘 되지 않네요. 백 실장님은 담배를 안 피우시나요?"

"저는 담배를 피운 적이 없습니다."

백 실장은 고개를 절레절레 흔들며 말한다.

"백 실장님은 교회를 다닌답니다."

임 이사가 백 실장을 거들어 준다.

"아! 그렇군요. 저도 교회에서는 집사이지만 담배는 끊기 참 힘들더군요. 그래서 아내는 저한테서 담배 냄새가 나서 창피하다고, 교회 갈 때는 꼭 향수를 뿌리라고 야단입니다."

"그러시겠군요. 저는 담배의 유혹에서 벗어 날 수 있는 계기가 있었죠. 대학교 때 제가 돈 벌어서 담배를 피우는 것은 몰라도, 밤늦게까지 고생하시며 돈을 벌어 오시는 부모님 돈으로 담배를 피울 수는 없었거든요."

백 실장의 답변에 홍 팀장이 부끄러운 듯 얼굴의 표정이 온화하게 풀어진다.

백 실장은 화제를 바꾸어 SSM(super supermarket : 기업형 슈퍼마켓)에 관련해서 묻는다.

"홍 팀장님, 작년부터 B마트도 SSM 진출을 시도하고 있는 것으로 아는데, 잘 진행되나요?"

"SSM? SSM이 뭐죠? SCM아닌가요?"

임 이사가 SSM에 대해 처음 듣는 듯 질문을 하자 홍 팀장이 답변을 한다.

"SSM은 super supermarket의 약자입니다. 기업형 슈퍼마켓이라고도 부르죠. 최근에 대형할인마트들, 아니 할마들이 지역 동네에 중형급 슈퍼마켓(SSM)을 오픈하기 위해 많은 노력을 하고 있습니다. 저희도 작년부터 준비하고 있지만, 점포 오픈이 쉽지 않습니다. 현재 5개 점포밖에 출점하지 못했습니다."

"아… 요사이 사회적으로 논란이 되고 있는 슈퍼마켓을 말씀하시는군요. 지역 상인들이 적극적으로 반대한다고… 그런데 제가 생각해도 좀 너무하지 않았나 싶습니다."

임 이사도 최근에 신문에서 언급된 내용을 읽어본 기억이 났다.

"하지만 할마들의 입장도 어쩔 수 없습니다. 기존의 할마 시장은 포화상태에 이른지 오래되었고 가격 경쟁도 치열합니다. 때문에 새로운 시장을 찾을 수밖에 없게 되었거든요."

"하긴, 할마들도 계속 변해야 하니 어쩔 수 없겠네요. 그래도 좀…"

임 이사와 홍 팀장의 대화는 제 자리를 맴돌았다.

"음, 할마에게도 새로운 진화의 모습이 필요하겠군요."

백 실장도 고민하는 듯하다.

"이미 할마들은 많은 변화를 했습니다. '박리다매'의 사업모델에서 시작하여 현재는 PB(private brand) 혹은 PL(private label) 상품의 확대를 강화하고 있죠. PB 제품들을 넓힌다는 의미는 할마가 생산영역까지 끼어든다는 의미이거든요."

PB 이야기가 나오니까, 할 말이 많은 듯 에덴금속 임 이사가 약간 격앙된 목소리로 말을 이어 받는다.

"맞아요! 요사이는 할마들이 자체 브랜드를 많이 개발하고 있더군요. 처음에는 중국산이나 동남아산을 싼 가격으로 판매하더니 지금은 할마들의 자체 브랜드가 달린 제품들이 넘쳐납니다. 도어락의 경우도 처음에는 저가의 중국산이 많이 유입이 되었지만, 그래도 품질이 좀 뒤지니까 경쟁력이 있었는데, PB 제품들은 품질도 별 차이 없이 반값에 가까운 가격으로 공급하다 보니 저희도 죽을 맛입니다. 제가 아는 몇몇 업체들은 중국산과 PB 제품 때문에 파산당하기도 했습니다. 아마 저희 에덴금속 제품들도 곧 PB 제품들이 시장을 잠식할 것 같은 위기감이 높습니다."

백 실장이 임 이사의 말에 대화의 물꼬를 찾은 듯 말을 이어간다.

"현재 할마의 힘이 너무 거대하다 보니, 생산자들의 불만이 많이 있습니다. 물론 할마가 PB를 통해서 앞으로 생산뿐만 아니라, 지역 SSM들에게 제품들을 공급하는 분배의 역할까지도 하는 것은 좋은 사업모델이 될 수 있습니다. 하지만 할마의 발전 방향이 긍정적 피드백(positive feedback)이 되어야 하는데, 계속 Win-Lose 게임으로 가는 것 같습니다."

"할마가 분배의 역할을 한다는 것은 무슨 말이죠? 그리고 긍정적 피드백이란 말이 지금 우리들 대화에서 어떻게 적용되죠?"

홍 팀장이 묻자, 백 실장은 예전에 황 대리에게 말하였던 '할마의 진화'라는 주제에 대해 간단히 설명하여 홍 팀장을 이해시킨다.

"아, 그러니까 지역의 중소형 슈퍼마켓에 대한 제품공급을 할마가 담당하는 것이군요. 분명히 재고 관리나, 물류관리 측면에서 더욱 효과적이라는 생각이 듭니다."

긍정적 피드백에 대해서는 이전에 백 실장이 주 팀장에게 설명한 적이 있어서, 쉽게 그림으로 정리를 할 수 있었다.(책 12장 참고)

〈그림 29-1〉 가격인하의 부정적 피드백

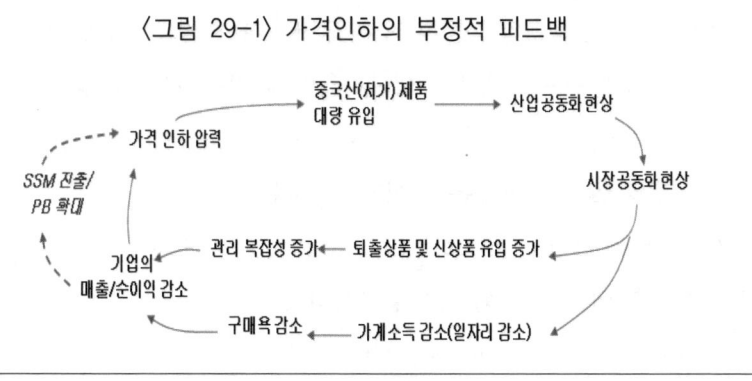

"그림을 보니 이해가 됩니다. 시장의 많은 현상들은 서로 연관이 있군요."

홍 팀장의 말에 임 이사도 공감한다.

"그런데 그림과 같이 현재 할마의 전략들은 여전히 부정적 피드백을 향하고 있습니다. SSM에 진출하여 시장이 확대된다고는 말을 하지만, 금방 포화상태에 이르고 다시 가격 경쟁이 점화될 것이며, 저가의 중국산 유입과 PB 도입으로 인해 많은 제조업체들의 판매기회를 상실하게 됩니다."

"네, SSM도 언젠가는 포화상태에 이르겠지만, 그 다음은 나중에 생각해야죠."

"홍 팀장님, 제가 말씀 드리는 것은 SSM을 진출하지 말라는 뜻이 아닙니다. 좀 더 긍정적인 피드백이 이루어질 수 있도록 노력해야 한다는 뜻이죠. 공급자, 판매자, 소비자 모두가 만족할 수 있는…"

백 실장은 말꼬리를 흐린다.

"그런 말이야 저도 할 수 있습니다. 방법이 있어야죠! 방법이!"

홍 팀장은 자신도 나름대로 할마의 전문가인데, 왠지 궁지에 몰리는 기분이 들어 목소리가 조금 높아진다.

"만일 가격 인하의 경쟁을 하지 않으면 어떨까요? 또한 합리적인 가격으로 고객을 만족시키면서 생산자들에게 판매 기회를 늘려주는 방법…"

홍 팀장은 별다른 반응을 보이지 않는다.

"저는 할마의 미래 전략으로 SSM 진출 못지않게 중요한 것이, 품질의 우수성을 알리는 것이라고 생각합니다."

백 실장의 답변에 홍 팀장이 실망한 듯하다.

"백 실장님! 할마들치고 자신의 제품들이 나쁘다고 하는 곳이 있나요? 모두들 좋은 품질을 추구하고 있습니다. 또한 현재 할마에 입점하려는 회사들의 제품들은 모두 '품', 'KS', 'ISO', '환경' 마크 등등 인증을 받아야 하고, 또한 상해 보험, 화재 보험 등 고객 안전을 위한 보험도 가입하도록 권고하고 있습니다."

홍 팀장의 말을 끊으며 백 실장이 말을 한다.

"하지만, 그것으로 충분하지 않습니다. 'KS' 인증을 받았다고 우수한 제품으로 오해하는 경우가 있는 것 같습니다. 품질의 인증은, 제품으로서의 최소한의 품질을 가졌다는 이야기입니다. 가령, 형광등의 수명이 5,000시간 이상 지속된다면 '품' 인증을 주는데, 5,000시간 지속되나 10,000시간 지속되나 똑같은 '품' 인증을 받고 있습니다. 즉, 인증마크만을 가지고 품질이 좋다고 말할 수는 없습니다. 다만 인증마크의 획득은 최소한의 기준 조건을 넘어섰다는 의미입니다."

"무슨 말씀이시죠? 그러면 저희가 제품의 품질을 다시 검사해야 된다는 말씀인가요?"

"네, 비슷합니다. 할마가 품질(안전, 기능, 에너지효율, 친환경 등 포함) 인증기관이 되는 것입니다."

"인증기관이요?"

백 실장의 답변이 의외인 듯 홍 팀장과 임 이사는 서로 쳐다본다.

"좀 더 자세히 설명해 주시겠습니까?"

"현재 할마에 제품들을 입점 시키려면, 공인 인증기관에서 인증마크를 받는 것은 기본입니다. 물론 할마에서도 처음에 제품들의 입점을 심사할 때 간단한 품질 테스트를 하고 있지만, 주로 할마의 제품 입점을 관리하는 바이어들이 개인적으로 평가하고 있습니다. 설사 불량이 발생되더라도 100% 환불 및 교환 해주므로 고객 만족도에 큰 무리를 주지 않는다고 생각하고 있기 때문입니다. 이러한 상황에서 할마들은 경쟁사에서 취급하지 않는 독특한 신상품들을 개발하려고 하거나, 저렴한 비슷한 품질의 제품들을 찾는데 혈안이 되어있죠."

임 이사도 초기에 도어락을 입점 시킬 때 경험한 바 있었기에 백 실장의 말에 동의하였다. 임 이사는 2~3년 전에 디지털 도어락을 가지고 B마트 바이어를 만났었는데, 망치로 도어락을 내리쳤던 것이었다. 강한 충격에 디지털 도어락의 잠금 장치가 풀리는 경우가 있다고 해서.

"오히려 할마에서 제품들의 품질을 인증해 줄 필요가 있습니다. 할마가 인증마크를 주는 사설기관이 되어도 좋습니다. 비록 가격이 상대적으로 약간 비싸지더라도 B할마가 품질을 인정한 제품들만을 판매하는 것입니다. 그래서 B할마가 인정한 품질을 시장에서도 믿을 수 있도록 노력하는 것입니다. 제품의 품질을 생산자만이 책임지는 것이 아니라 판매자도 같이 품질을 보증하는 것입니다. 물론 B할마가 품질을 인증한다고 말로만 하는 것이 아니라, 실제로 품질마크를 찍어주는 것입니다."

"할마가 권위 있는 인증기관이 된다…"

홍 팀장은 전혀 생각해보지 못했던 아이디어인 듯 고민한다. 백 실장은 계속 설명한다.

"할마의 자체 인증 제도는 지나친 가격 중심의 시장에 제동을 걸기 위한 방법이기도 합니다. 아마 품질 중심의 시장이 우세해지면, 국산 제품이 지금처럼 가격위주의 평가를 받을 때 보다는 더 많은 판매 기회를 가질 수 있을 것입니다. 동남아나 중국산 제품보다는."

"음… 만일 그렇다면 국내 제조업체들에게도 판매할 수 있는 기회가 더 늘어나겠네요."

임 이사는 생산자의 입장에 있어서 그런지 상기된 표정으로 묻는다.

"네, 그렇습니다. 할마의 인증마크는 사회적인 책임을 감당하는 측면도 있습니다. 자국 산업을 보호 한다는 의미로도 해석이 될 수 있습니다. 물론 이런 개념은 '자유 시장 경제'에 어긋나는 것 일수도 있습니다. 하지만 기업이 가격보다 품질을 추구하는 것은 당연한 것입니다. 오히려 저는 가격만을 기준으로 시장에서 경쟁하는 것이 문제가 있다고 생각합니다. 이미 오래전에 애덤 스미스는 수요 곡선과 공급 곡선의 조화를 통해 적정 가격이 생성된다고 했는데, 시장을 너무 단순화 시킨 이론이고, 이미 시장 가격이 수요와 공급만으로 결정되기에는 너무 오염이 되어 있습니다. 더욱이 한 국가에서 자국 생산품만을 취급하는 세상이 아니라, 전 세계의 다양한 시장에서 다양한 제품들이 거래되고 있는 시장입니다."

"하긴 그래요. 미국도 금융대란으로 어려워지자 오바마 대통령이 바이 아메리카(Buy America) 법안을 통과시키는 현실인데요. '완전한 시장의 자유 경쟁'은 존재할 수 없는 것 같아요." 임 이사가 거든다.

"임 이사님이 말씀하신 것처럼 '바이 아메리카' 법안의 의미가, 미국 내에서 소비되는 철강제품들은 미국산 제품을 써야 한다는 단순한 의미가 아닙니다. 바로 미국의 철강 시장을 미국 회사들에게 떼어준다는 의미입니다. 완전히 자유 경쟁이 아닌, 보호주의 시장으로 간다는 의미죠. 하지만, 제가 자체 품질인증제를 주장하는 것은 단순히 불공정 거래를 의미하는 것이 결코 아닙니다. 다만, 가격경쟁 위주의 시장은 문제가 있다는 말입니다. 또한 이미 비슷한 제도가 할마에서 실행되고 있습니다. '로컬 푸드(가까운 지역에서 생산한 음식물)', '환경친

화제품' 등이 이에 속합니다. 이러한 방향을 체계적, 제도적으로 운영하는 것입니다."

홍 팀장은 조금은 이해가 되는 듯 표정이 많이 풀렸다. 백 실장은 대화를 마무리 할 생각을 한다.

"시장의 올바른 변화가 필요하다는 것입니다. 물론 시장 가격에 제품 품질이 반영되었다고 말할 수도 있지만, 인위적인 요소들이 너무 많습니다. 좋은 품질이 고가의 가격으로 평가되어지는 시장과 이미 가격이 결정된 후에 품질을 조정하는 시장과는 큰 차이가 있습니다."

"맞아요. 언제부터인가 할마에서 공급자들에게 입점하는 제품들의 원가 정보를 요청하더니, 이제는 판매가를 결정해 주면서 여기에 맞추어서 공급해 달라고 횡포를 부리고 있습니다."

에덴금속의 임 이사가 그 동안 몹시 열을 받은 듯하다.

"실제로 많은 제품들의 가격 결정에 할마가 큰 영향력을 행사하고 있습니다. 비록 노골적으로 판매가를 제시하지 않았을 지라도, 할마의 가격 할인 압력은 공급자들에게는 판매가를 결정해 주는 의미로 들립니다. 또한 현재 시장의 가격 중심 경쟁은 고객이 선택 했다기보다는 판매자들의 지나친 경쟁에서 비롯되었다고 생각합니다. 오히려 가격과 품질이 모두 자유롭게 경쟁할 수 있는 시장 환경이 조성되어야 한다고 생각합니다."

"가격 중심의 시장을 품질 중심의 시장으로…. 그런데 어떻게 그런 시장을 조성할 수 있을까요?"

홍 팀장의 질문은 냉소적인 표정이 아니라, 그렇게 나가야 함을 동의하는 의미의 질문이었다.

"그게 바로 할마가 감당해야 할 역할입니다. 할마가 품질 경쟁 시장으로 나아갈 수 있도록 선구자적 역할을 해야 합니다. 올바른 시장 질서를 위한 사회적 책임이기도 하고요. 그 첫 걸음 중에 하나가 할마의 자체 품질 인증제입니다. 단지 고객에게만 가격과 품질에 대한 어려운 선택을 맡기기 보다는 우리 모두가 함께 노력해야 할 일입니다."

"그런데, 할마의 자체품질 인증제와 할마의 긍정적 피드백과 무슨 관계가 있습니까?"

홍 팀장이 문득 대화의 주제가 벗어난 것 같아 질문을 한다.

"품질 경쟁 위주 시장이 조성된다면 아까 말씀 드린 피드백이 긍정적으로 바뀌는데 도움이 될 수 있습니다. 품질 중심의 시장이 형성되면, 당연히 매장에는 저가의 제품보다는 합리적인 품질을 가진 제품들이 늘어나게 될 것이고, 국산들의 시장 판매 기회도 늘어나게 되어 생산업체들도 활성화 될 수 있고, 고용 창출로 인해 가계 수입도 늘어나게 되겠죠. 비록 제품의 가격이 소폭 상승할지라도, 고객들에게 몇 십 원, 몇 백 원의 차이는 큰 의미가 없고, 고객들이 설득되어질 수 있는 가격차이라고 생각됩니다."

"이야~! 그렇게만 되면 진짜 원-윈(win-win)이네요."

임 이사가 책상을 치며 좋아한다. 하지만 더 좋아한 이유는 내일은 토요일이기 때문이다.

30. 할마의 물통 혁신 Ⅲ : 브랜드 강화 (7월 13일)

오늘은 토요일이었지만 홍 팀장은 어제 백 실장과 나눈 '할마 품질 인증제'에 대해서 고민하고 있었다.

B할마에서 파는 제품에 대한 신뢰도를 높이려면, 저가의 제품의 입점에 대한 벽을 높여야 할 것이고, 그러다 보면 더 이상 저가의 제품만을 판매하기에는 어려움이 있겠군. 하지만 우리 B마트도 이미 브랜드가 구축이 되어 있는데… 품질 인증제가 필요한 것인가? 또한 백화점처럼 고급화 되어서는 안 되는데… 더욱이 최근에 백화점도 싼 제품들을 입점시키려고 많이 노력하고 있는데…. 어느 정도 충돌이 불가피 하겠군.'

여유 있게 홍 팀장은 사무실에서 고민을 하지만, 습관적으로 수시로 이메일 체크 및 인터넷 신문 검색 등을 하다 보니, 오전이 후다닥 지나가 버렸다. 출근은 했지만, 별로 일의 진도가 나간 것이 없었다.

홍 팀장은 상쾌하지 않은 기분으로 집으로 돌아왔다.

"여보, 약국에서 잇몸 질환 치약 사왔어요?"

홍 팀장의 아내가 최근에 잇몸에서 피가 종종 나서 부탁을 했던 것이었다.

"응, 우리 매장에서도 팔고 있기에 하나 사왔어."

홍 팀장은 옷도 벗기 전에 치약을 식탁위에 놓으며 아내에게 보여주었다.

"아니, 이것은 그냥 치약이잖아요? 약국에서 파는 치약을 사와야죠!"
아내의 언성이 조금 높아졌다.
"여기에도 잇몸 질환에 좋다고 쓰여 있잖아."
"그것은 생활용품이잖아요? 약을 사와야죠!"
"아이, 짜증나게, 그거나 이거나 다 똑같은 거야. 별 차이 없어!"
"아무리 그래도 약국에서 파는 것을 사와야지…"
"이것도 약이잖아. 치-약!"

홍 팀장은 제품과 시장의 특성을 잘 알고 있었다. 많은 후발 제품들이 기존의 막강한 브랜드와 싸우기 어렵기 때문에 틈새시장을 파고드는 것을.

유통채널에 따라서 '약국에서만 파는 음료수', '화장품점이 아닌 매장에서 파는 화장품'이 있는가 하면, 시장에 따라 구분하는 '여성만이 마시는 음료수', '다이어트 우유', '노인용 우유', '아토피 전문 용품' 등이 있고, 용도에 따라 구분하는 '손 씻는 비누', '얼굴 씻는 비누', '발 비누' 등 다양하다.

물론 제품마다의 약간의 성분의 차이는 있지만, 고객의 필요성에 의해서 만들어지기 보다는 생산자들이 시장을 창조한 것이다.

홍 팀장은 안방으로 투덜대면서 들어가면서 생각한다. '별 차이가 없는 건데, 왜 그렇게 고집하지. 진짜 저 사람 이해가 안 돼. 학교 다닐 때 공부나 제대로 한건지?'

문득 홍 팀장은 잠시 고민에 빠진다.

'이런 고객의 신뢰가 할마에도 있으면 얼마나 좋은가? 비슷한 제품

인데도, 할마에서 파는 제품은 전적으로 믿을 수 있는 그런 신뢰!'

홍 팀장은 할마에서 품질을 인증한다는 것이 무엇인지 이해가 되는 듯하였다. 그리고는 좀 더 정리하고 싶어 책상에 앉아 컴퓨터를 켠다. 몇 자 적지만, 시원하게 써지질 않아서 답답하였다. 할 수 없이 백 실장에게 전화를 걸었다. 의외로 백 실장은 도서관에 있었다.

"아니, 도서관에서 뭐하세요? 나이 들어서 도서관 가는 것이 좀 쑥스럽던데요."

홍 팀장은 백 실장의 개인 시간을 뺏는 것 같아서 미안한 마음이 들었다.

"실은 품질 인증제에 대해서 이야기를 나누고 싶어서요."

홍 팀장은 아내와 다투었던 치약 이야기를 들려주며, 자신의 생각을 이야기한다.

"홍 팀장님의 생각이 맞습니다. 바로 할마가 품질 인증제를 통해 그러한 신뢰를 쌓을 수 있도록 노력해야 하는 것입니다. 하지만, 제조업체들의 틈새시장 공략은 어느 정도 성공을 거둘 수 있지만 시장의 한계가 있고, 유통채널 확대에도 한계가 있습니다. 더욱이 브랜드 관리도 어려워지고요."

"그렇겠군요. 의약품으로 인정받은 제품은 약국에서만 판매해야 되니까요. 그리고 보니 '박카스'가 좋은 사례네요. 처음에는 피로회복제로 약국에서만 판매가 되었지만, 대용품들이 약국이 아닌 음료수로 점포에서 팔리다보니, '박카스' 시장이 많이 잠식당했잖아요. 하지만, 브랜드 관리가 어렵다니요? 오히려 차별화된 시장에 제품의 이미지가 확고하게 굳혀지는 것이 아닌가요?"

"그렇지 않습니다. 시장을 지나치게 세분화하다보니, 각각 제품들의 브랜드를 홍보를 위해 많은 비용이 들어가게 됩니다. 결국 수익성이 떨어지고…"

"그렇군요…"

"그래서 많은 생산자들이 제품의 브랜드는 물론 생산자의 브랜드를 알리려고 노력하고 있습니다. 이를 통합마케팅이라고 하죠. 제품뿐만 아니라 기업이미지 모두 알리는 것입니다."

잠시 침묵이 흐른다. 백 실장은 이야기를 끝내고, 홍 팀장의 반응을 기다린 것인데, 홍 팀장은 백 실장이 계속 이야기하는 줄 알고 기다리고 있는 중이었다. 이것이 목소리만을 전달하는 통신수단의 한계였다. 결국 백 실장은 주춤거리다 침묵을 깬다.

"이러한 통합마케팅을 할마에서도 시도해야 합니다. 그 동안 할마는 쇼핑의 편리함에 대해서만 많이 강조하여 왔고, 스스로 서비스 중심의 유통업체라는 테두리 안에 가두고 있었습니다. 월마트는 모든 사람들이 알고 있지만, 월마트에서 판매하는 제품들이 좋다는 이야기는 아니거든요. 그러다보니, SSM과 같은 유통확대 전략에만 매달려 있는 것입니다."

"백 실장님 말씀에 일리가 있네요. 할마를 단순히 유통의 테두리 안에 가두지 말고, 판매하는 제품들에 대한 신뢰를 쌓을 수 있도록 노력해야 한다는…"

홍 팀장은 엉켜진 전화 줄을 풀면서 계속 말을 한다.

"사실 할마들이 제품들의 진열과 유통구조 개선만을 통해서 이룰 수 있는 혁신은 한계가 있습니다. 그동안 할마들은 제품의 품질에 대한 책임은 생산자에게 맡겼고, 다만 양질의 제품을 싸게 공급하고, 좋은 매장 위치 선점을 위해 힘을 쏟은 것이 사실이죠. 그래서 최근에는 생산전략의 일환으로 PB제품을 강화하고 있는 것입니다."

"할마의 PB는 좀 더 저렴하게 공급하기 위한 어쩔 수 없는 전략이지만, 이러한 PB의 성공을 위해서도 할마의 자체 인증제도가 더욱 필요합니다. 어느 조사에 의하면, 고객이 매장을 선택할 때 PB(자체)브랜드를 보고 선택하는 것이 아니라, 매장의 인지도(선호도)를 보고 선택한다고 합니다[30-1]. 즉, 품질 인증제를 통한 할마의 신뢰도를 높여나가고, 이는 PB의 성공으로 이어지게 될 것입니다. 그리고 보니, 스타벅스가 좋은 사례가 되겠네요. 비록 할마와는 달리 커피 전문점이지만요."

"홍 팀장님? 혹시 스타벅스에 자주 가시나요? 혹시 기억나는 커피 이름은 있나요?"

"저도 커피를 무척 좋아하죠. 커피마다 다양한 이름들이 있지만, 저는 그냥 '까페모카'를 즐겨 마십니다."

문득 백 실장은 자신이 도서관 화장실에서 전화를 받고 있다는 것을 알게 되었다. 어디선가 풍겨나는 냄새가 진해졌기 때문이다. '어쩌다가 풍겨나는 냄새 속에서 커피 이야기를 꺼내게 되었지?'하며 창문을 연다.

"저도 커피를 무척 좋아하는데요, 커피 이름은 아는 것이 별로 없습니다. 이렇게 많은 사람들이 스타벅스를 좋아하지만, 자주 개발되는 커피의 이름을 알지도 못합니다. 또한 스타벅스를 커피판매 유통업체로 생각하지도 않습니다. 왜냐하면, 스타벅스는 좋은 맛의 커피를 만들고 마실 수 있는 공간이자, 커피자체가 스타벅스거든요. 즉 스타벅스 브랜드 안에 매장이 들어와 있는 것입니다[30-2]."

"음… 스타벅스라는 브랜드 안에 매장이 들어간다…"

"또한 품질 인증제를 통해 할마의 유통채널도 더욱 견고해질 뿐만 아니라, 특히 인터넷 쇼핑몰 시장도 크게 잠식할 수 있습니다."

"그러네요. 품질에 대한 보장만 된다면, 인터넷을 통해서도 안심이 되니까요?"

"그것이 온라인 시장만 가지고 있는 다른 인터넷 쇼핑몰업체보다도 더욱 성장할 수 있는 장점이 될 수 있습니다. 할마는 온라인과 오프라인 시장 모두를 가지고 있으니까."

"네, 잘 알겠습니다. 할마안으로 매장을 가지고 오라!"

백 실장은 계속 이야기를 하려고 했으나, 전화기 속으로 홍 팀장의 아내의 목소리가 들려온다.

"여보! 빨리 약국에 가서 치약 안 사오고 뭐해?"

31. 할마의 물통 혁신 Ⅳ : 실행 사이클과 사내교육 (7월 15일)

오늘도 장마가 벌써 온 듯 시원한 빗줄기가 쏟아지고 있다. 빗길이 월요일 출근길을 더욱 정체시켰지만 백 실장은 비가 오는 날씨가 반가웠다. 지난주처럼 날씨가 더우면 세미나에 집중하기 힘들기 때문이다. 홍 팀장은 벌써 도착하여 백 실장을 기다리고 있었다. 홍 팀장의 책상은 큰 사무실의 구석자리에 위치하고 있었고, 이메일을 쓰는 듯이 열심히 자판을 두들기고 있었다.

"백 실장님, 지난주에 말씀하셨던 할마의 미래의 사업모델에 대해서 정리하고 있었습니다."

홍 팀장의 말이 끝나기 무섭게 '드르륵' 소리가 나면서 출력이 되고 있었다. 백 실장은 한 번 훑어보면서 자신이 이런 이야기도 했나 싶을 정도로 정리가 매우 잘 됨을 놀라워한다.

"어제 홍 팀장님이 간간이 메모하시더니, 놀랍습니다. 이것을 읽어 보니 홍 팀장님이 얼마나 편집광인지 짐작을 하겠네요."

"감사합니다. 칭찬으로 듣겠습니다. 백 실장님과 대화를 나누고는 많이 생각했습니다. 할마의 새로운 사업전략을 SSM으로만 생각했었는데, 저의 시각을 넓힐 수 있었던 시간이었습니다. 곧 저희 팀에서 공론화할 예정입니다."

"솔직히 할마들의 SSM이라는 사업모델은 일본의 어느 대기업이 오래전에 전략적으로 세운 것이거든요. 한국에서도 '린 솔루션'이라는 책 [31-1]이 소개되면서 SSM에 대한 관심이 높아지지 않았나 생각이 됩니다."

"아! 그 책은 저도 읽어 보았습니다. 할마와 슈퍼마켓의 협력에 대한 사업모델이 나와 있었지요."

"문제는 그 다음은 무엇이냐 말입니다. SSM 이후의 또 다른 사업 모델 혹은 전략. 혹은 인증기관으로써의 품질 강화 이후의 모델."

백 실장은 또 다른 한 차원 깊은 할마의 모델에 대해서 고민하고 있는 듯하다.

"그 다음이라…" 홍 팀장도 전염되었는지 고민한다.

"참! 백 실장님, 임 이사님은 30분 정도 늦으신다고 하시네요."

***

"오늘 같이 고민 할 내용은 중요하지만 좀 지루할 수도 있는데, 마침 아침에 비가 시원하게 쏟아져서 다행이기도 합니다. 오늘 같은 날은 커피도 몹시 당기잖아요."

백 실장은 화이트보드에 어디선가 많이 본 영어 이니셜을 적어 놓고, 따뜻한 커피를 행복한 표정으로 마신다.

'DMAIC'

"이것이 무엇인지 아시나요?"

"DMAIC는 6시그마에서 나오는 개선 모델 아닙니까."

"역시 할마팀은 다르군요. define '정의', measure '측정', analyze

'분석', improve '개선', control '관리'의 약자이죠. 6 시그마 관리의 핵심이기도 합니다. 우리는 6시그마를 통한 성공사례들을 많이 알고 있습니다. 또한 실패 사례도 많이 보고되고 있습니다. 그런데 DMAIC의 본질이 무엇인지 생각해 봅시다. 아니, 다른 것 하나만 더 생각해봅시다."

백 실장은 또 칠판에 영어 약자들을 적고 이번에는 묻지 않고 설명한다.

'PDCA'

"이것은 그 유명한 데밍(Deming)의 PDCA 사이클입니다. plan '계획', do '실행', check '검사', act '조치'. 제가 대학교 다닐 때 중간고사 때 꼭 나왔던 문제였습니다. 당시에 PDCA가 무엇인지 답안지에 빽빽이 외워서 적었던 기억이 납니다. 계획하고 실행한 후 검사해서 조치를 취한다는 말!"

백 실장은 커피 잔을 들면서 팀원들에게 고민해보라는 듯 약간의 여운을 준다.

"아마 이런 종류의 실행 사이클은 허다하게 많을 것입니다. 이런 종류의 사이클들이 진짜 중요해서 많이 만들어진 것인지? 아니면, 또 다른 유행어인지? 중요하다고는 저도 이야기는 많이 들었지만, 너무 단순한 것이 아닌가요? 우리 모두가 알고 있는 내용이 아닌가요?"
답변을 요구하는 질문인지는 잘 파악이 안 된 듯 모두들 조용히 앉아있었다.

"가령 TPS(Toyoda Production System) 프로그램 연수에 가서 1주일 동안 세미나를 들으면, 도요타자동차 역사, 3M(muda 낭비, muri 무리: 능력 이상의 일, 과부하, mura 무라: 불안정, 변동), JIT, PDCA, 표준화, 자동화 등등 많은 세부사항을 배우게 됩니다. 또한 TPS를 도입한다고 거창하게 시작하지만 용두사미(龍頭蛇尾)식으로 현장의 정리 정돈과 무재고를 위한 다양한 기술적 방법론을 적용하는데 그치는 경우가 많습니다. 하지만 실패하는 사례들이 더 많이 보고되고 있습니다[31-2]."

"TPS 뿐만 아니라 대부분의 새로운 기술들을 도입할 때, 비슷한 현상이 나타나는 것 같습니다. 흔히들 실패원인을 진단하면 '사내 저항과 마찰이 크다', '사내 종합적인 수준(표준화, 프로세스 효율 등)이 미흡하다', '리더의 관심이 적다', '신기술을 잘 이해하지 못 한다', '껍데기만 도입한다', '예산 및 시간이 적다' 등등 이야기 하고 있죠."

홍 팀장이 백 실장을 도와준다.

"감사합니다. 홍 팀장님이 필요한 말씀을 해주셨네요. 그 동안 많은 기업들이 종합적 품질관리, 리엔지니어링, 프로세스 리디자인, 다운사이징 등에 대한 유혹을 피하지 못해 많은 투자가 이루어졌지만, 투자만큼 성과를 얻지 못했다고 평가되고 있습니다[31-2]. 도입하려는 신기술을 연구하고 교육을 받고 실행하지만, 잘 이해하지 못하고 흉내만 내는 경우가 많았고, 실패했을 때는 또 다른 신기술에 대한 유혹에 빠져, 끊임없는 프로그램의 환상에 빠져들곤 했습니다."

"맞습니다. 컨설팅 업체들은 기업문화의 차이라고 이야기는 하지만, 실제로 그들 자신들도 정확히 왜 실패하는지를 이해하지 못하는 경우가 많이 있습니다. 아니, 실패의 원인들은 잘 찾아내지만, 어떻게 극복해야 하는지 올바른 방법을 찾지 못하는 것 같습니다. 단지 실패에 대한 책임전가에 급급하죠."

"네, 홍 팀장님의 말씀에 동의합니다. 이해하지 못한다는 것은 두 종류가 있는 것 같습니다. 어려워서 이해하지 못하는 경우와 잘 몰라서 이해하지 못하는 경우! 많은 컨설팅 업체들은 기업들이 새롭다고 인식 될만한 새로운 기법과 방법론을 전하는데 바쁜 것 같습니다. 실제로 신기술을 도입하려는 회사들도 겉으로 보기에 새로운 기술적인 방법들과 기법들은 잘 적용하지만 가장 기본적인 개선 사이클들을 소홀히 하는 경우가 많습니다. 저는 앞에서 말씀드린 단순한 PDCA 사이클이 도요타방식의 본질 혹은 핵심이라고 생각합니다[31-4]. DMAIC도 마찬가지이고요. 이것을 앞으로 '실행 사이클'이라 부르겠습니다."

"그러면 잘 이해하지 못했다는 건가요?"

"네, 그렇습니다. PDCA와 같은 실행 사이클은 문제 해결을 위한 방법이 전부가 아닙니다. 만일, 우리가 열심히 노력해서 재고가 10% 감소되었다고 합시다. 매출이 100% 향상되었다고 합시다. 그러면 그 다음은 무엇이죠? 일반적으로 많은 프로젝트들이 어느 목적 달성만을 위해 노력합니다. 물론 어렵게 이루어 낸 성과도 중요합니다. 하지만 목표를 이루어 나가는 과정들이 더 중요합니다. 목표를 달성하기 위해 나갈 때 발생하는 예기치 못한 문제들을 어떻게 능동적으로 해결해 나갔느냐가 중요한 것입니다. 실제로 팀들이 무리를 한다든지 약간의 편법들을 동원해서든지 혹은 단점이나 비용을 숨겨둔 채 성과만을 보이면서, 한두 번 정도는 목표 달성이 가능할 수도 있습니다. 하지만 이러한 성과가 지속되지 못할 때 그 효과가 무의미해지기도 합니다. 진짜 중요한 것은 작업자들이 이러한 프로젝트들이 진행되는 과정가운데 훈련되고 습득 되어지는 사고방식입니다."

백 실장은 결과보다 과정이 중요하다는 상식적인 말을 하고 있다. 물론 결과도 중요하지만, 때로는 결과들이 과장되거나 왜곡되어 진실성과 보편성이 부족한 경우도 많이 있다. 실제로 새로운 기술 도입 하에, 계획된 생산량 달성을 위해 작업자들에게 잔업을 요구하거나 휴일을 반납하도록 하여 목표달성에만 집중하는 경우도 있고, 과도한 판매 향상을 위해 도매상들에게 재고를 '끼워 팔기 식(잘 팔리는 A를 줄 테니까, B도 구매하시오)'로 떠맡기는 경우도 있기 때문이다.

"결론부터 말씀드리겠습니다. 바로 실행 사이클은 단순히 개선을 위한 문제 해결 툴이 아니라, 기업문화를 형성시켜주는 주요한 방법들입니다. 어떤 책에서는 기업의 '혼'이라고도 표현하고 있습니다[31-2]. 하지만 일반적으로 이러한 용어들을 볼 때, 식상하다고 생각하는 경우가 많이 있습니다. 너무 단순하고 많이 접해왔기에 가볍게 생각하는 경향이 있는 것 같습니다. 오히려 다른 무슨 세련되고 난해한 이론들이 없나 공부하기에 바쁩니다." 다시 백 실장은 칠판에 다음의 단어를 적는다.

'company', 'collaboration', 'coordination'

"많은 회사에서 협력과 협조를 강조하고 있는데, 회사는 같이(com-) 가는 것(-pany)이고. 협력은 같이(col-) 일(-labor)하는 것이며, 협조는 같이(co-) 맞추어(-ordination) 가는 것입니다. 일반적으로 회사에서는 다른 생각들을 가진 사람들이 회사의 목표를 위해 자신들의 방법과 습관대로 일을 하고 있습니다. 동일한 문제를 해결하기 위해 어떤 사람은 계획먼저 세우고, 어떤 사람들은 행동부터 실행하고, 어떤 사람들은 종합적으로 처신하는 경우가 있습니다. 이런 사람들이 모여서 회의를 할 때, 종합적으로 생각하는 사람이 의견을 제시하면 대화가 '삼천포'로 빠진다고 핀잔을 주고, 단계별로 생각하는 사람이 의견을 내세우면 '답답하고 협소한 생각'이라고 불협화음이 생기곤 합니다."

B마트 사람들이 서로 쳐다보며 눈짓으로 상대방을 가리키며 동의하

는 듯 미소를 짓는다.

"이러한 구성원들을 회사의 방향에 맞게 조화롭게 융합할 필요가 있습니다. 바로, 공통된 분모와 공통된 가치를 유지해 나가기 위해 기업문화가 필요한 것입니다. 정확히 표현하면 기업문화가 형성되어야 하는 것이죠. 그런데 기업문화는 추상적이라서 인위적으로 다루기가 쉽지 않습니다. 또한 시간도 오래 걸립니다. 바로 도요타 자동차는 오랜 시간동안 PDCA 사이클을 통해 가치관과 행동을 변화시켜 기업문화를 형성한 것입니다. 일반적으로 회사 내에 문제가 생길 때, 서로들 갑을박론(甲乙駁論) 탁상공론만 하다가는 타협안을 도출하기가 쉽지 않죠. 그럴 때마다 공통된 문제 해결방식으로 서로들의 생각을 정리하며 좀더 수월하게 접근할 필요가 있습니다."

"백 실장님의 말씀은 많은 회사들이 실패한 이유가 그런 기본적인 방법들이 정착되지 못했다는 것이군요?"

"그렇습니다. 실패의 원인은 여러 가지가 있겠지만, 분명한 것은 이러한 방법들이 제대로 정착되지 못할 때 기대하는 효과를 얻을 수 없을 것입니다. 혹 PDCA나 DMAIC를 통해 전사적으로 문제 해결 및 개선을 위해 노력하였다 할지라도, 한두 번은 효과가 나타날 수도 있겠지만, 체질화되지 못하면 그 다음은 고착상태에 빠지게 됩니다. 즉 기본적인 운영철학과 문화로 자리를 잡을 수 있도록, 지속적인 개선의 노력이 필요합니다. 항상 문제에 부딪혔을 때 더 나은 방법이 없는지 함께 고민하고 해결하여 더 나은 효과를 얻을 수 있다면, 이를 공유 및 보고할 수 있어야 합니다. 또한 문제가 발생하지 않았더라도, 낭비와 변동을 줄일 수 있도록 늘 해결자의 시각으로 임하는 것이 기업 성공에 있어서 매우 중요합니다."

"꼭 새마을 운동 때, '잘 살아보세'라는 구호처럼 느껴지네요."

언제 들어왔는지 모르는 사이에 임 이사가 한 쪽 구석에 앉아서 말한다.

"그럴 수도 있습니다. 단순한 외침이 아니라 그 이상입니다. 혹 어떤 분들은 그러한 방법들이 독재시절의 잔재물이 아닌가 하는 생각을 가지실 수도 있습니다."

"백 실장님, 저도 그렇게 생각하는데요. 그런 구호 혹은 방법들은 과거 제조업에서 많이 행하던 것입니다. 이런 정보화 시대에 그런 외침이나 방법들이 도움이나 될까요?"

홍 팀장의 말에 몇몇 사람들은 고개를 끄덕인다.

"물론입니다. 저는 체계적이고 일관성 있게 지속적으로 실행할 수 있는 방법들이 필요하다고 생각합니다."

백 실장이 좀 단호한 억양으로 말하자, 몇 사람들은 짐짓 못마땅한 듯이 커피 잔에 눈을 돌린다. 그래도 졸지 않아서 다행이라고 생각하고 계속 이야기한다.

"정보화 시대에 기업들이 필요한 능력들 중에서 중요한 것은 급변하는 시장 속에서 생존하기 위한 능동적이며 지속적인 적응 능력입니다. 하지만 무조건적인 적응은 기업의 정체성을 잃어버리기 쉽게 됩니다. 아내와 자식 빼고 다 바꿔야 한다고 말을 하지만, 그 말 안에는 가정이라는 근본 안에서 바꾸어야 한다는 것입니다. 즉, 변할 수 있는 터전이 있어야 된다는 말입니다. 그것이 기업문화라고 생각합니다."

백 실장은 무선 인터넷에 접속해, 웹 포탈(portal) 사이트로 '기업문화'를 검색한다.

"제가 미처 기업문화 정의를 조사하지 못했습니다. 한번, 기업문화에 대한 정의를 그냥 읽어 보겠습니다."

세미나의 분위기를 좀 더 활성화시키기 위한 백 실장의 즉흥적인 제안이었다. 모두들 웅얼거리는 목소리였지만, 무슨 말을 하고 있는지는 분명하게 들렸다.

'기업 등의 조직구성원의 활동의 지침이 되는 행동규범을 창출하는 공유된 가치, 신념의 체계. 기업문화의 기능은 ⊙기업구성원에게 정체감을 주며 ⓒ구성원 개인의 이익보다 기업 전체의 이익을 우선시하도록 유도하며 ⓒ전체 체계의 안정성을 증진하며 ⓔ행위규범을 제시하고 형성하는 것 등이다[31-5].'

"함께 읽어주셔서 감사합니다. 기업문화에 대한 학문적인 정의를 외울 필요는 없지만, 기업문화의 개념과 그림은 떠 올렸으면 좋겠습니다. 이러한 기업문화가 없을 때는, 기업 구성원에게 정체성을 주지 못해 구성원들의 단기적 혹은 이기적인 이익에 좌지우지(左之右之)되어 콩가루 집안과 별 다를 것이 없게 됩니다. 그렇게 되면 너무 쉽게 업무 혹은 기업의 합병과 아웃소싱이 빈번하게 일어나게 되고, 어느덧 회사 구성원들의 이직이 빈번하여 늘 모르는 사람들과 다시 시작하게 되죠. 진짜 아내와 자식도 바꿔버린 꼴이 됩니다. 물론 기업문화는 복합적인 것입니다. 그래서 저는 관리적인 측면에서만 말씀드리고 싶습니다."

백 실장은 다시 웹사이트를 집어넣고 마지막 남은 커피를 입에 털어 넣는다. '다 먹었다'는 포만감보다는 커피 잔의 바닥을 볼 때마다 느끼는 심정은 '많이 먹으면 몸에 안 좋은데' 하는 걱정이었다.

"이미 많은 기업들이 기업문화의 중요성에 대해서 잘 알고 있습니다. 그래서 일 년에 한 두 차례 회사 전체적으로 행사를 하곤 합니다. 하지만 '정례적인 행사', '과학적인 문화 창출 방법', '프랙티스(practice) 개발', '좋은 조직 풍토 개선'과 같은 원론적인 말만 되풀이 되어서는 안 됩니다. 그런 연례적인 행사와 실천방법이 없는 모호한 제안은 기업들이 바라는 좋은 기업문화를 구축하는 데에는 한계가 있습니다. 이를 위해서 실행 사이클이 필요한 것입니다. 실행 사이클이 반복되어 기업의 체질을 건강하게 하고 기업문화를 정착시키데 도움이 되는 것입니다. 다만 체질화 될 때까지 부단한 노력과 시간이 필요하게 되죠. 그렇지 않다면 계속해서 업무의 과부하만 걸리고, 짐으로만 느껴지게 됩니다. 결국 기회만 되면 별로 효과가 없는 양 말하며 중지하게 되죠. 그리곤 다른 신기술들을 찾게 됩니다."

백 실장은 PPT 자료를 보여준다.

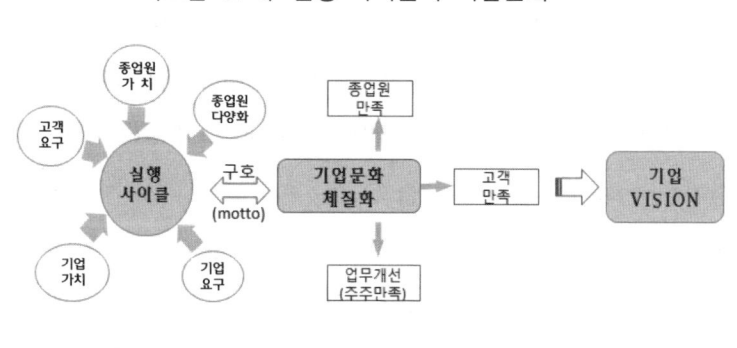

〈그림 31-1〉 실행 사이클과 기업문화

"정리하면, 이러한 실행 사이클을 통해 기업의 가치와 종업원 개개인의 가치가 일치될 수 있도록 노력하고, 공통된 문제 해결방식과 가치관이 기업의 문화로 정착되어 구성원들 모두를 만족시킬 수 있도록 노력하여야 합니다. 이를 위해 작업자의 행동을 변화시키는 실행 사이클의 역할이 매우 중요합니다."

"그럼, 할마에서도 PDCA나 DMAIC같은 실행 사이클을 도입해야 한다는 것인가요?"

홍 팀장이 결론을 알고 싶은 듯이 요구한다.

"물론입니다. 모든 직원들이 문제해결을 위한 보편적이고 일관성 있는 실행 사이클이 필요합니다. 트럭을 운전하던 기사가 창업한 아칸소의 월마트가 전 세계 6,500여개의 점포에 약 200만 명의 종업원을 거느린 대규모의 회사로 성장 할 수 있었던 중요 이유 중에 하나가 '박리다매(薄利多賣)' 사업모델에 적합한 '더 좋게, 더 빨리, 더 싸게'라는 구호아래 조직 문화를 구축하였기 때문입니다. 분명 이러한 실행 사이클은 프로세스와 작업에 부가가치를 더해 줄 수 있습니다. 이는 회사의 업무 능률 향상뿐만 아니라 직원들의 능력 배양으로 인해 사기도 높아지게 될 것입니다."

"하지만 그러한 문화를 정착시킨다는 것은 이론적으로 쉽지만 실제로는 여전히 공허한 메아리에 그칠 수 있습니다. 좀 더 구체적이고 가시적인 방법 및 결과가 필요합니다."

홍 팀장의 회의적인 입장이 담긴 대답이다.

"맞습니다. 구체적이고 가시적인 것이 필요합니다. 그래서 많은 일류회사들이 사내대학, 아카데미 스쿨 등을 운영하고 있습니다. 이러한 제도는 할마에서 특히 필요하다고 생각합니다. '피터 드러커'도 '미래의 조직'이라는 책에서 앞으로의 기업 생존을 위해서 종업원들의 기존의 개인 능력보다도 '종업원들의 학습조직'을 강조하고 있습니다 [31-3]."

백 실장은 커피 잔을 들었지만, 이미 비어 있었다. 좀 전에 마지막

방울을 털었던 것을 생각하지 못하고 습관적으로 손이 간 것이다. 백 실장은 커피의 향기가 입가에서 지워지고 있는 것이 몹시 아쉬운지, 백 실장은 입을 쩝쩝 거리며 계속 이야기를 한다. 물론 다른 사람들은 눈치를 채지 못한 듯하다.

"할마에서도 제조업 못지않게 많은 사람들이 필요합니다. 그런데 할마의 많은 일들이 단순 노동에 그치고 있습니다. 정리, 정돈, 보충, 주문, 안내 등등의 일들이죠. 지금 상황이라면 10년 후에도 별 반 차이 없는 일들을 하게 될 것입니다. 그래서 작업자들의 이직률도 높고, 요사이는 많은 할마들이 업무의 일부를 외주업체에게 맡기거나 비정규직으로 채용하는 경우가 늘어나고 있습니다."

"네, 그런 현상에 대해서는 어느 정도 동의합니다. 많은 직원들이 비전 없이 일하는 것 같고. 점점 생계를 위한 아주머니들로만 채워지고 있습니다. 회사에서는 직원들의 복지를 위해서 주택구입을 위해 저리(低利)의 대출을 해주는 등 많은 노력을 하고 있지만 일에 대한 만족도가 떨어지고, 늘 같은 일만을 반복하다보니 승진의 의미도 약합니다. 승진해도 그 일이 그 일이거든요. 좀 더 자신들의 일에 지적인 만족을 채워줄 수 있는 일들이 필요합니다."

홍 팀장의 답변에 B할마 사람들은 동의하는 듯하였다. 이어서 B할마 쪽에서 누군가가 질문을 한다.

"저도 홍 팀장님의 말씀에 동의합니다. 실제로 물류와 유통에서는 단순작업을 제외하고는 할 수 있는 일들이 많지 않습니다. 가령 생산현장에서는 원가절감 및 작업 개선 및 표준화라는 분명한 방향을 가지고 교육이 가능하지만요."

"매장 안에서도 다양한 활동들이 존재합니다. 진열개선, 보충개선 혹은 품절방지, 고객 서비스 개선, 제품 개발, 포장개선 등과 같은 많은 활동들이 있습니다. 그 중에 매장 진열 공간의 효율 향상과 재고량 절감은 좋은 목표가 될 수 있습니다. 매장은 제품을 파는 것이 아니라 공간을 판다는 말이 있습니다. 이 공간을 얼마나 잘 활용하느냐에 따라 매출이 달라질 수 있기 때문입니다. 품절되지 않는 동시에 재고량을 줄인다는 것은 매출 손실을 막고 관리 비용을 줄인다는 의미와 동일합니다. 실제로 재고로 인해서 생기는 제반 비용들은 평균 재고 금액의 20% 가까운 손실이 발생된다고 합니다[31-6]. 즉 100만원 어치의 재고를 보관한다는 것은 20만원의 손실이 발생한다는 의미입니다."

백 실장은 노트북의 'Enter' 키를 누른다. 자료에는 '관리지표'라고 적혀 있다.

"이러한 실행 사이클과 더불어 올바로 진행되고 있는지 평가할 수 있는 관리지표가 필요합니다. 혹은 평가지표라고도 이야기 하죠. 데이터 관리 없이 매장에서 할 수 있는 일들은 육체적 노동이 대부분일 것입니다. 모든 파트(department) 담당자들이 데이터를 활용하여 매출관리 및 기획 등을 담당하는 소사장제 혹은 마케터(marketer)가 되는 것입니다. 다음 자료를 보시기 바랍니다."

---

1. **입점관리/벤더관리** ; (개수/매장별) -- 월마다 평가
   (입점율 E) = 판매중인 아이템 수 / 입점아이템 수   0 <= E <= 1
   (점유율 S) = 진열 후크 수(넓이) / 전체 후크 수(넓이)   0 <= S <= 1
   (품절율 O) = 재고가 '0'인 日수
   * 입점율 good : 점유율 good => 우수
   * 입점율 good : 점유율 bad
      => 매우 우수 (유지할 수 있도록 행사 및 도우미 지원함)

* 입점율 bad : 점유율 good
   => 중복 진열 되었으므로, 확대 발주 요청.
* 입점율 bad : 점유율 bad   => 지속적인 개선요망 (점포가 해당 아이템은 관심이 없다는 의미이거나, 매장이 좁은 곳이다.

2. **구색관리** : 제품군별 판매비중
  (구색율 A) = 제품군별 판매액/판매품종수
  * 일정회수 감소 - 제품구색 평가
  * 일정회수 증가 - 제품구색 확대

3. **매출관리** (매출이 떨어지고 있는지??)
  (매출증가율 H)= 당기 매월 매출액 / 전년 동기 매월 매출액
    상수 α (=올해 목표액/전년 매출액)
    * $H/\alpha > 1$: 좋음,   * $H/\alpha < 0$: 나쁨
    $\sum_{i=1}^{n}(H/\alpha) > \theta$: 목표 상향 조정, $\sum_{i=1}^{n}(H/\alpha) < \theta$: 목표 하향 조정
  ==> 일정기간 계속 '1'일 넘고, 그 합이 θ 보다 크면 목표상향조정

기타 지표: 신상품평가, 파트별 신제품 입점 건수와 퇴출건수, 품절횟수와 비용, 단위기간별 제품군별 로스량, 미판매 제품, 불량건수, 비용절감 및 투자 리스트 등등

"위의 지표는 할마에 따라 수정 가능한 임의적인 것입니다. 이러한 지표들 가지고 실행 사이클의 방향을 조절하고 평가하는 것입니다."
"네, 저도 관리지표의 중요성을 잘 알고 있고, 저희 회사도 인재를 양성하기 위해 많은 교육을 실시하고 있지만 작업자들이 계속 바뀌어 체계적인 교육이 이루어지기 쉽지 않습니다. 또한 솔직하게 며칠 교육하고 나면 더 이상 가르칠 내용이 없는 것이 사실입니다. 어떤 경우는 시간 수를 채우기 위해 별로 관련 없는 것을 강의하는 경우도 있거든요."
홍 팀장도 교육의 필요성을 느끼고 있는 듯하다.
"네, 그런 부분들은 강사들이 더욱 연구를 해야 하겠죠. 그래서 저는

사내 현장 교육의 중요성을 강조하고 싶습니다. 이미 많은 회사들은 사내에서 교수들을 뽑아 교육들을 실시하고 있습니다. 외부 교수들의 교육도 필요하겠지만, 여러분들 스스로 가르치고 배울 수 있도록 하는 것이 중요합니다. 그래서 PDCA와 같은 일관된 문제 해결 프로세스가 필요한 것입니다. 또한 여러분들의 능력도 평가할 필요가 있습니다. 가령 6 시그마의 '블랙벨트', '마스터 블랙벨트', '그린벨트' 등 작업자들을 다양한 전문가로 평가하는 것입니다. 이는 단지 교육만으로 끝나는 것이 아니라 적절한 보상 및 권한, 책임을 부여하는 것입니다. 또한 교육에 대한 동기 부여도 줄 수 있습니다."

"마치 석사, 박사 학위 같군요. 정확히는 수료증이겠지만요."

새마을 운동을 체험한 임 이사는 계속 동의하는 듯 호의적이었다.

"좋은 인재를 외부에서 스카우트 하려고 노력하기보다, 인재를 양성할 수 있도록 노력하고 이러한 양육을 통해서 할마의 실용적인 지식 시스템(pull knowledge management)을 구축하는 것입니다."

"시스템이요? 지식 시스템이 뭐죠?"

임 이사가 시스템에 민감한 반응을 보이고 있다. 또 투자해서 전산 시스템을 구축해야 하는 것으로 오해한 듯하다.

"네, 실용적인 지식 시스템입니다. 일방적으로 교수가 가르치는 것이 아니라, 생산현장에서 발생되는 여러 문제점들을 실행 사이클을 통해 분석하고, 이에 대한 해결책들을 제안하여 성공과 실패 사례를 구체적으로 매뉴얼화 하는 것입니다. 검증된 기술들은 표준화를 통해 보급하고요. 물론 이러한 지식들이 축적되어 책 등으로 발간하여 교제로 활용하고 기업을 홍보할 수도 있습니다. 더 나아가 월마트처럼 자신만의 노하우(know-how)를 전수할 수 있는 아카데미를 구성하는 것입니다."

백 실장은 세미나 시간이 얼마 남지 않음을 확인한다.

"이러한 노력을 통해 학습하는 조직이 되는 것입니다. 일반적으로 교육이 없는 조직은 꽌씨(관계)를 통한 나누어먹기 식으로 일을 처리하고 발전이 더딥니다. 너무 눈에 띄면 왕따 되는 그런 조직이 되거든요. 이러한 작업자들의 개선 노력을 장려하기 위해 '전국 할마 혁신 대회'를 개최하여 발표하고 포상할 필요가 있습니다. 이미 각 매장에서 부분적으로 실시하고 있는 내용들이지만, 이때는 '우수 혁신상' 뿐만 아니라, 동료들이 주는 '우애상', 공급업체들이 주는 '협력상', 고객이 주는 '고객상' 등 여러 상들을 시상하는 것입니다. 물론 상만 주는 시상식이 아니라 발표 등을 통한 경영대회입니다. 그리고 포상도 확실히 지급하는 것입니다. 가령 안식월(安息月)이라든지."

"네? 안식월이요? 대학 교수님들이 몇 년마다 가는 안식년 같은 것 말씀하시나요?"

모두들 눈이 동그래진다. 직장인들에게 휴가라는 시간은 학생들의 방학의 의미보다 훨씬 큰, 마치 대입 수능시험을 마친 학생들이 누릴 수 있는 여유의 시간만큼 값질 것이다. 더군다나 며칠이 아닌 1달가량의 쉼은 큰 상급일 것이다.

"모두들 가고 싶어 하는 것 같군요."

백 실장은 너무 쉽게 이야기 한 것은 아닌가 하는 생각도 든다. 직원들에게 한 달 가량 휴가를 준다는 것은 회사를 운영하는 입장에서 쉽지 않은 것은 사실이다. 하지만 우려되는 손실 이상의 좋은 성과를 가져 올 수 있다고 확신한다.

벌써 2시간이 지났다. 한 달간의 휴가는 아니지만 30분간의 휴식이 필요한 때다.

32. 할마의 물통 혁신 Ⅴ: 불확실성 제거 (7월 15일)

오전에 한 차례 모임을 더 갖고 난 후에 함께 구내식당으로 점심을 먹으러 간다. 메뉴는 오래간만에 시원한 오이냉국과 백반이 나왔다. 올 여름도 유별나게 더워 에너지 절약 측면에서 넥타이를 풀고 지냈지만, 이제는 넥타이를 매지 않는 것이 버릇이 되어버린 것 같다.

"식당이 참 깨끗하고 좋네요. 식당 안에는 사람들이 많고요. 저희 대구 회사처럼 여기도 밥 먹는 것이 전쟁이네요."

길게 늘어선 줄을 보며 에덴금속 임 이사가 말한다.

"오늘따라 사람들이 많네요. 다른 날은 이 정도까지는 아닌데. 아마도 상반기 신입사원들이 본사를 방문해서 그런 것 같습니다."

홍 팀장은 이렇게 오래 기다리게 될 줄 알았으면 밖으로 나갈 걸 하며 후회하는 듯하다.

"저는 기다리는 것이 성가셔서 말씀 드린 것이 아니라, 오히려 많은 사람들이 있어서 더욱 생동감을 느낄 수 있어 좋아서 드린 말씀입니다. 그리고 우리의 일상이 기다리는 것 아닙니까? 출근 길 정체 때문에 기다리고, 미팅을 위해 업체들을 기다리고, 학원간 아이들 기다리고, 심지어는 월급날도 기다리잖아요."

임 이사의 말에 백 실장도 웃으며 답변한다.

"저는 월급날이 두려운데요. 고생한 직원들에게 줄 월급이 없을까봐…"

"배식을 담당하는 식당들도 참 어려움이 많이 있습니다. 몇 명이 식사하러 올지 예측하기 힘들거든요. 날씨가 덥거나, 메뉴가 마음에 들지 않으면 밖으로 나가는 사람도 있으니 항상 식당에서는 음식이 부족하거나 남는 경우가 다반사입니다."

홍 팀장은 식당에서 분주하게 움직이는 아주머니들을 보면서 이야기하자, 백 실장이 대화를 받아준다.

"이것도 불확실성 때문이네요. 재고 관리처럼 어떤 반찬은 부족하고, 어떤 반찬은 남고."

"어쩔 수 없는 것 아닌가요? 미리 조사할 수도 없잖아요."

"홍 팀장님, 그래도 어느 정도 불확실성을 줄일 수 있습니다. 대기시간을 줄이기 위한 한 가지 예를 들어보죠. 만일 어느 복사기에서 10장 복사하는데 2분 걸린다고 가정합시다. 그런데 5명의 사람들이 모두 10장씩 복사한다면 총 몇 분의 시간이 소요될까요?"

"그야 10장에 2분이니까, 5명의 사람이면 10분 걸리겠죠."

"임 이사님도 홍 팀장님의 답변에 동의하시나요?"

"음.. 당연한 것 같은데, 왠지 틀린 것 같은 느낌이…….."

"제가 겁을 주었나봅니다만 틀렸습니다. 복사기 입장에서는 10분이 걸리겠죠. 하지만 사람의 입장에서는 5명이 모두 복사를 마치기 위해서 많은 대기가 생기게 됩니다. 한 사람이 복사하고 있을 때 다른 사람들은 줄을 서있어야 되거든요. 어떤 사람은 2분 기다리고, 어떤 사람은 10분 이상을 기다릴 수 있습니다."

"그러네요. 복사기는 10분만 가동되지만, 서비스를 받는 사람들은 그 이상의 시간들이 소요되겠죠. 그러면 은행처럼 번호표를 나누어주면 되잖아요?"

"맞습니다. 임 이사님. 그것이 불확실성을 줄이는 한 가지 방법이죠. 자신의 순서가 확정되면 좀 더 기다리는 시간을 유용하게 활용하고 서비스를 받을 수 있겠죠!"

어느 덧 모두들 밥을 건네받고 자리로 이동한다. 한참이나 셋이서 같이 앉을 수 있는 자리를 찾았다. 그리고 홍 팀장이 계속 이야기 한다.

"그러면, 식사시간의 불확실성을 줄이려면 식사시간을 좀 구분하면 빨리 식사를 할 수 있겠네요. 12시에는 2층, 12시 30분에는 5층 이런 식으로요."

"맞습니다. 실은 며칠 전 홍 팀장님이 식당에서 친구 분들과 대화를 나누시는 것을 보면서 생각했습니다. 언제 사람들이 나올지 모르니까, 식사 시간을 구분한다면 오히려 대기(待期)가 줄어들 수 있습니다. 또한 음식에 대한 준비도 보다 정확해 질 수 있거든요. 첫 번째 팀의 식사량을 평가하여 다음 팀을 대비할 수 있으니까요. 그리고 오늘의 메뉴를 미리 게시도하고요."

"그렇군요. 진짜 좋은 대안인 것 같은데요. 낭비를 줄이기 위한! 그리고 다른 곳에서도 적용할 수 있겠군요. 가령 물류센터와 같은 곳에."

홍 팀장의 이야기에 임 이사가 다시 묻는다.

"물류센터에 어떻게 적용을 한다는 거죠?"

"임 이사님도 잘 아시잖아요. B마트 같은 경우도 공급업체들이 용인 물류센터에 오전 9시에서 11시까지는 제품을 공급해야 하잖아요. 그런데 일찍 납품하려고 8시부터 와서 기다리는 업체들도 많이 있습니다. 한꺼번에 업체들이 몰리면 오래 기다려야 되니까요. 아예 처음부터 A업체는 9시에, B업체는 10시에, C업체는 11시에 납품할 수 있도록 시간을 나누어주면 공급 업체들의 납품 대기 시간이 줄어들 수 있잖아요."

"홍 팀장님의 적용에 놀랍습니다. 맞습니다. 물류센터에도 그렇게 적용할 수도 있고 일반 사무실에서도 적용할 수도 있죠. 시간 조절이 가능한 업무들을 확정해서. 가령 급하지 않은 회의나 업무 보고 시간은 오후에 한다든지, 외부 업체 미팅은 오후 3시 이후에 한다든지 하는 식으로요."

백 실장도 홍 팀장이 잘 이해하고 있는 것 같아 흥이 난 듯 대화하고 있는데, 임 이사는 어느덧 식사하는데 집중하고 있었다. 가시가 많은 갈치조림이 나왔기 때문이다.

"이러한 불확실함은 미래에 대한 불확실함도 있지만, 프로세스내의 확정되지 않은 요소들로 인해 불확실성이 나타나기도 하죠. 방금 홍 팀장이 말씀하신 납품 프로세스에서 납품 시간을 좀 더 확정적으로 지정할 필요도 있습니다. 또한 불안정한 프로세스로 인한 낭비도 발생됩니다. 가령, 식당에서 밥을 배급하시는 아주머니는 1분에 20명을 배급하지만, 김치를 배급하시는 아주머니는 1분에 10명을 배급한다면 또 대기가 발생할 수 있습니다. 또한 김치를 배급하는 아주머니를 1명 추가하였다고 해도, 항상 분당 20명을 배급할 수 있는 것은 아닙니다. 어떤 때는 15명 어떤 때는 30명 등 일정하게 배급하지 않아도 대기가 발생하게 됩니다. 즉 프로세스에 참가하는 작업자들의 능력도 안정될 필요가 있습니다. 즉, 작업자들의 작업 품질이 들쭉날쭉해서는 안 됩니다. 이러한 내용은 TOC 이론에서도 많이 다루고 있죠."

TOC 이론이 이미 사람들에게는 잘 알려진 탓인지 두 사람 모두 질문은 없었고, 홍 팀장이 TOC에 대한 부연설명을 한다.

"아! 하이킹 이야기요. 행군 중에 '허비'라는 아이가 뒤처지게 되자, 허비 뒤에 있는 친구들은 대열을 유지하려고 노력하지만, 뒷 친구들은 추월할 수 없고 걸음의 속도도 모두 다르기 때문에 더 많이 뒤처지게 되죠. 그래서 허비의 짐을 줄이고 행군의 속도를 유지하기 위해 드럼을 치며 대열을 유지해가는 전진하는 설명이었죠."

홍 팀장의 설명에 임 이사도 알고 있음을 고개로 표시한다.

"아! 드럼 이야기가 나오니까 생각이 나네요. 드럼(drum)과 버퍼(buffer)."

- DBR(Drum-Buffer-Rope)　　　　　　　　　　　　　　　　[32-1]

　일반적으로 공정관리는 각 공정의 시작과 끝 시점을 결정하여 어긋남이 없도록 관리하지만, DBR은 공정의 시작 시점만을 결정하고 공정내의 버퍼를 관리함으로서 효과적으로 일정을 관리한다. DBR은 가장 제약(constraints : 약한 고리, 병목)이 되는 공정을 중점적으로 관리하며, 이러한 공정이 전체 공정의 드럼(drum)과 같은 역할을 한다. 드럼(Drum)이 행진의 속도를 맞춰주는 역할을 하기 때문이다. 버퍼는 이러한 드럼의 신호가 잘 유지될 수 있도록 도와주는 여유 시간, 재고 등의 안전장치이다.

　로프(rope)는 대열의 길이를 제한하는 것으로, 비 제약 조건들이 문제가 발생되지 않도록 유도하고, 전체 생산 공정이 적절한 시간과 재고를 유지하도록 하는 동기화(synchronization) 역할을 한다.

"모두들 잘 알고 계시네요. 저도 '허비'라는 아이의 이름을 기억하지 못했는데. 그리고 정확히는 드럼과 버퍼가 아니라 DBR(drum-buffer-rope)이죠[32-2]."

백 실장은 책을 읽은 지 오래된지라 기억이 가물가물하여 머릿속을 정리하는 시간 동안 엉덩이를 들썩거리며 자세를 바로 잡았다.

"허비가 처음에 중간에서 행진하였을 때는 맨 뒤의 친구가 많이 뒤지게 되었죠. 이는 공정중의 재고를 의미합니다. 아무리 선행 작업(앞선 친구)이 빨리 이루어져 시간을 절약했다고 해도, 후속 작업(허비)이 제 때에 이루어지지 않는다면 아무 소용이 없게 되죠. 맨 뒤의 친구가 도착해야만 행진(작업)이 끝나거든요. 만일 '허비'라는 아이를 맨 앞에 세운다면 뒤의 모든 친구들은 여유 있게 행군하게 될 것입니다. 또한 이전처럼 대열이 길게 늘어지진 않을 것입니다. 즉, 공정중의 재고가 줄어든다는 이야기죠. 이렇게 '허비'가 선두로 나가게 되면 '허비'가 중간에 있는 때 보다는 대열의 걸음 속도(단위 시간당 생산량)를 로프(rope)로 인해 짐작할 수 있고, 대열의 길이의 변동도 줄어든다면 여유시간과 작업시간도 짐작할 수 있게 되어 좀 더 효율적으로 행군할 수 있게 됩니다. 결국, 좀 더 작업의 내용과 시간을 분명히 해주면 많은 낭비를 줄일 수 있습니다."

백 실장은 좀 전에 홈 팀장이 이야기한 물류센터의 사례를 설명하기 위해 그림을 그린다.

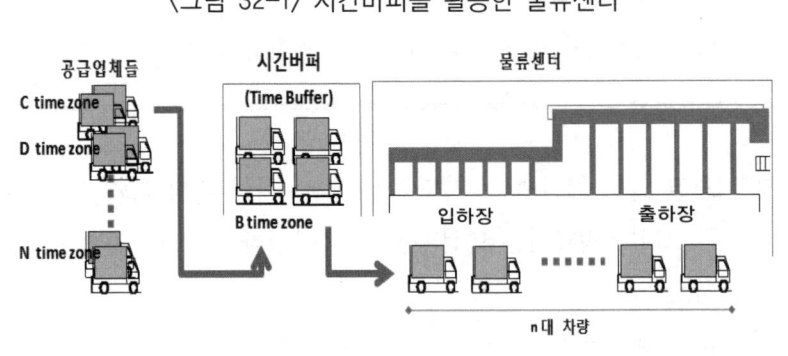

〈그림 32-1〉 시간버퍼를 활용한 물류센터

"그림과 같이 각각의 공급업체들에게 공급할 수 있는 시간영역(time zone)을 나누고, 약간의 여유를 가지고 온 차량들은 시간버퍼에서 대기하다가, 물류센터내의 차량이 빠져나갈 때 입고하는 것이다. 물론 공급업체들이 제 시간에 도착하면 도착할수록 시간버퍼는 줄어들 수 있습니다."

"이야~ 그러면 지금처럼 물류센터내의 많은 대기 차량들이 얽혀있는 모습들은 사라질 수 있겠네요."

홍 팀장과 임 이사가 이해가 된 듯 맞장구를 친다.

"물론 지나친 세분화는 작업의 변동이 무시되기 때문에 또 다른 낭비를 초래합니다. 과거의 표준작업시간의 개념처럼."

"표준작업시간이 뭐죠?"

홍 팀장이 묻자 의외로 임 이사가 답변한다.

"아니 홍 팀장님, 표준작업시간을 모르세요? 표준작업시간은 저도 현장에서 많이 해보았는데."

의외로 임 이사가 잘난 체하며 계속 설명한다. 아마 홍 팀장에게 기가 죽어 있었던 것 같다.

"작업자의 동작들을 세분하게 나누어 스톱워치(stop watch)로 측정한 후, 일정한 여유시간을 추가하여 표준작업시간을 결정하는 것이죠. 예전에 컨베이어벨트(conveyer belt)를 사용한 대량생산방식에서 많이 이용했었죠."

백 실장도 임 이사의 답변에 놀란다.

"임 이사님, 대단하신대요. 제가 배워야 되겠는데요. 저도 대학 다닐 때 이론적으로만 배웠습니다. 워낙 고전적인 작업연구 방법이라. 하지만 동작 분석은 모든 동작에 여유시간을 포함시켰기에 쓸데없이 낭비하는 시간이 존재하게 되죠. 가령 어떤 제품을 드릴링(drilling) 하는데 걸리는 시간이 1분인데 10초의 여유시간을 할당하여 드릴링 작업의 표준작업시간을 1분 10초로 설정하였다고 가정해보죠. 즉 1분 10초마다 제품이 흘러서 들어오는 것입니다. 그런데 어떤 작업자가 1분에 작업을 끝냈어도 10초를 기다리게 됩니다. 초기에는 표준작업시간을 통해 작업들 간의 효율적인 연결을 추구하였으나, 결국 작업과 작업을 분리하는 역할을 하게 되어 버렸죠."

홍 팀장도 이해가 되는 듯 말한다.

"그렇겠군요. 작업 속도를 높여 시간을 절약하지만, 다음 작업이 빨리 이루어지지 않는 한 소용이 없게 되고, 또한 다음 공정의 작업도 충분한 여유시간을 가지고 있기 때문에, 미리 서둘러서 작업을 하려고 하지도 않을 것 같습니다."

"그것을 '학생 증후군'이라고 부르죠[32-3]. 학생들이 과제를 내주면 시간을 더 달라고 부탁을 하죠. 하지만 시간을 많이 주어도 대부분의 학생들은 과제를 제출할 때가 다가와야 작업을 하죠."

"꼭, 저의 대학생활 같네요."

홍 팀장이 웃으면서 이야기하자, 임 이사도 답변한다.

"그래도 과제물 내기만 하면 다행이죠. 저는 '시체 증후군'이었던 것 같네요. 과제물은 내 본 기억이 별로 없어서…"

세 사람이 모두 웃으며 서로의 얼굴을 번갈아 쳐다보다,

"아무튼 불분명한 작업 환경을 명확히 해줄 필요가 있습니다. 그렇다고 과거처럼 지나친 시간 및 작업의 세분화는 또 다른 낭비를 초래하게 됨을 잘 알고 있습니다. 복잡성(complexity)이 더 증가하니까요."

홍 팀장은 전통적인 기술과 최신 기술 간의 거리가 이렇게 가까이

놓여 있음에 놀란다. 문제 해결을 위한 대안이 과거 방법의 원리와 비슷하지만, 그것이 지나치면 과거의 비효율적인 방법으로 전이되는 것 같아, 왠지 기법들이 돌고 도는 기분이 든다.

이때 멀리서 식당 아주머니의 우렁찬 목소리가 들린다.

"식사 아직 안 끝났어요? 식당 청소해야 되는데!"

33. 할마의 물통 혁신 Ⅵ : 넷 할인마트 모델(7월 20일)

일주일간의 프로젝트 세미나가 끝났다. 이제는 실행의 문제이다. 다음 주에 구체적인 계획과 T/F(task force)를 새롭게 짜기로 하였다. 백 실장은 모처럼 맞은 토요일을 어딘가 동굴 속으로 들어가 개인적으로 보내고 싶었지만, 아버지라는 또 다른 중책을 감당하기 위해서 아이들과 함께 놀이동산을 다녀왔다. 즐겁게 떠들고 맛있게 먹고 지낸 행복한 하루라 그런지 아이들은 집에 돌아와서 금세 곯아 떨어졌다. 백 실장은 아이들이 잠을 자야 개인적인 시간을 가질 수 있다고 생각했기에, 아이들을 그냥 재우라고 아내에게 독촉한다. 저녁도 먹이지 않은 채로.

드디어 백 실장에게는 진짜 자유로운 시간이 왔다. 이런 시간을 가질 수 있는 기회는 화장실에서 볼일 볼 때를 제외하고는 얻기 힘든 귀한 시간이었다. 그렇다고 해서 뭔가 짜릿한 일이 있는 것은 아니다. 단지 긴 소파에 몸을 기대고 TV를 보는 것이다.

백 실장의 아내는 따뜻한 커피 두 잔과 과일 한 접시를 들고 옆에 앉는다. 서로 사이가 좋아서 옆에 앉았다기 보다는, 리모컨이 백 실장 옆에 있었기 때문이다. 역시 백 실장과 그의 아내는 서로 리모컨을 주고 받으며 실랑이가 벌어진다. 아내는 한창 화제가 되고 있는 연속극을 보자고 보채지만, 앞뒤 스토리를 모르는 백 실장에게는 재미가 없었기에 두 손으로 빌면서, 감히 다른 채널을 눌러댄다. 아내들이 좋아하는 연속극을 놓아두고 다른 채널을 돌리는 것은 대부분의 남편들에게는 큰 모험이기 때문이다.

하지만 기껏해서 눌러져 나온 프로그램이 '인기 가요'였다. 가요 프로그램은 둘 다 싫어했다. 얼굴도 모르는 너무 젊은 사람들이 그룹으로 나와서 엄청난 속도로 부르는 노래를 들으면 세대차이만 느껴졌기 때문이다. 결국 하루 종일 뉴스만 방송하는 채널에서 리모컨이 멈춘다. 오늘은 아내가 남편이 불쌍했는지, 조용히 남편의 뜻대로 따라주고 있다.

백 실장은 예쁜 앵커에게 눈이 가기보다는 화면 밑의 자막 뉴스에 시선이 집중되었다. 세 가지 관심 있는 뉴스거리가 나오고 있었다. 평양에 대학교가 세워진다는 뉴스, B할마가 3년 내에 중국에 100개 점포를 세우고 인터넷 판매를 강화한다는 이야기와 C할마가 약 3000억 원을 들여 국내 3위의 편의점을 인수하였다는 이야기다.

"넓은 중국도 진출하고, 작은 동네 슈퍼마켓도 진출하고, 사이버 시장도 진출하고… 완전히 할마의 세상이구나."

백 실장은 아내에게 이야기하기 보다는 혼자말로 작은 소리로 이야기 한 것이다.

"B마트면 지금 당신이 지금 프로젝트를 하고 있는 회사잖아요?"

백 실장의 아내도 남편 때문에 자연스럽게 할마에 많은 관심을 가지고 있었다. 물론 싸고 좋은 물건을 파는 할마에 관심을 가지고 있지만.

"그런데 B마트도 대단하네요. 그 넓은 중국 땅도 먹으려고 하다니.."

아내는 교회를 통해서 중국을 여러 번 여행해 보았고, 갈 때마다 중국에 대해서 조사하였기 때문에 나름대로 '중국통'이었다. 심지어는 중국어 학원도 다니면서 나름대로 열심히 공부하기도 하였다.

"하지만, 중국 전역에 퍼지기보다는 상해, 북경, 천진 같은 직할시 중심으로 진출하고 있어. 당신이 지난번에 설명해준 것처럼, 중국 도시들은 1급에서 7급으로 구분이 되잖아. 하지만 20여개 도시를 제외한 대부분 도시는 인구밀도가 낮거든."

"그러면 인터넷 거래를 하면 매장을 오픈하지 않고도 넓은 지역을 감당할 수 있잖아요."

"하지만 배송은 어떻게 해결하지? 저 변방의 작은 농촌까지? 아마 제품가격보다도 배송비가 더 많이 들걸. 인터넷 거래는 전역에 물류 배송이 가능해야 할 수 있지. 더군다나 아직 중국의 인터넷 쇼핑몰 업체들과 제품 공급업체들은 신뢰가 낮아서 장애물이 많지."

"그건 그래요. 이전에 중국에서 인터넷으로 구매한 사람들 이야기를 들어보니까, 결제를 할 때 인터넷 뱅킹을 사용할 수 있지만, 사기꾼들이 많아서 제품들을 확인한 후, 현금을 운전기사에게 준다고 하더군요."

백 실장의 아내는 좋은 아이디어가 생각이 났는지, 갑자기 몸을 틀며 말한다.

"그럼, 중간 중간에 편의점 형식으로 점포를 세우고 편의점에서 배송하면 되잖아요?"

백 실장은 속으로 '이것 봐라' 하면서 놀랜다.

"우와! 당신 보통이 아니야. 하지만 편의점도 아무데나 세우는 것이 아니지. 시장 규모가 돼야지."

"아니면 말고…"

남편의 칭찬에 어색한지 아내는 슬그머니 커피를 마신다. 백 실장도 같이 커피잔을 들지만 머릿속이 뭔가 복잡해지는 듯 하였다.

'북경, 상해 같은 대도시는 현재 포화상태인데… 그렇다고 작은 도시들까지 진출할 수는 없고… 저 넓은 땅을 가진 중국을 진출하기 위해서 얼마나 많은 할마의 매장이 필요할까?'

문득 백 실장은 인터넷 거래와 매장에 대한 생각이 떠올라, 버릇처럼 빈 메모지에 낙서를 한다.

---

* **인터넷 거래** – 제품 신뢰 부족, 물류 시설 부족 → 지역 상점 개설 필요
* **점포** – 지역적 한계성, 시장 형성 미흡(인구밀도가 낮음) → 인터넷으로 보완
  ⇒ 믿을 수 있는 회사가 쇼핑몰을 운영하면 어떨까? 가령 B할마가 쇼핑몰을…
  ⇒ 제품 배송을 위해서 물류시설이 필요한데..? 중국의 북쪽 베이징에서 3박 4일 걸리는 남쪽 광주로 배송할 수 는 없지 않은가?
  ⇒ 배송 지역을 한정하면 어떨까? 북경 근처만 배송하도록…!!

옆에서 메모를 흘긋 보던 백 실장의 아내가 한 마디 한다.

"답이 나왔네요. 일정지역만 배송하는 인터넷 쇼핑몰을 만들면!"

"그런데 그게 어떻게 가능하지? 일반적으로 인터넷 쇼핑몰은 모든 지역의 고객들이 접속하잖아. 상품의 배송정보에 '북경 근처만 배송 됩니다'라고 적어놓으면 열심히 검색한 고객을 우롱하게 되고 결국은 고객을 잃어버리게 되거든."

"아이, 당신도.. 인터넷 쇼핑몰도 지역 점포별로 개설하면 되잖아요. 가령 B할마의 홈페이지에 가면 지역 점포별로 안내하는 홈페이지가 있잖아요. B할마의 영등포 매장을 소개하는 것 처럼요."

백 실장은 뭔가 잡히는 듯 하지만, 아내에게 계속 설명을 요구한다.

"여보, 가령 B할마가 북경에 매장을 두고 있지만, 중국의 동북쪽 끝

에 있는 연길시(延吉市)와 더 멀리 있는 하얼빈시(哈爾濱市)에는 매장이 없다고 생각해 봐요. 즉, 연길시에 매장을 오픈하는 것이 아니라 홈페이지만 오픈하는 것입니다. 그러면 연길에 살고 있는 고객들은 B할마의 본사 홈페이지를 통해, 연길시의 매장 홈페이지로 안내를 받는 거예요. 거기서 물건을 인터넷으로 구매하는 것이지요."

"그러면 물건을 어떻게 배달해?"

"참, 당신도 연길시에 매장은 열지 못하지만, 조그만 창고에 제품들을 보관하면 되잖아요. 매장이 아니기 때문에 아무런 장식도 필요 없고, 그냥 창고에 판매 제품들을 쌓아두는 거예요. 또한 연길시의 창고와 하얼빈시의 창고는 서로 돕기도 하고요."

"즉, 매장은 없지만 인터넷 쇼핑몰을 통해서 고객에게 판매를 한다는 말이지? 더군다나 B할마처럼 인지도가 있는 회사이므로 고객들이 신뢰할 수도 있고…"

"맞아요. 비록 북경 점포처럼 많은 제품들을 팔 수 없지만, 품목들을 한정하면 된다고 생각해요. 그래서 동북 3성 지역의 도시들을 중심으로 웹사이트를 열면 매장을 오픈하지도 않고 시장을 진출할 수 있잖아요. 그러다가 잘 되면 그 중 한 곳에 매장을 오픈하고요. 또한 웹사이트를 통해서 B할마의 홍보도 되고요."

백 실장 아내의 이야기는 경기도에 B할마의 매장을 오픈하지 말고, 창고만 한 개 두어 인터넷으로 주문을 받고 창고에서 배달한다는 것이다. 마치 '아마존닷컴'처럼 매장은 없지만 전 세계에 책을 공급하듯이. 물론 중국과 같은 곳에서는 기본 택배비용은 고객에게 부과하여도 상관없을 듯 하다.

이러한 개념은 이미 일본에서 '넷(net) 수퍼'를 만들어 시행하고 있다. 하지만 온라인상에서만 주문만 받고 배송하는 제품의 종류가 극히 한정되어 있고, 공동구매를 통한 이벤트성 제품들이 대부분이라 주문 후에 제품을 인계 받으려면 일 주일이 더 걸린다. 이와 같은 사업모델의 한계로 인해, 기존의 지역 수퍼마켓에 대응하기에는 한계가 있는 것으로 보고 있다.

"그런데, 만일 연길시와 같은 작은 도시에 SSM 혹은 편의점과 같은 매장을 오픈하면 어떨까?"

"그런 것은 당신이 생각해 보세요."

백 실장은 좀 더 적극적인 자세로 아내의 의견을 수용해보고자 주도적으로 생각을 하였다.

"하긴, SSM이나 편의점을 오픈 한다면 상대적으로 인구밀도가 낮아서 시장성이 떨어지고, 제품 진열 공간이 좁기 때문에 많은 제품을 진열하기도 힘들지. 또한 초기 자본금도 더 많이 들것이고. 또한 편의점과 같은 매장을 지역 상권에서 오픈하려면 지역 도매상을 통해서 제품들을 공급 받아야 되기 때문에 도매상들의 텃세도 심할 거구. 아예, B할마가 주도적으로 제품을 공급하고 일부만 도매상을 통해서 제품 구색을 맞추는 것이 좋을 것도 같은데."

지역을 제한한 인터넷 점포만을 오픈하여 창고를 통해서 공급을 하는 것은, 중국처럼 큰 지역에 진출하는 외국 기업들에게는 좋은 접근 방식인 듯 하다. 더군다나 물류 네트워크가 낙후된 지역에서 가능한 사업모델이다.

백 실장은 B마트가 중국 진출하는데 도움이 될 것이라 생각하고 보고서에 정리한다.

참고

◆ 중국의 행정구역 ◆

1. 중화인민공화국 헌법 총강 제30조에 의하면 중화인민공화국 행정구역은;

   1) 전국을 '성(省)', '자치구', '직할시'로 나누고,
   2) 성, 자치구는 '자치주', '현(縣)', '자치현', '시'로 나눈다.
   3) 현, 자치현은 '향(鄕)', '민족향', '진(鎭)'으로 나누고,
   4) 직할시와 비교적 큰 도시는 '구', '현'을 둔다.

2. 중국의 도시들을 7개의 행정급별로 나눈다.
   - **1급(준국급)** – '홍콩', '마카오'와 같은 2개 특별구(대외적으로 독자적으로 국제, 경제, 사회교류, 체육활동에 참가할 수 있으며, 국가급 활동(올림픽, 월드컵 등)을 개최할 수 있다.
   - **2급(정부급, 직할시(直轄市))** – 4대 직할시; 북경, 상해, 천진, 중경
   - **3급(부부급, 성회(省會)+계획단열시(計劃單列市))** – 14개의 성(省)급 도시(9개의 성급도시와 5개 계획단열도시)
     – 심양, 장춘, 하얼빈, 남경, 무한, 광주, 제남, 항주, 성도, 서안, 심수, 하문, 녕파, 청도, 대련
   - **4급(준부성급, 부성급도시(副省級城市))** – 성급 도시를 제외한 성(省) 소재지의 도시와 국무원에서 비준한 도시.
     – 당산시, 대동시, 포구시, 안산시, 무순시, 길림시, 치치하얼시, 무석시, 홰남시, 락양시 등 10개의 '비교적 큰 도시'
   - **5급(정청급)** – 일반 지급도시(地級市)
   - **6급(부청급)** – 성 직속 현급도시(縣級市)
   - **7급(성청급)** – 일반 현급도시(縣級市)

아이(愛) 이야기 (팔 빠진 인형)

　　노란색으로 가득 찬 어느 유치원에는 아이들의 웃음꽃으로 활짝 피어있었다. 오늘은 아이들에게 자신이 좋아하는 물건들을 마음대로 가지고 놀 수 있는 특별활동 시간을 갖기로 하였다. 물론 남자 어린이들에게 인기 있는 것은 자동차, 총, 로봇 등이었고, 여자 어린이들에게 인기 있는 것은 단연 바비 인형이었다.

　　여느 날과 마찬가지로 아이들은 서로 자신이 원하는 것을 가지려고 난리가 아니었다. 아이들은 자신들이 만화의 주인공이 된 것처럼, 소리치면서 두 발로 날아 다녔다.

　　그런데 유독 한 여자 어린 아이가 눈에 띄었다. 한 쪽 팔이 없는 바비 인형을 가지고 노는 것이었다. 지난번에도 팔 빠진 인형을 가지고 노는 것을 보았었지만, 친구들보다 늦어서 남는 인형을 가지고 노는 것으로 생각했었다. 하지만, 오늘도 팔 빠진 인형을 가지고 노는 것이었다.

　　"예정이는 인형놀이가 재미있나보구나?"

　　"네, 선생님. 저는 인형놀이가 제일 좋아요."

　　"그런데 예정이는 팔 빠진 인형만 가지고 노는 것 같구나. 다른 좋은 인형도 많은 것 같은데."

　　"선생님, 저도 저 예쁜 바비 인형을 가지고 놀고 싶어요. 하지만 불쌍한 팔 빠진 인형은 저라도 놀아 주지 않으면 아무도 같이 놀아주지 않거든요." 하며 말하는 예정이의 얼굴은 웃음이 넘쳤다. 오늘따라 너무나 아름다운 마음을 가진 예정이의 모습이 더욱 사랑스러워 보였다.

　　여전히 예정이의 또랑또랑한 음성이 귓가에 맴돈다.

　　'불쌍한 인형을 저라도 놀아주지 않으면…'

34. 그 다음은? (1월 8일)

　할마 프로젝트가 시작된 지 6개월이 지났다. 그 동안 B할마에서는 DIY, 문구용품, 생활용품, 조명, 공구, 가전분야의 총 20개 업체들을 선별하여 개별 제품을 보충하는 EPFR 보충방식을 시행하였고, 기업문화를 위해서는 DMAIC를 응용하여 '투사(2SA)' 매장관리 프로세스를 전개하였다. 투사(2SA)는 조사(Survey), 분석(Analyse), 해결(Solve), 평가(Appraise)의 약자인 'SASA = 2SA'이다. 짧은 기간 동안이지만 여러 시행착오를 겪었다. 또한 낱개로 주문 공급하다보니 추가 인력이 필요하였으나, 점차 개선된 재고 절감비에 비하면 아무 문제가 되지 않았고, 또한 주문을 기다리지 않고 매출을 보고 보충하기 때문에 공급업체들은 야간작업이 많이 줄어들고, 하루 특정 시간에 편중된 업무량을 골고루 분배할 수 있었다. EPFR의 개별 보충으로 인해 각 제품의 포장을 표준화해야 할 필요가 증가했고, 현장에서도 혼합 패킹을 위한 아이디어들이 쏟아 졌다. 또한 어떤 제품들은 처음부터 개별 납품하기가 어려워서 포장의 입수 크기(lot size)를 50% 이상 줄였고, 부피가 큰 플라스틱 제품들은 창고와 매장에서 많은 공간의 절약을 가지고 왔다. 할마 내의 재고는 30% 이상이 줄어들었고, 마구잡이로 재고들이 쌓여 있던 할마의 창고(back room)는 깔끔하게 정리되었다. 물론 창고의 재고도 현저히 줄어들어 진열공간으로 활용하는 방안이 검토되고 있다. 할마의 '투사' 활동도 매주 화요일 오전에 교육과 더불어 팀 별 활동을 실시토록 하였고, 현재는 상반기에 '할마 아카데미'를 개원하여 전사적으로 교육을 실시할 예정이다.

　백 실장의 네오C&C도 기존에는 생산업체들의 제품을 기획하고 관리하였지만, 지금은 B할마로 부터 전국에 있는 매장들을 수시로 순회하여 문제점들을 발견하고 개선하는 매장관리 업무 계약을 체결하게 되었다. 물론 텔레코드의 재고도 50%가량 줄였고, 밀린 수수료를 모두 지급받았다. 또한, 텔레코드는 국내 모든 영업을 네오C&C에게 위임 시켰고, 자존심 센 LiW도 다시 할마 관련 물류와 매장 영업, 기획 등 총괄업무를 네오C&C에게 맡겼다. 물론 새로운 거래업체들도 많이 생겼다.

　백 실장은 분주하게 바쁜 하루하루를 보내는 중 어느 날 문득 새해가 온 것을 깨닫게 되었다. 성탄절 캐럴송이 들렸던 것도 같지만, 송년 파티도 제대로 하지 못한 채 새해를 맞은 것이다.

　할마 프로젝트가 진행되는 동안 몇몇 프로세스들은 변경되었고, 사람들도 새로 들어오고 나갔다. 백 실장은 왠지 할마의 프로젝트의 주체가 누구인가 하는 생각이 들었다. 사람들이 주체이긴 하지만 언젠가는 많은 사람들이 바뀌고 새로운 사람들이 들어옴에 따라 신입자는 과거 선임자가 한 일들을 기억하지 못하고, 또 다른 새로운 프로젝트를 실행할 것이기 때문이다. 연속성이 부족한 새로운 프로젝트를… 물론 그들도 역시 기억치 못하는 존재로 변하겠지만.

　'그러면 우리 다음은 어떤 프로젝트들이 진행될까? 지금 하고 있는 일들이 만일 성공해서, 다른 모든 할마들에게까지 적용된다면 또 다른

것이 필요하지 않는가? 더 나은 경쟁력을 위해서…'
　백 실장은 끝이 없는 생존 경쟁을 위한 돌파구 모색에 고민에 빠진다.

***

　그 동안의 성과 보고를 위해 관련 협력업체는 물론 B할마의 이 회장과 에덴금속 박 이사도 참석하였다. 이번에는 점장들을 포함한 임원급들만 모였는데도, 200여명은 족히 되는 듯 큰 강당을 가득 채웠다.
　B마트의 홍 팀장은 흥분된 성과들을 보고할 때 마다 목소리의 억양이 높아졌다. 물론 참석한 대부분의 사람들은 그 동안의 성과에 대해서 소문으로 잘 알고 있었다. 또한 많은 사람들은 이번 승진 명단에 홍 팀장이 포함될 것이라고 믿어 의심하지 않았다. 홍 팀장의 발표가 모두 끝나자, 박수가 터져 나왔다. 곧이어 백 실장의 마무리 발표가 시작된다. 백 실장을 처음 본 몇몇 청중은 고개를 내 밀며 백 실장의 존재를 알고 싶어 했다.
　"감사합니다. 아직도 진행 중인 '할마의 물통 혁신'의 성과는 여러분들이 모두 도와주셨기 때문입니다. 이번 프로젝트를 진행하면서 저도 많은 것을 배우게 되었습니다. 또한 여전히 해결해야 할 많은 과제들이 남아 있음을 알게 되었습니다."
　백 실장은 변함없이 커피 한 모금을 입에 물고 주춤거린다. 왠지 고칠 수 없는 버릇인 것 같았다.
　"이번 할마 프로젝트를 통해서 저는 공급망상의 재고가 50%까지 줄어 들 것이라고 기대합니다. 그 정도면 엄청난 성공이겠죠. 하지만 '그 다음은 또 무엇을 해야 하는가?' 하며 많이 고민했습니다. '또 다른 개

혁안은 없을까?'"

어느덧 백 실장의 시선은 B할마의 이 회장을 쳐다보고 있었다. 그리고는 의미심장하게 말을 던진다.

"B할마의 운영 관리비를 50% 이상 줄일 수 있습니다!"

백 실장의 말에 누가 이야기 하는지는 모르지만 웅성거리기 시작하였다. 이 회장은 물론 프로젝트를 하는 동안 한 솥밥을 먹은 홍 팀장도 깜짝 놀라며 쳐다본다. 백 실장은 조용해질 때까지 기다렸다.

"여러분, 꿈같은 이야기 같지만 사실입니다! 천만원으로 오천만원을 벌던 것을 오백만원으로 오천만원을 벌 수 있다는 것은 놀라운 일임에 틀림없습니다."

백 실장은 숨을 고르며 다음의 파워포인트 화면을 띄운다.

〈그림 34-1〉 직매입과 특정매입에 따른 역할 분담

현행 : 직매입

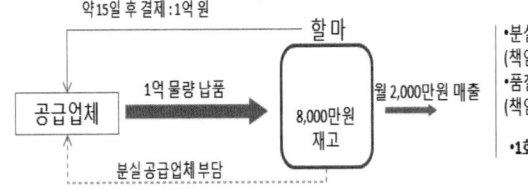

개선 : 위탁매입

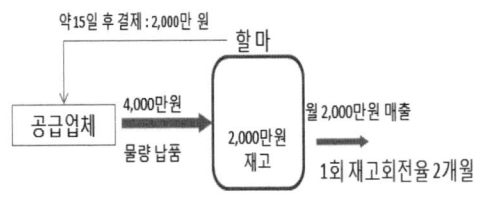

"현재 할마는 직매입을 해서 제품을 판매하고 있습니다. 즉, 고객이 물건을 얼마나 구매하느냐와 관계없이 물건을 얼마나 공급받았는지에 따라 결제를 하고 있습니다. 그림과 같이 할마가 1억 물량을 공급받고, 고객에게 2,000만원어치 팔았다면, 공급업체에게 1억을 결제해주어야 합니다. 하지만 특정매입은 그렇지 않습니다. 고객 매출만큼 결제를 해주는 것입니다. 즉 2,000만원을 결제를 해주는 것이죠."

백 실장의 말에 홍 팀장은 실망한 듯 유난히 머리를 크게 흔드는 것이 눈에 띄었으나 백 실장은 계속 말을 잇는다.

"물론 잘 압니다. 몇 년 전에 공정거래 위원회에 제소가 된 적이 있습니다. 특정매입이 할마의 횡포라고. 솔직히 공급업체 입장에서는 할마가 물건을 팔든 말든 자신의 물건을 가지고 간 만큼 결제를 받는 것이 당연한 것입니다. 하지만 이로 인해 공급업체들은 자신도 모르게 불이익을 당하고 있는 것이 사실입니다."

청중은 아무도 이야기 하지 않고 온통 백 실장의 이야기에 귀를 기울이고 있다. 하지만 너무 쬐려보고 있는 듯 한 시선이 부담스럽게 느껴졌는지 백 실장은 카페인으로 마음을 가라앉힌다.

"할마의 입장에서 듣기 싫은 이야기가 되겠지만, 기존에는 많은 재고가 매장 안에 남게 되어서 많은 분실(loss)이 발생하고 있습니다. 그러한 분실은 당연히 할마의 책임이지만, 관례상 공급업체들이 부담하는 경우가 많이 있습니다. 반품, 프리 굿(free goods) 등 여러 형태로 변형되어서 보충하고 있죠. 또한 EPFR 보충방식을 통해서 로스량을 수시로 파악할 수 있다고 해도 분실 제품을 되찾는 것은 아닙니다. 아무튼 잃어버린 분실제품들의 뒤처리는 주로 공급업체가 메워 주고 있는 것이 현실입니다. 비록 최고 경영자들은 모르고 있을 수도 있지만요."

백 실장은 이 회장의 표정을 살펴보았지만, 이 회장은 무표정하게 바라만 보고 있었다.

"또한 공급업체에게도 할마의 재고가 어느 정도 소진되어야 재 주문이 발생하게 되므로, 장기적으로 보면 직매입 방식으로 거래를 하나 특정매입 방식으로 거래를 하나 결제되는 금액은 크게 차이가 나지 않습니다. 처음에는 그림처럼 1억 원의 물량만큼 주문을 하지만, 이후에는 전월(前月)에 팔린 만큼인 2천만원어치만 주문을 하게 됩니다. 다만, 판매 이상의 많은 재고 물량들이 할마에 납품되기 때문에, 특정매입인 경우에는 공급자가 할마에게 1억 원어치 공급하고 2천만원만 결제되니 불리한 것입니다."

청중의 반응을 살펴보면서 백 실장은 여운을 주며 이야기한다.

"하지만… 판매 물량과 납품 물량이 큰 차이 없고, 결제가 자주 이루어진다면, 또한 제품 분실에 대한 책임을 전적으로 할마가 진다면 오히려 특정매입 방식이 공급업체에게 더 유리할 수도 있습니다. 왜냐하면 더욱 적은 재고를 자주 납품하게 되고, 공급업체의 매출이 최종 고객과 일치하게 되므로 판매데이터내의 거품(불확실성)도 빠지게 됩니다. 물론 할마도 제품을 매입하지 않고, 제품 진열과 관리만을 맡는다면 많은 재고 구입비를 절감할 수 있습니다. 아니, 재고 구입비가 완전히 없어지는 것이지요."

백 실장은 특정매입과 직매입의 특징들을 나타낸 표를 보여주면서 정리를 한다.

〈표 34-1〉 직매입과 특정매입 비교[34-1]

직 매 입	특 정 매 입
Loss 방지를 위한 노력 미흡 -매장 내 제품들이 할마 소유이기 때문에 매장 관리를 철저하지만, Loss와 품절에 대한 책임 소재가 불분명함. -할마는 공급자의 제품들을 많이 판매해 주고 있기 때문에 여러 가지 Premium 요구하는 것을 당연하게 생각. -이로 인해 할마는 공급자가 Loss에 대한 보상을 해주고 있기 때문에 Loss 방지를 위한 노력 미흡	**Loss 방지를 위한 노력 향상** -할마는 매장 내에 있는 제품들이 자신들의 제품들이 아니기에 관리를 소홀히 할 수 있으나, 제품의 Loss는 전적으로 할마가 책임을 지므로 더욱 노력.
품절에 대한 노력 미흡 -품절의 주요 원인이 Loss(할마 책임)와 미납(공급자 책임)이지만, 책임이 명확하지 않음.	**품절에 대한 노력 향상** -공급자는 Loss에 대한 부담이 줄어든 대신에, 제품 공급이 안 되어 품절되는 경우는 100% 공급자 책임.
재고절감의 노력 미흡 -공급자는 할마가 제품을 많이 구입해주기를 원하고 있으며, 할마는 공급자로부터 여러 가지 Premium(로스 보충)을 받고, 반품이 가능하기에 재고 절감 노력 미흡.	**재고절감 노력 향상** -공급자는 대량 재고를 공급하기 보다는 적당히 팔릴 만큼만 공급하는 것이 유리하기 때문에 재고절감의 노력이 커지고, 할마도 품절되지 않을 정도의 과도한 재고를 원하지 않기 때문에 재고 절감에 힘씀.
부정확한 판매데이터 -생산자는 최종고객의 판매데이터가 아닌 중간단계까지인 할마에게 납품한 데이터를 가지고 계획 및 예측하게 됨. -즉, 할마 내에 재고가 많이 쌓여 있어 판매데이터의 왜곡이 큼.	**정확한 판매데이터** -생산자의 공급데이터와 할마의 판매데이터가 거의 일치. -황소채찍 효과가 매우 적음. -할마의 매입보다 실 고객의 매출에 더욱 관심.

모두들 처음의 반응과는 다소 다른 듯하였다. 의심과 놀람의 반응들이 또 다른 흥분을 일으키는 듯하였다.

"현재 매장의 많은 직원들과 아르바이트생들은 매일 제품을 진열하고, 매장을 관리하고 있습니다. 그래서 특정매입 방식 하에서 EPFR를 실시한다면, 공급업체는 제품의 공급과 품절에 관련된 모든 책임을 지고, 제품의 판매와 분실에 대한 모든 책임은 할마가 지는 것입니다. 즉, 공급업체는 제품 공급에만 신경을 쓰고 할마는 제품 판매에만 신경을 쓰면 됩니다. 물론 공급업체는 더욱 적은 재고를 공급하여 많은 판매가 이루어 질 수 있도록 더욱 노력하게 됩니다. 재고관리는 공급업체가 주도가 될 것입니다. 판매업체는 더욱 많은 매출 향상을 위해서 노력하게 될 것입니다. 예전처럼 공급업체의 미납과 품절로 인해 매출 손실이 발생했다는 변명은 할 수 없으니까요."

홍 팀장의 얼굴에는 이해되었다는 표정이 찍혀 있었고, B할마의 이 회장과 에덴금속 박 이사도 미소 띤 얼굴을 하고 있었다.

"이렇게 되면 할마는 제품 매입에 대한 큰 부담이 없어지고 오직 판매를 촉진하기 위한 노력에 힘쓰면 될 것입니다. 이상입니다!"

이 회장과 많은 사람들의 박수갈채를 받으며 백 실장의 발표는 끝났다. 많은 축하와 더 큰 기대를 한 몸에 받은 백 실장은 모든 긴장이 풀리는 듯 너무나 상쾌하였다. 할마의 '그 다음'을 위한 발표를 마친 백 실장은, 이미 자신의 그 다음을 더욱 가치 있는 일을 위해 이미 결심하고 있었다.

***

어느덧 백 실장은 발표장의 모든 사람들로부터 빠져나와 자동차에 몸을 싣는다. 모든 것이 지나간 듯 편안하였다. 힘든 일도 있었고 즐거웠던 일도 있었지만, 이제는 모두 지나갔다. 어떻게 살았는지의 평가만이 존재하지만, 백 실장은 나름대로 하루하루를 충성되게 살아왔다고 평가하고 싶었다.

모든 사람들이 똑같은 시간을 살아가지만, 미래를 위해 노력하는 사람들의 노력과 경험과 배움은 각각 다를 것이다. 하지만 너무 미래만을 위해서 현재를 낭비해서도 안 될 것이다. 미래를 위해 현재 누릴 수 있는 감사와 기쁨을 잊어버려서는 안 될 것이다.

이제는 과거가 되어버린 할마 프로젝트를 마친 백 실장은, 지금 현재 전혀 피곤함을 느낄 수 없었다. 오히려 즐거웠고 감사했다. 모든 것이 만족스럽고 행복하였다. 비록 고속도로가 좀 막히긴 했지만, 펑 뚫린 듯 한 느낌이었다. 많은 남자들이 이런 맛으로 살아가는 것이 아닌가 생각한다.

도로 구석구석에는 녹지 않은 눈들이 쌓여 있었지만, 한 겨울의 햇살치고는 너무나 따스한 날씨이다.

백 실장은 시장의 미래를 통찰하며, 시장을 관리하며, 시장의 변화를 주도하는 프로젝트를 통해 참으로 흥미진진함과 일의 즐거움을 배울 수 있었다. 하지만 한편으로는 '그 다음'에 대한 생각은 계속 꼬리를 물면서 등장한다. 여전히 끝나지 않은 프로젝트였다.

그때! 갑자기 차 뒤편에서 '쿵'하는 소리가 들린다. 백 실장의 몸은 차와 같이 뒹군다. 무슨 일이 일어났는지 기억하지 못한다. 그저 컴컴한 암흑 속에 약간의 섬광만 보일뿐이다. 일어나야겠다고 의식을 차렸지만 몸은 움직이지 않는다. '무엇이 잘못된 거지?', '이것이 죽음인가?', '나의 그 다음이 이것인가?', '오~ 주여'

많은 생각이 들었지만 점점 눕고 싶다는 생각이 든다. 곧 조금이나마 보이던 작은 불빛도 사라진다. 백 실장의 그 다음은…!

용어 설명

1자물류/2자물류/3자물류 ·· 2장
CRT(current reality tree, 현상분석나무) ························· 20장
DBR(drum-buffer-rope, 드럼-버퍼-로프) ···················· 3, 32장
PB(private brand), PL(private label) ······················· 8, 29장
TOC(theory of constraints, 제약이론) ·························· 3장
검수(檢數) ·· 25, 26, 28장
결품 ··· 16, 26장
공급망(SCM: supply chain management) ············ 8, 12, 28장
로스(loss) ·· 15, 25장
리뉴얼 ··· 15, 26장
리드타임(lead time) ···································· 6, 18, 21, 25장
리엔지니어링 ·· 3, 28장
린(lean) ··· 3장
미납(未納) ··· 9, 28장
발주(發注) ·· 1, 25, 28장
발주마감시간 ·· 28장
발주준비 ·· 13, 28장
배치크기(batch size) ·· 18, 25장
번들(bundle) ·· 11, 25장
벤더 ·· 2장

보증보험	2장
산업공동화	12장
시장공동화	12장
실재고(실제 재고)	15장
오납(誤納)	28장
위탁매입(委託買入, 특정매입)	18, 34장
입수(入首)	25장
자차(自車)	2장
전산재고	15장
정기발주	18장
지입차(支入車)	2장
직매입(直買入)	18, 34장
품절(절품)	9, 16, 26
프리굿(free goods)	15장

참고문헌

[2-1] Hertz,S. and Alfredsson,M.(2003), "Strategic development of third party logistics providers", Industrial Marketing Management, Vol.32, pp.139-149.

[3-1] 엘리 골드렛, 제프 콕스(2002), 더골, 동양문고.

[3-2] Womack, J.P., Jones, D.T., and Roos, D., 1990, The Machine That Changed the World (Toronto:Collier Macmillan).

[5-1] 도모노 노리오(2007), 행동경제학, 지형출판사.

[5-2] 파코 언더힐(2000), 쇼핑의 과학, 세종서적.

[6-1] Earls,M,(2005) "Rethinking prediction : Were you still up when Bob called it for Kerry", Market Research Society.

[6-2] 마이클 레이너(2007), 위대한 전략의 함정, 청림출판, pp.112-114.

[8-1] 파코 언더힐(2008), 몰링의 유혹, 미래의 창, pp.6-9.

[9-1] 백시현(2003), "입수조정을 통한 재고시스템 성능 향상", 한국SCM학회, Vol.3, No.1, pp.53-62.

[12-1] 삼성경제연구소(1997), 복잡성과학의 이해와 적용, 삼성경제연구소, pp.32-68.

[12-2] 박종규(2007), "일본의 장기침체와 회생과정", 한국금융연구원.

[12-3] 백시현, 김태현(2009), "대형할인마트 입장에서 본 내수경기 활성화와 침체", 부산대 경제경영연구소, Vol.28 No.1, pp.17-32.

[12-4] 정일구(2004), 도요타처럼 생산하고 관리하고 경영하라, 시대의창, pp.72-73.

[13-1] 정남기(2002), TOC 골든룰, 한언출판사.

[16-1] 한국유통물류진흥원, 유통물류 CEO REPORT, 제5호, 2007.

[17-1] Stalk,Jr.G., (1988), "Time : The next source of competitive advantage", Harvard Business Review 66, pp.95-103.

[18-1] Andraski, J.C.(1994), "Foundations for a successful continuous replenishment programme", Int. J. of Logistics Management, Vol.5, No.1, pp.1-8.

[18-2] 게리 하스트(2009), 식스 디서플린의 실행혁명, 시그마북스, pp.95-97.

[18-3] 엘리 골드렛(2003), 신기술도입의 함정, 동양문고.

[20-1] 정남기(2002), TOC 골든룰, 한언출판사.

[21-1] SCM의 판매예측, 정현주, 손경준(역), 엠플레닝.

[21-2] Lee,H.L., and Billington,C.(1992), "Managing supply chain inventory: pitfalls and opportunities", Sloan Mgt. Review, Vol.33 No.3, pp.65-73.

[21-3] 백시현, 홍민선, 임석철(2009), "Developing Demand Control Chart to Sales Management", 교통연구,Vol.15 No.2, pp.101-113.

[21-4] Adebanjo.D.(2009), "Understanding demand management challenges in intermediary food trading: a case study", Supply Chain Management: An International Journal, Vol.14 No.3, pp.224~233.

[22-1] 마크 얼스(2009), 허드(Herd), 샘앤파커스, pp.172-174.

[23-1] 정진홍(2007), 인문의 숲에서 경영을 만나다, 21세기북스.

[23-2] 도모노 노리오(2007), 행동경제학, 지형출판사.

[24-1] 백시현(2006), "윈윈전략을 위한 물류 비즈니스 모델 : logister와 벨크로 조직", 산업경영시스템학회, Vol.29 No.3, pp.33-42.

[24-2] 손동원(2004), 벤처진화의 법칙, 삼성경제연구소.

[26-1] 백시현(2009), "RF 간반시스템: RF간반을 통한 재고보충시스템", 산업경영시스템학회, Vol.32 No.4, pp.1-10.

[26-2] 임세헌, 김대진, 정성용, 가회광(역)(2007), RFID의 전략적 구현과 ROI, pp. 149~168.

[26-3] Jones,P., Clarke-Hill,C. and Comfort,D.(2005), "Radio frequency identification and food retailing in the UK", British Food Journal, Vol.107 No.6, pp.356-360.

[26-4] Corsten,D., and Gruen,T.(2003), "Desperately Seeking Shelf Availability: An Examination of the Extent, the Causes, and the Efforts to Address Retail Out-of-Stocks," International Journal of Retail & Distribution Management, pp.605-617.

[28-1] 백시현(2008), "발주마감시간 변경을 통한 SCM Process 변경", 산업경영시스템학회, Vol.31 No.2, pp.36-42.

[28-2] 송한식(역)(2006), "린 싱킹", Womack,J.P. and Jones,D.T.(원저), 바다출판사, pp.123-133.

[28-3] 안중호, 박찬구(역)(1994), "리엔지니어링 기업혁명", Hammer,M. and Champy,J.(원저),김영사.

[28-4] Hardgrave,B.C., Langford,S., Waller,M., and Miller,R.(2008), "Measuring the Impact of RFID on Out of Stocks at Wal-Mart", MIS

Quartely Executive, 7(4), pp.181-192.

[30-1] 인피니트 그룹(2008), 브랜드와 유통의 전쟁, 김앤김북스, pp.171-175.

[30-2] 인피니트 그룹(2008), 브랜드와 유통의 전쟁, 김앤김북스, p.80.

[31-1] 제임스 워맥, 다니엘 존스(2007), 솔류션, 바다출판사.

[31-2] 정일구(2004), 도요타처럼 생산하고 관리하고 경영하라, 시대의창, pp.16-19.

[31-3] 피터 드러커 외(1998), 미래의 조직, 한국경제신문사, pp.139-146.

[31-4] 드워드 소벡, 아츠 스몰리(2009), A3 씽킹, KMAC, pp.20-31.

[31-5] 네이버 지식 검색.

[31-6] 정일구(2004), 도요타처럼 생산하고 관리하고 경영하라, 시대의창, p.261.

[32-1] 정남기(2002), 제약이론(TOC), 한언 출판사.

[32-2] 엘리 골드렛, 제프 콕스(2002), 더골, 동양문고.

[32-3] 엘리 골드렛(2004), 한계를 넘어서, 동양문고, pp.160-179.

[34-1] Paik.SH and Park, JS(2010), "Reengineering of large Discount Store-ASNR-SP(ASN Replenishment Specific Purchase) Business Model", International Journal of Logistics Economics and Globalisation, Vol 2. No.4 (예정)

할마물통혁신
- 대형할인마트의 물류유통 혁신 -

펴 냄	|	2010년 8월 31일 초판 인쇄 발행
지은이	|	백 시 현
펴낸이	|	김 복 순
펴낸곳	|	도서출판 높은오름
		등록번호 제 4-270호/등록일자 1994.12.19
주 소	|	서울시 성동구 성수1가 2동 13-187
		TEL. 02-497-1322~4 / FAX. 02-497-1326
홈페이지	|	www.kidari.co.kr
전자우편	|	kidarico@hanmail.net
정 가	|	15,000원
ISBN		978-89-86228-48-9 (03320)

* 이 책은 저작권법에 의하여 보호를 받는 저작물이므로 무단전재와 복제를 금합니다.